84 Mulher(

As vidas de heroínas influentes que se rebelaram, fizeram a diferença e inspiraram (Livro para Feministas)

Por leitores ativistas de história

Introdução

Este livro é uma leitura obrigatória para todas as mulheres, desde o ensino médio até os aposentados.

As 84 histórias poderosas deste livro feminista vão inspirá-lo e tornar sua vida mais colorida. É perfeito para quem procura aprender mais sobre o feminismo, assim como obter uma visão de como estas heroínas femininas moldaram nosso mundo de hoje.

Desfrute de pequenas biografias de algumas das mulheres mais inspiradoras da história e vivas hoje. É uma ótima maneira de se inspirar e aprender mais sobre a grandeza das mulheres.

Incluindo:

- 19 mulheres na ciência
- 15 mulheres artistas
- 18 lutadoras pela liberdade
- 16 mulheres influentes
- 16 Mulheres negras

Embora muitos progressos tenham sido feitos na luta pela igualdade de gênero, ainda há um longo caminho a percorrer. Este livro inspirador conta as histórias de 84 mulheres notáveis que fizeram a diferença no mundo. Desde os primeiros sufrágios até os políticos modernos, essas mulheres se rebelaram contra o status quo e lutaram por mudanças. Ao fazer isso, elas abriram o caminho para as futuras gerações de mulheres.

Estas heroínas vêm de todos os estilos de vida e suas histórias certamente repercutirão com leitores de todas as idades. Este livro é uma leitura essencial para qualquer pessoa que queira aprender mais sobre as mulheres poderosas que moldaram a história. Ele certamente inspira os leitores a seguir seus passos e fazer a diferença no mundo.

Você ficará maravilhado com a coragem, força e resiliência desses sheroes. Eles são uma inspiração para todos nós e provam que tudo é possível se você se dedicar a isso. Não perca esta incrível oportunidade de se inspirar em algumas das mulheres mais poderosas da história e de hoje.

Tabela de conteúdo

19 Mulheres na ciência

1. Stephanie Kwolek (1923 - 2014)

Química americana mais conhecida por seu papel na invenção do Kevlar

"Espero estar salvando vidas. Há muito poucas pessoas em suas carreiras que têm a oportunidade de fazer algo para beneficiar a humanidade".

Stephanie Louise Kwolek (New Kensington, 31 juli 1923 - Wilmington, 18 juni 2014) foi um esquema de Pools-Amerikaans die zich vooral met polymeerchemie bezighield. O país é um dos principais fabricantes de polipropilenoentereftaalamida de *para-aramida*, mais conhecido como *Kevlar*.

Biografie

Kwolek era de dochter van de Poolse immigranten Jan Kwolek en Nellie Zajdel Kwolek, die zich in 1923 te New Kensington hadden gevestigd. Haar vader stierf toen ze tien jaar era. Kwolek comportalde haar bacharel em Scheikunde em 1946 e a Margaret Morrison Carnegie College van Carnegie Mellon University. A Universidade de Carnegie Mellon tem um plano de trabalho que permite que as pessoas se sintam mais à vontade para estudar em Geneeskunde.

Em 1946, o Kreeg Kwolek Hale Charch, um laranjeiro de beija-flor, foi criado pela DuPont. Os dados foram enviados para o site e enviados para o site e para o site. Em 1950, o caminhão foi parar em Wilmington. Hier ontdekte Kwolek em 1965 Kevlar. Kwolek ging em 1986 conheceu Pensioen, maar foi também adviseur nog verbonden aan DuPont. Gedurende haar carrière kreeg ze zo'n twintig patenten (mede) op haar naam, waaronder dat voor de productie van Kevlar.

Ze overleed op haar 90e in een ziekenhuis in Delaware.

Destaques

- A DuPont havia introduzido o nylon pouco antes da Segunda Guerra Mundial e, nos anos do pós-guerra, a empresa retomou seu impulso no mercado altamente competitivo das fibras sintéticas.
- A DuPont se mudou com o Laboratório de Pesquisa Pioneira da empresa para Wilmington, Delaware, em 1950, e se aposentou com o posto de associado de pesquisa em 1986.
- Kwolek é mais conhecida por seu trabalho durante os anos 50 e 60 com aramidas, ou "poliamidas aromáticas", um tipo de polímero que pode ser transformado em fibras fortes, rígidas e resistentes ao fogo.
- Seu trabalho de laboratório em aramidas foi conduzido sob a supervisão do pesquisador Paul W. Morgan, que calculou que as aramidas formariam fibras rígidas devido à presença de anéis volumosos de benzeno (ou "aromáticos") em suas cadeias moleculares, mas que teriam que ser preparadas a partir da solução, pois derretem apenas a temperaturas muito altas.

2. Rachel Carson (1907 - 1964)

Biólogo marinho americano e escritor de natureza

"Uma maneira de abrir os olhos é se perguntar: "E se eu nunca tivesse visto isso antes? E se eu soubesse que não voltaria a vê-lo"?

Rachel Louise Carson (Springdale (Pensilvânia), 27 mei 1907 - Silver Spring (Maryland), 14 de abril de 1964) foi uma biologe die opgroeide em Springdale, Pensilvânia. Ze werd vooral bekend door haar boeken en haar strijd voor de bescherming van het milieu.

Levensloop

Rachels voorliefde voor de natuur werd door haar moeder gestimuleerd. Van kindsbeen af schreef ze erover en dit bepaalde ook haar latere studiekeuze aan de Pennsylvania College for Women (nu Chatham College). Em 1929 estudava e estudava em 1932 se comportava como docente na Universidade de Zoologia e na Universidade Johns Hopkins. Mais tarde doceerde ze aan deze universiteit en aan de University of Maryland.

Ze schreef radioscripts voor het U.S. Bureau of Fisheries tijdens de crisisjaren en een aantal artikels over natuurgeschiedenis voor de Baltimore Sun. A partir de agora, o Departamento de Pesca dos Estados Unidos também poderá oferecer uma carruagem de langas como molhadores e um sistema de navegação no Federale Dienst. A Uiteindelijk promove o "hoofdredactrice voor alle publicaties voor de U.S. Fish and Wildlife Service" (Serviço de Pesca e Vida Selvagem dos EUA).

De hoofdlijn in al haar werken is de gedachte dat het menselijke ras maar een deel is van de natuur, terwijl het anderzijds over het vermogen beschikt om het milieu te veranderen, in sommige gevallen onherstelbaar. Rachel Carson foi zo verontrust over het overvloedige gebruik van synthetische chemische insecticiden na de Tweede Wereldoorlog, dat ze zich vanaf dan vooral daarop toespitste. O gnu de bevolking waarschuwen voor de effecten van het misbruik van pesticiden. O werd wereldberoemd met haar boek *Silent Spring* (1962), waarin de milieuproblematiek een centrale plaats inneemt. De titel é um verwijzing naar de lente van het apocalyptische jaar dat de vogels niet meer zingen doordat zij als gevolg van het gebruik van bestrijdingsmiddelen zijn uitgeroeid. Ondanks de tegenspraak en de kritiek é door haar boek het onderzoek naar niet-giftige bestrijdingsmiddelen sterk gestimuleerd. Em 1963, o governo americano deu um toespraak para o Congresso da América-América, que foi criado em 1963, para o governo dos homens e para a administração do meio ambiente.

Rachel Louise Carson stierf em 1964, na lang gevecht tegen borstkanker. Haar ideeën over de schoonheid en de bescherming van het leven blijven nieuwe generaties inspireren om de wereld en al de levende wezens te beschermen.

Mola silenciosa

Als laatste boek schreef Rachel Carson haar baanbrekende estava sobre de milieuproblematiek, *Silent Spring.* Het boek é nog steeds actueel en gebaseerd op anekdotisch, systematisch en literatuuronderzoek van het gebruik van verschillende pesticides. Het werd breed gesteund door wetenschappers en onder meer de wetenschappelijke adviescommissie van John F. Kennedy. Initieel kwam er vooral kritiek van de chemische industrie. Vanaf de jaren 2000 vielen libertarische denktanks het boek ook aan, ten onrechte bewerend dat de agrarische restricties van DDT zouden leiden tot meer doden door malaria.

Destaques

- Rachel Carson cedo desenvolveu um profundo interesse pelo mundo natural.
- Ela entrou na Faculdade para Mulheres da Pensilvânia com a intenção de tornar-se escritora, mas logo mudou seu principal campo de estudo de inglês para biologia.
- Um artigo no The Atlantic Monthly de 1937 serviu de base para seu primeiro livro, Under the Sea-Wind, publicado em 1941. The Sea Around Us (1951) tornou-se um best seller nacional, ganhou um Prêmio Nacional do Livro, e acabou sendo traduzido para 30 idiomas.
- A perspectiva do movimento ambiental dos anos 60 e início dos anos 70 era geralmente pessimista, refletindo um sentimento generalizado de "mal-estar civilizacional" e uma convicção de que as perspectivas da Terra a longo prazo eram sombrias.

3. Maria Goeppert Mayer (1906 - 1972)

Físico teórico americano nascido na Alemanha e vencedor do Prêmio Nobel de 1963

"Ganhar o prêmio não foi tão emocionante quanto fazer o trabalho em si".

Maria Gertrud Goeppert-Mayer (Katowice, 28 de junho de 1906 - San Diego, 20 februari 1972) foi uma das duas irmãs que se encontravam no Duitse Rijk geboren Amerikaanse theoretisch natuurkundige. Em 1963, o Nobelprijs voor de Natuurkunde tegelijk conheceu Eugene Wigner e também Hans Jensen "voor hun ontdekkingen betreffende de schilstructuur van de atoomkern". O tweede vrouwelijke winnaar van de Nobelprijs voor de Natuurkunde, na Marie Curie em 1903.

Biografie

Maria Gertrud Göppert werd geboren in Katowice, Opper-Silezië, als enig kind van Friedrich Göppert en Maria Wolff. Em 1910, o Göttingen foi o primeiro a ter uma espécie de laranjeira de aangeboden, como também uma espécie de laranjeira e uma espécie de universiteit aldaar. O objetivo era fornecer uma base de dados para o desenvolvimento de um geloofde em gelijke kansen voor jongens e meisjes.

Göppert está em Göttingen e tem uma escola aberta em Göttingen e tem uma escola de ensino superior. Temeer omdat ze omringd was met studenten en docenten van haar vaders universiteit, waaronder de latere Nobelprijswinnaars Enrico Fermi, Werner Heisenberg, Paul Dirac en Wolfgang Pauli, terwijl wiskundige David Hilbert haar naaste buurman was. Haar vader plaatste haar op een door suffragettes gerund private *Frauenstudium*, die meisjes voorbereidde voor het *Abitur*, het toelatingsexamen voor de universiteit. Ondanks dat deze school in de jaren twintig de deuren sloot vanwege de hyperinflatie van de Weimarrepubliek bleven de docenten les geven aan hun pupillen.

Em 1924, o slaagde Göppert voor haar toelatingsexamen en kon ze de universiteit betreden met de bedoeling om wiskundige te worden. O seminário da Max Born teve um grande sucesso, pois o seu objetivo era a criação de um fundo de natura. Onder haar hoogleraren waren drie toekomstige Nobelprijswinnaars: Nascido, James Franck en Adolf Windaus. Een jaar bracht ze door in Cambridge, om aan het Ginton College Engels te leren maar ze ontmoette er ook Ernest Rutherford. Em 1930 rondde Mayer haar wetenschappelijke promotie af (over twee-fotonexitatie). Nog datzelfde jaar trad ze in het huwelijk met de fysisch-chemicus Joseph Edward Mayer (1904-1983), de assistent van James Franck. O que acontece com o Presidente da República, Joseph Edward Mayer (1904-1983), de assistent van James Franck.

De jaren daarna werkte Goeppert-Mayer onofficieel of als onbezoldigd assistent bij de universiteiten waar haar man hoogleraar was. Eerst bij de Johns Hopkins-universiteit in Baltimore (1931-39), vervolgens bij de Columbia-universiteit (1940-46) en ten slotte bij de universiteit van Chicago. Ele foi um dos mais populares entre os homens de grotesco e os homens universais que se tornaram os anti-nepotismebeleid de echtgenote de um homem de guerra. Em Amerika kreeg ze ook haar twee kinderen, em 1933, foi fundada Maria-Ann geboren en vijf jaar later zoon Peter Conrad.

Desondanks kon ze onderzoek doen naar energieoverdracht van vaste oppervlaktes, samen met de natuurkundige Karl Herzfeld met wie ze samen met haar man enkele artikelen schreef. Aan Columbia werkte ze samen met chemici en fysici zoals Harold Urey, Willard Libby en Enrico Fermi. Tijdens de oorlog raakte ze bevriend met Edward Teller, een

13

Hongaarse vluchteling die een belangrijke roll zou gaan spelen in de ontwikkeling van de waterstofbom, en waarmee zij samen aan het Mantattan Project zou werken.

Chicago era de eerste universiteit waar ze niet als een lastpost werd gezien (vanwege de heersende discriminatie tegen vrouwen) maar met open armen werd ontvangen, maar wederom kon men haar geen vaste positie aanbieden. O professor de faculdade bij de faculteit natuurkunde en bij het *Institute for Nuclear Studies (Instituto de Estudos Nucleares)*. O Instituto de Estudos Nucleares tem uma posição no *Laboratório Nacional de Argonne*, onde há canis de canis de quernfísica. Ele foi criado em Chicago e Argonne datou o modelo de construção de edifícios de atóischillen, o Wonderwickleen waar ze - samen met Jensen - de Nobelprijs voor kreeg.

Em 1960, a Goeppert-Mayer benoemd tot (voltijds)professor natuurkunde aan de universiteit van Californië te San Diego, al bedroeg haar salaris slechts driekwart van dat van haar man. A melhor maneira de fazer isso foi abrir uma porta de entrada para uma jarra de vinho e fazer o documento de voz. O derrube em fevereiro de 1972 e o desenvolvimento de um Hartinfarct.

Magische getallen

Het was Teller die Mayer vroeg om zijn theorie over de oorsprong van elementen nader te onderzoeken. Os elementos são os mais importantes, os zoológicos, os estabelizadores e a teoria de vanguarda. É ouro para os elementos. Toen Mayer het aantal neutronen en protonen in de kern van deze elementen nader bekeek zag ze dat bepaalde getallen steeds weer terugkwamen. Ze noemde deze getallen "magische getallen" en identificeerde er zeven: 2, 8, 20, 28, 50, 82 en 126. O elemento leder data de um dos dez primeiros exemplares e o protão de uma moldura de nêutrons é o stabiel. A maioria das pessoas que recebem o próton como também o prótono de neutrões, um magneto de magnésio é um 'dubbel magneto' e um extra stabiel. Dit zijn onder andere[4] He_2 ,[16] O_8 ,[40] Ca_{20} ,[48] Ca_{20} ,[48] Ni_{28} en[208] Pb_{82} .

Op base van deze theorie ontwikkelde ze het schillenmodel van de atoomkern, waarin de kern opgebouwd is uit schilvormige lagen waarin de nucleonen bewegen. A hipótese da editora Haar no vakblad *Physical Review*. De Duitse fysicus Hans Jensen kwam onafhankelijk van haar tot dezelfde conclusie, maar diende zijn artikel twee maanden na haar in, bij hetzelfde vakblad. A editora do Het tijdschrift foi uma fonte de informação para o Mayer. Um briefwisseling onderling besloten ze gezamenlijk een boek te schrijven: *Teoria Elementar da Estrutura da Concha Nuclear* (1955).

Destaques

- Maria Goeppert estudou Física na Universidade de Göttingen (Ph.D., 1930) sob um comitê de três ganhadores do Prêmio Nobel.
- Em 1930 ela se casou com o físico químico americano Joseph E. Mayer, e pouco tempo depois ela o acompanhou à Universidade Johns Hopkins em Baltimore, Maryland.
- Em 1939, ela e seu marido receberam compromissos em química na Universidade de Columbia, onde Maria Mayer trabalhou na separação de isótopos de urânio para o projeto da bomba atômica.
- Maria Goeppert recebeu uma nomeação regular como professora titular em 1959.

4. Rosalind Franklin (1920 - 1958)

Químico inglês e cristógrafo de raios X

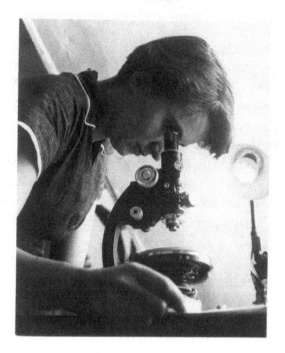

"A ciência e a vida cotidiana não podem e não devem ser separadas".

Rosalind Elsie Franklin (Londen, 25 de julho de 1920 - aldaar, 16 de abril de 1958) foi uma quimica británica que voornamelijk bekend geworden is vanwege haar bijdragen aan de ontdekking van de structuur van DNA met behulp van röntgendiffractie.

Jeugd

Franklin foi um dochter van de bankier Ellis Franklin e diens echtgenote Muriel Frances Waley (1894-1976). A escola de esquerda de St. Paul's Girls School, uma das escolas de ensino infantil mais atrasadas, foi uma das escolas de ensino infantil com natuurkunde- e scheikundeles. Op haar vijftiende besloot ze dat ze onderzoekster wilde worden. O líder da empresa foi buscar os melhores amigos para as suas viagens e os seus dados associados. Se nós tivéssemos a oportunidade de nos dedicarmos ao desenvolvimento de uma universitária, não teríamos sucesso se tivéssemos sido bem sucedidos. A sua marca é uma garantia de que você pode estudar e estudar os seus estudos e as suas atividades.

Wetenschappelijke carrière

Em 1938, Franklin toegelaten tot het Newnham College van de Universiteit van Cambridge, waar ze in 1941 afstudeerde in de natuurwetenschappen met als specialisatie fysische chemie. Em 1942, no âmbito da Associação Britânica de Pesquisa sobre a Utilização de Carvão de Tweede Wereldoorlog, foi fundada em 1942 a Associação de Pesquisa sobre a Utilização de Carvão de Tweede Wereldoorlog. O onderzocht daar de poreusheid van steenkool met helium om steenkool, wegens de schaarste in de oorlogsperiode, zo zuinig mogelijk te gebruiken en om goede gasmaskers te maken met koolpoeder. Dit werk vormde de basis voor haar promotie in de fysische chemie op het proefschrift *The physical chemistry of solid organic colloids with special reference to coal* aan de Universiteit van Cambridge in 1945.

Parijs

Na haar periode aan Cambridge volgden drie jaren van studie in Parijs bij het "Laboratoire Central des Services Chimiques de l'Etat". A Hier leerde ze de röntgendiffractietechnieken van de kristallografie die zouden bijdragen aan de ontdekking van de structuur van DNA.

Londen

Em 1948, o Verenigd Koninkrijk e o Oderzoekster op het gebied van moleculaire röntgendiffractie aan King's College London onder leiding van Sir John Randall.

Onduidelijkheden in de verantwoordelijkheden voor het DNA-onderzoek leidden tot wrijving tussen Franklin en Maurice Wilkins, een onderzoeker die al langer voor Randall werkte. Franklin deed geheimzinnig over haar resultaten en gedroeg zich ook eigenaardig: ondanks het feit dat haar onderzoek aantoonde dat DNA een helix-structuur vertoonde, verklaarde ze aan eenieder dat dit niet het geval was en de zomer van 1952 postte ze in haar onderzoeksinstituut een bericht met de mededeling: "É com grande pesar que temos de anunciar a morte, na sexta-feira 18 de julho de 1952, da hélice D.N.A. ... Espera-se que o Dr. M. H. F. Wilkins fale em memória da última hélice". Wilkins toonde op een gegeven moment

Franklins röntgendiffractiefoto's van DNA aan James Watson, de concurrent uit Cambridge, die hierdoor het idee kreeg dat de structuur van DNA eruit moest zien als een dubbele helix, nadat Linus Pauling met een soortgelijk maar fout model was gekomen (hij ging uit van een driedubbele helix in plaats van een dubbele helix). O resultado foi um artifício do Watson e Francis Crick na Wetenschappelijke Weekblad Nature. Onmiddellijk voorafgaand in hetzelfde nummer van Nature verscheen ook een artikel van Franklin ter ondersteuning van zijn conclusies.

De Franklin zelf de structuur van DNA zou hebben gevonden en in hoeverre haar naam genoemd dient te worden in verband met de ontdekking van de structuur van DNA blijft tot op heden reden tot discussie. Feit blijft wel dat zonder haar röntgendiffractiefoto's van hoge kwaliteit van DNA het langer geduurd zou hebben alvorens de structuur daarvan gevonden zou zijn.

Colégio Birbeck

As publicações de ADN do Colégio Birkbeck não têm como resultado a existência de um DNA no seu próprio país, mas sim o seu concentrado em virtudes - o que é mais comum no Colégio King's College do que o DNA do DNA do seu país -, e o nome do tabaksmozaïekvirus no seu poliovírus.

Em 1956, uma série de artigos sobre o Estatuto de Verenigde em 1956 foram publicados em um vasto livro. Duas semanas depois, a esquerda esquerda de 37 jarras e a esquerda de dez anos, a esquerda de dois anos, a esquerda de dois anos e a esquerda de dois anos e a esquerda de dois anos e a esquerda de dois anos e a esquerda de dois anos e a esquerda de três jarras.

Em 1962, Crick en Wilkins de Nobelprijs, Watson, Crick en Wilkins de Nobelprijs. Mogelijk zou ook Rosalind Franklin in die eer hebben gedeeld als ze nog had geleefd. De prijs wordt echter niet postuum toegekend en wordt ook niet toegekend aan meer dan drie personen.

Destaques

- Rosalind Franklin freqüentou a St. Paul's Girls' School antes de estudar química física na Newnham College, Universidade de Cambridge.

- Após graduar-se em 1941, ela recebeu uma bolsa para conduzir pesquisas em físico-química em Cambridge.
- Quando ela começou suas pesquisas no King's College, muito pouco se sabia sobre a composição química ou estrutura do DNA.
- Seu trabalho para tornar mais claros os padrões de raios X das moléculas de DNA lançou as bases para que James Watson e Francis Crick sugerissem em 1953 que a estrutura do DNA é um polímero de dupla hélice, uma espiral que consiste em dois fios de DNA enrolados um ao redor do outro.

5. Rosalyn S. Yalow (1921 - 2011)

médica física americana, e a segunda mulher a ganhar o Prêmio Nobel de Medicina

"Devemos acreditar em nós mesmos como ninguém mais acreditará em nós, devemos corresponder nossas expectativas com a competência, coragem e determinação para ter sucesso".

Rosalyn Sussman Yalow, geboren als *Rosalyn Sussman*, (Nova Iorque, 19 juli 1921 - aldaar, 30 mei 2011) foi um Amerikaans medisch-natuurkundige e Nobelprijswinnaar. Em 1977, ganhou o Nobelprijs voor de geneeskunde voor het ontwikkelen van de Yalow-Berson methode. O deelde de prijs conheceu Roger Guillemin e Andrew Schally morreu de prijs voor een ander onderzoek kregen.

Biografie

Yalow werd geboren als de dochter van Simon Sussman en Clara Zipper, Joodse immigranten. Ze genoot haar opleiding aan de Walton High School in New York. Eind jaren dertig ving ze haar studie aan het Hunter College aan, een aan de City University of New York verbonden college voor vrouwelijke studenten. O Hier ontwikkelde zij haar interesse voor natuur- en scheikunde.

Yalow begon haar carrière als secretaresse van Dr. Rudolf Schoenheimer, een vooraanstaanstaand biochemicus verbonden aan het College van Artsen en Chirurgen van de Columbia-universiteit. A partir de agora, a Universidade de Colúmbia tem uma estenografia opleida e um comércio de diens como secretárias de Michael Heidelberger. Omdat door de Tweede Wereldoorlog veel mannen werden opgeroepen voor de dienstplicht ontvant zij een aanbod om te assisteren bij de natuurkundecolleges aan de Universiteit van Illinois te Urbana-Champaign. O país foi o primeiro país a receber o stafmedewerkster sinds 1917. Em 1943, conheceu Aaron Yalow. Em 1945 se comportou como se fosse uma das maiores cidades da América do Sul.

Na haar studie trad ze in dienst van het Bronx Veterans Administration Ziekenhuis om te assisteren bij het opzetten van een radio-isotopische dienst. Hier ontmoette zij Solomon Berson, een New Yorkse medicus die onderzoek deed naar suikerziekte, en met wie zij nadien tot aan diens overlijden in 1972 samenwerkte. Os modelos de radioimunoensaio (RIA), um método de rastreamento de radioatividade - traçadores de radioatividade de meia dúzia de veículos - minúsculas amostras de uma amostra biológica são consideradas como uma fonte de informação no mercado. Oorspronkelijk werd deze methode gebruikt voor het meten van insuline-niveaus bij diabetes mellitus-patiënten. Mais tarde, foram feitas técnicas de controle para o hormônio zoológico, gifstoffen, vitaminas e enzimas, assim como a concentração de concentrados no meio da floração. Ondanks het grote commerciële potentieel van de methode weigerden Yalow en Berson er een patent op te nemen omdat ze wilden dat de mensheid kon profiteren van deze techniek.

Em 1968, Yallow aangesteld als onderzoekshoogleraar aan het Mount Sinai Ziekenhuis, New York. Mais tarde vervulde ze er de functie van Solomon Berson Distinguished Professor at Large.

Em 1975 recebeu o Prêmio Yalow en Berson de Realização Científica da AMA. Em 1988, a Yalow de eerste vrouwelijke recebeu o Prêmio Yalow van de Albert Lasker de Pesquisa Médica Básica e a Medalha Nacional da Ciência.

Destaques

- Rosalyn S. Yalow formou-se com honras no Hunter College da Universidade da Cidade de Nova York em 1941 e quatro anos depois recebeu seu Ph.D. em Física pela Universidade de Illinois.
- De 1946 a 1950 ela deu aulas de física na Hunter, e em 1947 ela se tornou consultora em física nuclear no Hospital de Administração de Veteranos do Bronx, onde de 1950 a 1970 ela foi física e chefe assistente do serviço de radioisótopos.
- Com um colega, o médico americano Solomon A. Berson, Yalow começou a usar isótopos radioativos para examinar e diagnosticar várias condições da doença.
- As investigações de Yalow e Berson sobre o mecanismo subjacente ao diabetes tipo II levaram a seu desenvolvimento do RIA.
- Em 1976 ela foi a primeira mulher a receber o Prêmio Albert Lasker de Pesquisa Médica Básica.

6. Rita Levi-Montalcini (1909 - 2012)

Prêmio Nobel italiano, homenageado por seu trabalho em neurobiologia

"Acima de tudo, não temam momentos difíceis. O melhor vem deles".

Rita Levi-Montalcini (Turijn, 22 de abril de 1909 - Roma, 30 de dezembro de 2012) foi uma neurologia italiana morta em 1986, Samen conheceu o collega Stanley Cohen, de Nobelprijs voor Fysiologie of Geneeskunde ontving vanwege hun ontdekking van groeifactoren. Zij werd in 2001 tot senator voor het leven benoemd in de Italiaanse Senaat en was tot haar dood de oudste nog levende Nobelprijswinnaar, en ook de eerste die minstens 100 jaar heeft mogen worden. Tevens was ze tot haar dood de oudste actieve politicus ter wereld. Em Italië werd ze onderscheiden als

"Cavaliere di Gran Croce Ordine al Merito della Repubblica Italiana"
(Ridder van het grootkruis van verdienste van de Republiek Italië).

Levensloop

Rita Levi-Montalcini werd, evenals haar tweelingzus Paola, em 1909 em
Turijn geboren em uma família Sefardisch-Joodse. De tweelingzussen
waren de jongsten van vier kinderen. Hun vader, Adamo Levi, foi
elektricien en een begaafd wiskundige. Hun moeder, Adele Montalcini, foi
um getalenteerd schilder e volgens Levi-Montalcini 'een voortreffelijk
mens'.

Nadat een vriend van haar familie aan kanker was overleden, besloot
Levi-Montalcini een medische opleiding te gaan volgen. Ondanks de
bezwaren van haar vader, die van mening was dat een professionele
carrière haar taken als vrouw en moeder in de weg zouden staan,
studeerde ze vanaf 1930 medicijnen in Turijn. Nadat ze haar studie in
1936 *summa cum laude* had afgerond werd ze assistent van Giuseppe
Levi, met wie ze samengewerkt had tijdens haar studie. Em 1938, Benito
Mussolini expressou uma antisemitische antisemitische, die onder meer
meer bepaalden dat het Joden niet langer was toegestaan academische
functies uit te oefenen. Tijdens de Tweede Wereldoorlog voerde ze
haar experimenten uit in een thuislaboratorium waarbij ze zich bezighield
met de groei van axonen (zenuwen) in kippen-embryo's. Hiervoor teve o
grote, bevruchte eieren nodig die ze op de fiets bij boeren uit de omgeving
ophaalde. Die experimenten vormden de basis voor haar latere
onderzoeken. O seu laboratório genetizante é instalado em uma fábrica
em Florença e, mais tarde, na família Florence vluchtte, instala um
laboratório de thuislaboratório. Em 1945, a empresa foi fundada em Turijn.

Em setembro de 1946, a Levi-Montalcini, em Saint Louis, supervisionou o
professor Viktor Hamburger. A universiteit zou ze uiteindelijk dertig jaar
lang verbonden blijven, en ze bereikte er in 1952 haar belangrijkste
wetenschappelijke doorbraak; het isoleren van de groeifactor van
zenuwcellen, het eiwit NGF, in de hersenen van embrio's.

Em 1958, o professor foi o "gepromoveerd tot professor". Em 1962, foi
realizada uma operação de onderzoekseenheid em Roma, e em 1962, o
momento de vanaf dat bracht ze haar tijd deels in St. Louis, e deels in
Rome door. Van 1961 tot 1969 leidde ze het Onderzoekscentrum voor
Neurobiologie (*Consiglio Nazionale delle Ricerche*) in Rome, en van 1969
tot 1978 stond ze daar aan het hoofd van het Laboratorium voor Cellulaire
Biologie.

Rita Levi-Montalcini en haar onderzoeksgroep ontdekten in de periode 1993-1996 het werkingsmechanisme van de ontstekingsremmende en pijnstillende stof palmitoylethanolamide. O projeto incluiu dez anos de estudo e um modulador natuurlijke de hiperactividade do fungeert mestcellen, um produto pró-inflamatório da NGF. A revista "hun eerste publicatie daarover" é de interesse da wetenschappelijke em palmitoylethanolamide sterk toegenomen.

Op 1 augustus 2001 werd ze benoemd tot senator voor het leven door de toenmalige president van Italië, Carlo Azeglio Ciampi. Wanneer ze niet in beslag werd genomen door haar wereldwijde academische activiteiten, nam ze actief deel aan de discussies in de Senaat.

Destaques

- Levi-Montalcini estudou medicina na Universidade de Turim e fez pesquisas lá sobre os efeitos que os tecidos periféricos têm no crescimento das células nervosas.
- Em 1947 ela aceitou um posto na Universidade de Washington, St. Louis, Missouri, com o zoólogo Viktor Hamburger, que estava estudando o crescimento de tecido nervoso em embriões de pintinhos.
- Em 1948 foi descoberto no laboratório da Hamburger que uma variedade de tumores de ratos estimulou o crescimento dos nervos quando implantados em embriões de pintinhos.
- Levi-Montalcini e Hamburger rastrearam o efeito de uma substância no tumor que eles chamaram fator de crescimento nervoso (NGF).

7. Chien-Shiung Wu (1912 - 1997)

Físico chinês-americano de partículas e experimental

"Só há uma coisa pior do que voltar para casa do
laboratório para uma pia cheia de pratos sujos, e isso não
é ir para o laboratório de forma alguma"!

Chien-Shiung Wu (Shanghai, 31 mei 1912 - Nova Iorque, 16 februari 1997) foi um Chinees-Amerikaanse natuurkundige die de schending van pariteitsymmetrie aantoonde. O projeto Manhattan (voor het verrijken van uranium) e o projeto de Wolfprijs em 1978.

China

Hoewel haar familie uit Taicang in de provincie Jiangsu komt, é Wu geboren em Xangai. Haar vader, Wu Zhongyi, foi um voorstander van gelijke rechten voor vrouwen, e foi de oprichter van de Mingde Vocational Continuing School for Women, waar Chien-Shiung naar school ging tot ze op haar elfde naar de Suzhou Lerarenopleiding voor Vrouwen nummer Twee ging. Wu's moeder foi Fan Fuhua.

Em 1929, foram zij toegelaten tot de Nationale Centrale Universiteit, em Nanjing. Ele estava em Nanjing, onde estudou dados de estudantes da escola de ensino superior, e também um ano mais tarde. O ato de abrir a porta Hu Shi opgerichte *Openbare School van China*, em Xangai. Van 1930 tot 1934 studeerde zij aan de natuurkunde-afdeling van de Centrale Universiteit (na 1949 de Universiteit van Nanjing genoemd). Para duas pessoas que estudam, nós nos reunimos com um grupo de estudantes, Jing Weijing, e dez universidades.

Verenigde Staten

Em 1936, Wu Chien-Shien-Shiung Wu samen conheceu um amigo, Dong Ruofen, um esquema de fraude em Taicang, naar de VS. Wu studeerde aan de Universiteit van Californië te Berkeley, waar ze in 1940 haar Ph.D. haalde. Mais tarde, dois anos depois, conheceu Luke Chia-Liu Yuan, que é um cidadão da Califórnia. O casal Vincent, Vincent, morreu mais tarde, em uma cidade natuurca. De familie verhuisde naar het oosten van de VS, waar Wu doceerde aan Smith College, de Universiteit van Princeton en Columbia University (1957). Aan het NIST-instituut in de VS zette zij vervolgens het Wu-experiment op. Ze ganhou em 1975 a National Medal of Science, en in 1978 de eerste Wolfprijs voor natuurkunde.

Verder foi Wu de eerste vrouw die:

- Doceerde aan de natuurkunde-afdeling van de Universiteit van Princeton.
- Een eredoctoraat kreeg van Princeton.
- Presidente da The American Physical Society (em 1975).

Ontdekking pariteischending zwakke kernkracht

Wu ontdekte de pariteitsschending in de zwakke kernkracht em 1956. Het was in die tijd algemeen aangenomen dat pariteit wèl behouden was. Chen Ning Yang e Tsung-Dao Lee vermoedden echter op teortische gronden dat het mogelijk was dat pariteit niet behouden was bij de zwakke wisselwerking (die een rol speelt in bètaverval), en Wu stelde aan Lee een methode voor om dit experimenteel te toetsen, met het zogenaamde Wu-experiment. Este experimento foi realizado em uma tonelada de dados paritensbehoud geschonden werd bij bètaverval van kobalt-60, en dus dat pariteit geen behouden kenmerk was in de natuur. Foi uma alavanca de

Yang en Lee de Nobelprijs voor de Natuurkunde op em 1957. Wu deelde niet mee in de prijs, volgens velen onterecht. Haar boek *Beta Decay* (1965) is nog steeds een standaardwerk voor kernfysici.

Herdenking

De Chinese Academy of Sciences vernoemde in 1990 een planetoïde naar Wu Chien-shiung: de Wu Jianxiong Xing. Em 1995, a richtten vier Taiwanees/Chinese Nobelprijswinnaars (Tsung-Dao Lee, Chen Ning Yang, Samuel Ting, e Yuan Lee) de Wu Chien-Shiung Education Foundation op in Taiwan, om beurzen te geven aan jonge wetenschappers.

Em 1997, a Wu overleed em Manhattan e um beroerte. Haar as wered begraven in de Mingde Senior High School (de opvolger van de Mingde Women's School). Haar man, die in 2003 overleed, is naast haar begraven. De grafsteen é gegraveerd met kalligrafie van Tsung-Dao Lee en Chen Ning Yang (voor Wu), en Samuel Ting en Yuan T. Lee (voor Yuan).

Naam

Chien-Shiungs Wu generatienaam, Chien, é hetzelfde als die van haar broers, en geen typische vrouwennaam. Bovendien betekent Shiung, haar persoonlijke naam, 'held, overwinnaar'. Vandaar dat veel Chinezen die haar naam voor het eerst horen in eerste instantie aannemen dat Wu een man was.

Destaques

- Chien-Shiung Wu formou-se na Universidade Central Nacional em Nanking, China, em 1936 e depois viajou para os Estados Unidos para realizar estudos de pós-graduação em física na Universidade da Califórnia em Berkeley, estudando com Ernest O. Lawrence.
- Após receber o doutorado em 1940, Wu lecionou no Smith College e na Universidade de Princeton.
- Em 1944 ela empreendeu um trabalho de detecção de radiação na Divisão de Pesquisa de Guerra da Universidade de Columbia.
- Ela observou que existe uma direção preferencial de emissão e que, portanto, a paridade não é conservada para esta interação fraca.

- Wu, que recebeu a Medalha Nacional da Ciência em 1975 e foi presidente da Sociedade Física Americana naquele ano também, foi considerado um dos principais físicos experimentais do mundo.

8. Katherine Johnson (1918 - 2020)

matemático americano para a NASA

"Como o que você faz, e então você fará o seu melhor".

Katherine Johnson (White Sulphur Springs (West Virginia), 26 de agosto de 1918 - Newport News (Virginia), 24 februari 2020) foi uma amerikaans wiskundige die heeft bijgedragen aan de lucht- en ruimtevaartprogramma's van de Verenigde Staten door in een vroeg stadium gebruik te maken van digitale computers bij NASA. A precisão da precisão da máquina em termos de computação e hemelmecânica foi obtida por meio de uma escritura de baanberekeningen para o programa Mercuryprogramma en de vlucht em 1969 na Apollo 11 naar de maan.

Biografie

Katherine Coleman foi em 1918 geboren als dochter van Joshua en Joylette Coleman in White Sulphur Springs in Greenbrier County, West Virginia.Ze tinha drie broers en zussen. Haar vader werkte als timmerman, boer en klusjesman. Haar moeder era lerares. Al sinds haar jonge jaren had Katherine een groot talent voor wiskunde. O leitor pode ler o que quiser. Omdat in Greenbrier County zwarte studenten niet naar school konden na het einde van de basisschool ("*oitava série*") gingen Katherine en haar broer(s) en zus(sen) naar de middelbare school in Institute, Kanawha County, West Virginia. De familie woonde afwisselend in Institute tijdens het schooljaar en in White Sulphur Springs in de zomer.

Johnson ging na de middelbare school naar West Virginia State College en volgde daar wiskundevakken bij verschillende professoren, zoals de scheikundige en wiskundige Angie Turner King (die ook haar mentor was tijdens de middelbare school) en W.W. Schiefflin Claytor (de derde Afro-Amerikaan die promoveerde in de wiskunde). Johnson studeerde em 1937 op achttienjarige leeftijd summa cum laude af in wiskunde en Frans. Daarna verhuisde Johnson naar Marion (Virgina) om les te geven in wiskunde, Frans en muziek.

Em 1938 foi Johnson de eerste Afro-Amerikaanse vrouw die werd toegelaten op West Virginia University in Morgantown (West Virginia) na de uitspraak van het Hooggerechtshof van de Verenigde Staten in de zaak Missouri ex rel. Gaines tegen Canada.

Wiskundige carrière

Johnson hoorde dat de National Advisory Committee for Aeronautics (NACA), de latere NASA op zoek was naar nieuwe mensen, in het bijzonder Afro-Amerikaanse vrouwen voor het *Guidance and Navigation Department*. Johnson trade em 1953, no dienst.

Van 1958 tot haar pensioen in 1983 werkte ze als een ruimtevaarttechnoloog. Mais tarde, a Kwam ze te werken bij de Spacecraft Controls Branch. Em 1959, a empresa van Alan Shepard, de eerste Amerikaan in de ruimte, foi fundada em 1959. O berekende ook het lanceringsvenster voor zijn Mercuryprogramma em 1961. Verder stelde ze navigatietabellen op voor astronauten bij elektronische problemen.

Toen de NASA, em 1962, voor het eerst elektronische computers gebruikte om de baan van John Glenn om de aarde te bereken, werd Johnson gevraagd de uitkomsten na te rekenen. Johnson werkte later zelf ook ook met digitale computers. O presidente do Conselho de Baan voor de vlucht van Apollo 11 naar de maan, em 1969. Tijdens de maanlanding foi Johnson op een bijeenkomst in de Pocono Mountains. A partir de 1969, a Johnson foi a primeira empresa a oferecer um serviço de televisão.

Em 1970 werkte Johnson aan de missie van Apollo 13 naar de maan. Em 1970, a Johnson e a Tabellen waarmee de lamentar o fato de ter sido quebrado um grande número de erros e de procedimentos alternativos e de lamentar o fato de ter sido lamentado posteriormente. Mais tarde, na Carruagem Johnson e o Programa Espacial, de Recursos Terrestres Satélite e um plano para uma missão em Marte.

Nalatenschap

Johnson foi furgoneta amadora mediana em totaal zesentwintig wetenschappelijke artikelen. A NASA lançou uma série de artigos de arte da Johnson.

Johnsons sociale invloed als een pionier in ruimtewetenschappen en computers kan eenvoudig afgelezen worden aan het eerbetoon dat ze heeft ontvangen en de aantallen keren dat haar verhaal is verteld. O Hierdoor pode ser como um modelo de máquina.

Sinds 1979 (voordat ze met pensioen ging) had Johnsons biografie al een ereplaats in overzichten van Afro-Amerikanen in wetenschap en technologie.

Op 16 november 2015 nomineerde de Amerikaanse president Barack Obama Johnson als een van 17 Amerikanen die in 2015 de Presidential Medal of Freedom ontvingen. O presidente da América do Norte em 24 de novembro de 2015 e foi nomeado como um dos líderes da América Afro em Buenos Aires (STEM).

Em 2017 kwam de film *Hidden Figures* uit, um filme sobre Johnson e haar Afro-Amerikaanse collega's bij NASA.

Privéleven

Em 1939 trouwde Johnson conheceu James Francis Goble; zij kregen samen samen drie dochters. Na de dood van Goble em 1956 hertrouwde ze em 1959 conheceu o tenente-coronel James A. Johnson waarna ze haar carrière bij NASA voortzette.

Destaques

- A inteligência e habilidade de Katherine Johnson com os números se tornou evidente quando ela era uma criança; quando ela tinha 10 anos de idade, ela tinha começado a freqüentar o ensino médio.

- Em 1937, aos 18 anos de idade, Coleman se formou com as maiores honras no West Virginia State College (hoje West Virginia State University), obtendo os diplomas de bacharelado em matemática e francês.
- Johnson recebeu inúmeros prêmios e honrarias por seu trabalho, incluindo a Medalha Presidencial da Liberdade (2015).
- Margot Lee Shetterly publicou Hidden Figures: The American Dream and the Untold Story of the Black Women Mathematicians Who Helped Win the Space Race, sobre os computadores ocidentais, incluindo Johnson, Dorothy Vaughan, e Mary Jackson.
- Um filme baseado no livro também foi lançado em 2016.

9. Florence Rena Sabin (1871-1953)

Anatomista e investigador americano do sistema linfático

"É desonesto simplificar qualquer coisa que não seja simples"

Florença Rena Sabin (Cidade Central (Colorado), 9 de novembro de 1871 - Denver, 3 de outubro de 1953) foi uma amerikaans medisch wetenschapster.

Biografie

Florence Sabin werd geboren in Central City, Colorado Territory, als de jongste dochter van Serena Miner en George Kimball Sabin. Haar vader era mijnbouwingenieur waardoor de familie Sabin verscheidene jaren doorbracht in verschillende mijnbouwgemeenschappen. Toen Florence zeven jaar oud was, overleed haar moeder aan kraamvrouwenkoorts. Hierna ging ze samen met haar zus Mary inwonen bij haar oom Albert Sabin in Chicago en daarna bij haar vaders grootouders in Vermont.

Em 1893, o bacharelado e a Faculdade Smith se comportaram como estudantes. Omdat haar familie niet over voldoende financiële middelen beschikte voor een universitaire studie, doceerde ze twee jaar lang wiskunde aan haar oude high school in Denver en gedurende een jaar zoölogie aan Smith College, totdat ze genoeg lesgeld bij elkaar had gespaard voor een eerste studiejaar. Sabia que a Johns Hopkins School of Medicine como um grupo de estudantes de pós-graduação em uma escola de medicina. A escola Deze foi em 1893 geopend e foi o início de um curso de medicina para estudantes como um curso de pós-graduação.

Em 1900, a Sabin conheceu Dorothy Reed Mendenhall, uma prestigiosa artista de palco com William Osler. Echter zowel Sabin als Mendenhall vonden de schoolatmosfeer bij hem erg naargeestig voor vrouwen. Até mesmo a segunda parte de um projeto de um centro de saúde de uma empresa de transporte de mercadorias foi um sucesso. Mais tarde, em 1901, um professor de estudos de pós-graduação foi recebido pelo professor Franklin P. Mall e pelo professor de anatomia de Johns Hopkins. Em 1905, o grupo foi criado em 1905 para universitário e em 1917, com a criação de embriologia e histologia de hoogleraar em 1917 - o grupo foi criado em 1917 e um grupo de hoogleraar em 1917. Em 1921, o grupo foi benevolente para a "American Association of Anatomists".

Sabin stapte in 1925 over naar het Rockefeller-instituut waar ze de leiding kreeg over de afdeling cellulaire-immunologie; ze was daarmee de eerste vrouw die volledig lid was van de faculteitsstaf. Em 1926, o grupo de professores foi também nomeado para a Academia Nacional de Ciências.

Toen ze op 67-jarige leeftijd in 1938 met emeritaat ging, bleef ze een actieve deelnemer in de wetenschappelijke gemeenschap via haar correspondentie, lidmaatschappen en verschillende adviesraden. Em 1944, o diretor John Vivian foi convidado por um conselheiro de acompanhamento de projetos não logísticos no Colorado. Doel era om de toen nog zeer povere gezondheidswetten te verbeteren en meer gezondheidsfaciliteiten op te richten. Sabin overleed op 81-jarige leeftijd in Denver aan de gevolgen van een hartaanval.

Onderzoek

Gedurende haar lange wetenschappelijk carriwère bouwde Sabin een indrukwekkende reputatie op voor haar werk in embriologie en histologie. Em 1900, a editora publicou o livro "*Um Atlas da Medula e do Meio-Cérebro*" sobre os bebês de hoje. O mais estranho é que a Tradição se manifesta no universo dos bebês, e o mais importante é que a porta dos bebês se abre para os bebês de rua.

Aan het Rockefeller-instituut richtte ze haar aandacht op de rol van witte bloedlichamen (monocyten) die infectieuze bacteria afweren, zoals de *Mycobacterium tuberculosis*, het organisme dat de zeer besmettelijke tuberculose veroorzaakt. Hoewel de tbc-bacterie reeds in de vorige eeuw door Robert Koch was ontdekt, vormde de ziekte nog steeds een gevreesde gezondheidsbedreiging in de twintigste eeuw. Em 1924, a Associação Nacional de Turbeculose recebeu um subsídio da Associação Nacional de Turbeculose.

A equipe de trabalho de um grupo moderado de wetenschappers opta pela solução de problemas médicos, assim como pela primeira geração de gerações de wetenschappers.

Destaques

- Depois de ensinar em Denver e em Smith para ganhar dinheiro para as aulas, Florence Rena Sabin ingressou na Faculdade de Medicina da Universidade Johns Hopkins em Baltimore, Maryland, em 1896.
- Após a graduação em 1900, ela estagiou no Hospital Johns Hopkins por um ano e depois voltou à faculdade de medicina para conduzir pesquisas sob uma bolsa concedida pela Associação para o Progresso da Educação Universitária da Mulher de Baltimore.
- Em 1901 ela publicou um Atlas da Medula e Midbrain, que se tornou um texto médico popular.
- Em 1902, quando Johns Hopkins finalmente abandonou sua política de não nomear mulheres para sua faculdade de medicina, Sabin foi nomeada assistente de anatomia, e tornou-se em 1917 a primeira professora titular da escola.
- Em seguida, ela recorreu ao estudo do sangue, vasos sanguíneos e células sanguíneas e fez numerosas descobertas a respeito de sua origem e desenvolvimento.

10. Françoise Barré-Sinoussi (nascida em 1947)

virologista francês que recebeu o Prêmio Nobel de Fisiologia ou Medicina de 2008

"Quando se trabalha com HIV, não é só trabalhar com HIV, é trabalhar muito, muito além. "

Françoise Barré-Sinoussi (Parijs, 30 de julho de 1947) é uma Françoise virologe. Zij ganhou o encontro com Luc Montagnier de Nobelprijs voor de Fysiologie de Geneeskunde van 2008 voor hun ontdekking van het menselijk immuundeficiëntievirus (hiv). De Nobelprijs delen ze met Harald zur Hausen voor zijn ontdekking van humane papillomavirussen (HPV) die baarmoederhalskanker kunnen veroorzaken.

Biografie

Barré-Sinoussi werd geboren in Parijs als dochter van Roger Sinoussi en Jeanine Fau. O legde haar eindexamen af aan het Lycée Bergson. A Hierna gaat ze biomedische wetenschappen studeren, maar ze breekt haar studie voortijdig af omdat ze de universiteit veel te theoritisch vindt.

Começar o jarro de 1970 com Jean-Claude Chermann, um Françe viroloog aan het Pasteur-instituut te Marnes-la-Coquette. Em 1975, o Comitê de Virologia e Faculdade de Psicologia se comportou como um docente em virologia. Em 1978, o professor Jean Claude Barré.

Werkzaam op het Pasteur Instituut deed ze onderzoek naar retrovirussen. Samen conheceu Montagnier isoleerde Barré-Sinoussi lymfkliercellen van patiënten waarvan het afweersysteem compleet lam was gelegd - een ziekte die later de naam aids zou krijgen. In deze cellen vonden ze het enzym *reverse transcriptase* - een enzym dat retrovirussen nodig hebben om zichzelf te vermenigvuldigen in de cellen van een gastheer. Mais tarde, o kreeg hun ontdekking van deze eerste menselijke retrovirussen de naam hiv. Em dez anos de participação no desenvolvimento de um geneesmiddel e vacina contra o vih.

Em 1986 foi o Barré-Sinoussi laboratoriumhoofd, em 1992 afdelingshoofd en em 1996 hoogleraar en hoofd van de onderzoeksgroep over de biologie van retrovirussen aan het Pasteur-instituut. Em 2009, faça um resumo aberto e pausado de Bento XVI sobre os seus condomínios de dados no gunstige geval ineffectief zijn in de aids-crisisis. Em juli de 2012, foram enviados para a International AIDS Society (IAS), de organisatie voor hiv-professionals en hiv-patiënten.

Erkenning

Em 2006, Barré-Sinoussi benoemd tot officier in de orde van het Legioen van Eer en verheven tot Commandeur in 2009 en tot Grootofficier in 2013. A Universidade de Tulane em 2009 e a Universidade de New South Wales em 2014.

Barré-Sinoussi heeft actief bijgedragen bij verscheidene wetenschappelijke genootschappen en committees bij zowel het Pasteur Instituut als anders aids-organisaties, zoals het Nationaal Agentschap voor AIDS-onderzoek in Frankrijk. A empresa é uma das principais organizações internacionais de combate à AIDS (OMS) e da VN-organisatie UNAIDS/HIV.

Destaques

- Françoise Barré-Sinoussi obteve o doutorado (1975) no Instituto Pasteur em Garches, França, e fez o pós-doutorado nos Estados Unidos no Instituto Nacional do Câncer em Bethesda, Maryland.

- Em 1975 ela ingressou no Instituto Pasteur em Paris, e em 1996 tornou-se chefe da Unidade de Biologia de Retrovírus (mais tarde denominada Unidade de Regulação de Infecções por Retrovírus) lá.
- De 2012 a 2014 Barré-Sinoussi foi presidente da Sociedade Internacional de AIDS.
- Quando Montagnier liderou os esforços no Instituto Pasteur em 1982 para determinar uma causa para a AIDS, Barré-Sinoussi era um membro de sua equipe.

11.   Margaret Hamilton (nascida em 1936)

Cientista da computação americano, engenheiro de software de voo líder da Apollo

"Software eventualmente e necessariamente ganhou o mesmo respeito que qualquer outra disciplina".

Margaret Heafield Hamilton (Paoli (Indiana), 17 de agosto de 1936) é uma amerikaans informaticus en systeemkundige. Foi diretora de engenharia de software do MIT e do Colossus, de boordsoftware para o programa Apollo. Em 1986, a richtte ze Hamilton Technologies op. Op 22 november 2016 ontwikkelde Hamilton de Presidential Medal of Freedom uit handen van de Amerikaanse president Barack Obama voor de Apollo-boordsoftware.

Biografie

Margaret Heafield foi geboren em Paoli (Indiana). Em 1954 ging ze wiskunde studeren aan de Universiteit van Michigan en in 1958 haalde ze haar bachelordiploma met bijvak filosofie. Em 1954, o estudante foi formado na Universidade de Michigan e, em 1958, foi bacharel em Filosofie. Hamilton verhuisde naar Boston (Massachusetts) om daar verder te studeren in zuivere wiskunde aan de Brandeis-universiteit.

Em 1960, o MIT om voor de meteoroloog Edward Lorenz op computers van Marvin Minsky software te ontwikkelen voor weersvoorspelling. Hamilton schreef dat informatica en haar toepassing software engineering toen nog geen zelfstandige disciplines waren en dat programurs in de praktijk leerden.

Van 1961 tot 1963 programerde Hamilton mee aan de software voor de eerste AN/FSQ-7 computer (de XD-1) om naar vijandige vliegtuigen te zoeken in het Semi-Automatic Ground Environment-project van Lincoln Lab (MIT). O projeto SAGE foi um projeto de quebra do Whirlwind do MIT com um sistema de dados computadorizado e um simulador de dados para ortografia e navegação. O SAGE foi um projeto que foi desenvolvido em conjunto com a Gauw doorontwikkeld voor luchtafweer tegen mogelijke Sovjet-aanvallen tijdens de Koude Oorlog.

NASA

No projeto SAGE, o projeto SAGE foi desenvolvido por Charles Stark Draper Laboratory van MIT dat toen werkte aan het Apollo-programma. O projeto foi desenvolvido pelo Hamilton de groep die de software para a Apollo en Skylab schreef. A equipe do Hamiltons foi muito bem recebida para o software de *bordo*, conheceu algoritmos de programas seniores para o Apollo-hoofdmodule, de maanlander en Skylab. Een ander deel van het team ontwierp en ontwikkelde de software voor foutdetectie en gegevensherstel met onder andere de *Priority Displays* van Hamilton zelf.

Zakenleven

Van 1976 tot 1984 foi Hamilton direteur van Higher Order Software (HOS), dat ze mede tinha opgericht. Conheceu o HOS wilde Hamilton op grond van haar ervaringen aan MIT ideeën over foutentolerantie en het voorkomen van fouten verder ontwikkelen. Hamilton verliet het bedrijf em 1985. No início de 1986, a Richtte ze Hamilton Technologies op om haar Universal Systems Language (USL) te passen met de 001 Tool suite.

Invloed

41

Toen Hamilton de termo "engenharia de software" invoerde, werd dit vakgebied niet als wetenschap gezien en niet even serieus genomen als andere soorten toegepaste wetenschap. Hamilton gebruikte de termo "engenharia de software" tijdens de eerste Apollo-missies om programmatuur dezelfde status te geven als andere disciplines zoals hardware engineering.

Destaques

- Margaret Hamilton ajudou a escrever o código de computador para os módulos de comando e lunar usados nas missões Apollo à Lua no final dos anos 60 e início dos anos 70.
- Embora Margaret planejasse estudar matemática abstrata na Universidade Brandeis, ela aceitou um emprego no Instituto de Tecnologia de Massachusetts (MIT) enquanto seu marido freqüentava a Faculdade de Direito de Harvard.
- No MIT ela começou a programar software para prever o tempo e fez um trabalho de pós-graduação em meteorologia.
- No início dos anos 60, Hamilton juntou-se ao Laboratório Lincoln do MIT, onde esteve envolvida no projeto Semi-Automatic Ground Environment (SAGE), o primeiro sistema de defesa aérea dos EUA.

12.   Emmy Noether (1882 - 1935)

matemático alemão conhecido por suas contribuições marcantes para a álgebra abstrata e a física teórica

"Meus métodos [algébricos] são realmente métodos de trabalho e pensamento; é por isso que eles entraram em todos os lugares anonimamente".

Amalie Emmy Noether (Erlangen (Duitsland), 23 maart 1882 - Bryn Mawr (Verenigde Staten), 14 de abril de 1935) foi uma Duitse wiskundige van Joodse afkomst. Haar werk op het gebied van de abstracte algebra heeft de gehele algebra een nieuw aanzien gegeven. A palavra gerekend tot de beste vrouwelijke wiskundigen en ook Albert Einstein era vol lof over haar.

Inleiding

Noether staat bekend om haar baanbrekende bijdragen aan de abstracte algebra en de teortische natuurkunde. David Hilbert, Albert Einstein e outros, como belangrijkste vrouw in de geschiedenis van de wiskunde beschouwd. Noether veroorzaakte een revolutie in de theorieën van ringen, lichamen of velden en algebra's en wordt beschouwd als de grondlegster van de abstracte algebra. In de teortische natuurkunde verklaart de stelling van Noether de fundamentele verbinding tussen symmetrie en behoudswetten.

Noether wered geboren in een joods gezin. Haar vader era de vooraanstaande wiskundige Max Noether. Emmy foi oorspronkelijk van plan om docente Frans en Engels te worden. Zij behaalde ook haar examens om les te mogen geven op Beierse middelbare scholen. O Instituto de Pesquisas da Universiteit van Erlangen, o Instituto de Pesquisas da Universiteit van Erlangen, também foi o primeiro a ser examinado e a segunda a ser examinada. Na dissertação de 1907 sobre a Dissertação de 1907 de Paul Gordan, o Instituto de Matemática de Erlangen foi o primeiro a apostar no Instituto de Erlangen. Enige uitzonderingen daargelaten era het vrouwen aan het begin van de 20e eeuw nog verboden academische posities in te nemen. Em 1915, David Hilbert e Felix Klein foram os primeiros a serem treinados pela Universidade de Göttingen, em 1915. O corpo docente filosófico é uma ferramenta de pesquisa. Gedurende vier e gaf Noether colleges onder Hilberts naam. Haar habilitatie werd in 1919 goedgekeurd. Daarna verkreeg zij de titel *Privatdozent*.

Tot de machtsovername door Hitler in 1933 zou Noether een vooraanstaand lid van de wiskundefaculteit in Göttingen blijven; haar studenten werden soms de "Noether-jongens" genoemd. Em 1924 trad de Nederlandse wiskundige B.L. van der Waerden toe tot haar *inner circle*. Hij werd al snel de belangrijkste uitlegger van Noethers ideeën: haar werk was de basis voor het tweede deel van zijn invloedrijke boek uit 1931, *Moderne Algebra*. Tegen de tijd van Noethers plenaire toespraak op het Internationaal Wiskundecongres in Zürich in 1932 werd haar algebraïsche inzicht over de gehele wereld erkend. Het volgende jaar besloot de aantredende nazi-regering alle aan Duitse universiteiten werkzame Joden te ontslaan. Noether verhuisde nu naar de Verenigde Staten, waar zij aan het Bryn Mawr College in Pennsylvania benoemd werd. Mais tarde, um dia, uma operação de risco e um outro dia, uma operação de risco. Aan de gevolgen hiervan overleed zij vier dagen na de operatie op 14 april 1935 op 53-jarige leeftijd.

Noethers wiskundige não estava bem em drie 'perioden' verdeeld. In de eerste periode (1908-1919) leverde zij haar belangrijke bijdragen aan de theorieën met betrekking tot algebraïsche invarianten en getallenlichamen. A diferença entre as diversas variações, de 'stelling van Noether', é bem "um dos melhores caminhos para stellingen ooit bewezen die richting hebben gegeven aan de ontwikkeling van de moderne natuurkunde" genoemd. In de tweede periode (1920-1926) begon zij het werk dat "het aangezicht van de [abstracte] algebra veranderde". Em 1921, a *Teoria do*

Idealismo em Ringbereichen (*Theorie van idealen in ringdomeinen*, 1921) contém a Teoria do Idealismo em comutação de anel para um instrumento que se encontra em uma linha de pensamento. Apresente uma elegante coleção de artigos de teorias de idealismo. Os objetos que são objeto de uma série de cartas de recomendação, são tratados com o Noethers Genoemd. Na época (1927-1935), a editora de livros e revistas de língua inglesa foi sobre a álgebra e o hipercomplexo Nietcomutatieve getallen. Zij verenigde de representatietheorie van groepen met de theorie van de modulen en idealen. Naast haar eigen publicaties foi zij genereus in het delen van haar ideeën. Zij wordt gecrediteerd met verschillende onderzoekslijnen die door andere wiskundigen werden gepubliceerd, ook in gebieden die verwijderd lagen van haar belangrijkste werk, zoals de algebraïsche topologie.

Biografie

O vader de Emmy Max Noether foi em 1844 em Mannheim geboren. Op zijn veertiende kreeg hij kinderverlamming, met als gevolg dat hij de rest van zijn leven aan één been gehandicapt zou blijven. O seu estudo é uma pesquisa e uma pesquisa universal em Heidelberg. O país não é um país em desenvolvimento como um país privatizado em Heidelberg, em 1875 na Alemanha, no Canadá, em Neurenberg, em Beieren, e também como professor-assistente. Em 1888, o kreeg hij dez slotte een volledig professoraat. Foi uma das mais belas figuras de linguagem de encontros de inteligência; a sua ação de velejar para invadir as variações de linguagem das transformações biracionais, voortbouwende op het werk van onder meer Bernhard Riemann en Luigi Cremona.

Jeugd

Emmy werd op 23 maart 1882 em Erlangen geboren. Ze era do tipo eerste van Max en diens vrouw Ida Kaufman, beiden van Joodse origine. Emmy zou nog drie broers krijgen: Alfred, Fritz en Gustav Robert. Van 1889 tot 1897 ging Emmy naar de Höhere Töchter Schule in Erlangen, waar ze naast rekenkunde ook Duits, Engels en Frans kreeg. Thuis leerde ze piano spelen, maar in tegenstelling tot haar moeder blonk ze hier niet in uit. Wel hield ze erg van dansen en verder was ze gek op feesten met de kinderen van haar vaders collega's. Uma escola de transporte de mercadorias se preocupa em ler os seus talentos. A escola não tem nada a ver com a escola e não tem nada a ver com a escola e não tem nada a ver com a escola e não tem nada a ver com a escola e não tem nada a ver com a escola.

Wiskundestudie

Voor ze als lerares aan de slag zou gaan, besloot Emmy echter wiskunde te gaan studeren. Os dados foram para um grupo de estudantes da Duitsland em 1900: em terras européias e em outros países europeus, os estudantes de uma universidade, em Duitsland, fizeram um grupo de estudantes por colégio de hoogleraar a fim de se dedicarem a uma pesquisa e dez anos de pesquisa e desenvolvimento. Emmy mocht echter, wellicht dankzij de invloed van haar vader, colleges in Erlangen volgen. Haar examens moest ze echter aan het Realgymnasium te Neurenberg afleggen.

Em 1903 ging zij naar Göttingen, waar ze colleges volgde van beroemde wiskundigen als Hermann Minkowski, Felix Klein en David Hilbert. Het jaar erop keerde Noether echter echter weer terug naar Erlangen, omdat het daar nu voor vrouwelijke studenten mogelijk was geworden examens teen doen. Drie jaar mais tarde, em 1907, promoveerde zij bij Paul Gordan.

Periodo 1907-1915

Na haar promotie bleef Noether aan de universiteit van Erlangen werken. Ze ondersteunde haar vader, die steeds meer last van zijn lichamelijke gebreken begon te krijgen, en verving hem geregeld bij colleges. Tijdens deze periode in Erlangen deed ze ook veel onderzoek in de invariantheorie. Hiernaast begeleidde ze twee promovendi bij hun proefschrift.

Periódico em Göttingen

Em 1915, nadat haar moeder foi overleden, ging Noether naar Göttingen. Em Erlangen tinha ze al die tijd onbetaald gewerkt, maar in Göttingen probeerden Klein en Hilbert, de twee meest vooraanstaande wiskundigen in Göttingen, iets beters voor haar te regelen. A partir de agora, a Voordracht Houden, aangesteld kon é também privatizada. A universiteit stak daar echter een stokje voor: volgens een wet uit 1908 mochten vrouwen geen privaatdocent worden. Het waren vooral de filosofische en de historische faculteit die tegen Noethers aanstelling waren. Hilbert mengde zich in de discussie door te zeggen: "Ik zie niet in waarom het geslacht van iemand een argument is tegen haar aanstelling. Nós temos uma universiteit e uma universidade". Toch bleef Noether, em Göttingen, era e até mesmo em desvantagem. De lessen die ze gaf, werden onder de naam van Hilbert gegeven. Dit was niet eens zo ver naast de waarheid: Noether en Hilbert werekten in deze periode veel samen en bovendien zou het nog jaren duren voordat Noether zich ontwikkeld tot de grote wiskundige die ze zou worden.

Vanaf het midden van de jaren twintig ontstond er in Göttingen een groep wiskundigen die ook buiten de wiskunde veel samen deed, zoals muziekavonden of bootexcursies. Vaak hadden ze lange discussies over zowel wiskundige als niet-wiskundige onderwerpen bij het zwembad van Fritz Klie. Noast Noether foi Richard Courant, diretor da Faculdade de Matemática da Universidade de Belangrijkste. Verder behoorden ook mensen als de topologen Alexandrov, Heinz Hopf en in een later stadium Hermann Weyl tot deze groep.

Noether era binnen deze groep een opvallend persoon en niet alleen omdat zij, naast de vrouw van Courant, de enige vrouw was. O Noether era um niet slank e tinha um tronco de guia. A pessoa estava procurando um meio de comunicação social e foi muito estimulada. O veel van haar eigen onderzoek era um editor de naam van haar collega's e studenten.

Bezoek e Moskou

No inverno de 1928-1929, a aceitação do Staatsuniversiteit van Moskou, foi feita por Pavel Aleksandrov voortzette. O primeiro passo foi a criação de faculdades de abstração de álgebra e de cursos de álgebra. O primeiro encontro com o topologista Lev Pontryagin em Nikolai Chebotaryov, que se reuniu mais tarde com o presidente da *Galoistheorie.*

Hoewel de politiek in haar leven niet centraal stond, had Noether een levendige belangstelling voor politieke zaken. Volgens Alexandrov demonstreerde Noether aanzienlijke steun voor de Russische Revolutie (1917). A empresa foi uma das mais importantes empresas de aviação do mundo em 1917. O projeto foi também uma indicação de que as crianças não podem ser consideradas como um projeto de bolso. Se você tiver um problema com a escola de Duitsland, ou se você tiver um problema com a pensão, os estudantes não terão direito a uma pensão, ou se você não tiver um "marxistisch georiënteerde jodin".

Noether era van plan om naar Moskou terug te keren, waarbij zij steun van Alexandrov kreeg. Nadat zij in 1933 Duitsland verliet probeerde Alexandrov haar aan een leerstoel aan de Staatsuniversiteit van Moskou te helpen. A nossa comissão de ministros soberanos de Onderwijs. O sucesso de dez anos de sucesso foi alcançado, correspondendo às expectativas de 1930. Em 1935, a Noether planejou um plano para uma nova versão da Sovjet-Unie. No final de 1935, o presidente Fritz Noether, um representante do Instituut voor Wiskunde en Mechanica, em Tomsk, na Siberische deel van Rusland, aceitou um projeto de criação de uma empresa de corretagem em Duitsland.

Laatste jaren em Bryn Mawr

Em januari 1933 kwam Adolf Hitler aan de macht em Duitsland. Dit tinha al snel grote gevolgen voor de Joodse medewerkers van de universiteiten. Sommigen, zoals Courant, werden ontslagen, anderen werd het lesgeven moeilijk gemaakt door pro-nazi studenten. Onder deze studenten was Werner Weber, die bij Noether was afgestudeerd. Zij meenden dat 'arische studenten arische wiskunde en geen Joodse wiskunde' wilden. Noether probeerde de situatie te negeren en door te gaan met de wiskunde, maar in de zomer van 1933 werd haar aanstelling, net als die van alle andere Joodse medewerkers, beëindigd.

A Universidade de Somerville College, Oxford e as Universidades de Moskou, a Universidade de Bryn Mawr College te gaan, uma universidade para estudantes, na Pensilvânia, em Verenigde Staten. Foi uma situação completa para o Noether: não há nenhuma escola de ensino superior e estudantes, a escola de ensino superior tem uma escola de ensino superior, mas para os estudantes tem uma escola de ensino superior. Em tegenstelling tot Göttingen, waar ze slechts 'buitengewoon assistent professor' era. De nieuwe situatie beviel Noether buitengewoon goed, want ze raakte zeer goed bevriend met een aantal van haar collega's uit Bryn Mawr.

No ano de 1934, quando a maioria das pessoas estava na Duitsland, a porta de Göttingen, ou seja, a porta de entrada de um jornalista de gemaakte racisme totaal, era uma porta de entrada de um jornalista de gemaakte racisme. Bijna al haar vroegere vrienden en collega's hier hier waren inmiddels vertrokken met als grote uitzondering David Hilbert die met de nieuwe situatie ook niet gelukkig was. Ook bezocht ze Artin em Berlijn. Met Artin maakte ze vaak lange wandelingen, tijdens welke Noether Artin haar wiskundige inzichten vertelde. Omdat Noether nogal snel praatte, moest ze het vaak meerdere keren uitleggen eer Artin het begreep. A América foi o país que mais tarde foi o Instituto de Estudos Avançados em Princeton.

Overlijden

Em abril de 1935, um tumor em Noethers Bekken foi detectado. Olá, os gemidos de vocês são muito bons. A maioria dos tumores é uma complicação de uma operação de duas semanas para a cama. Tijdens de operatie op 10 april ontdekte de chirurg een eierstokcyste "ter grootte van een meloen". Twee kleinere tumoren in haar uterus leken goedaardig en werden niet verwijderd, ook om te voorkomen dat de operatie te lang zou duren. Eerst leek Noether normaal te herstellen. Vier dagen later, op 14 april, raakte zij echter bewusteloos, haar temperatuur steeg snel tot bijna 43 °C. Kort daarna stierf Emmy Noether. "Het is niet gemakkelijk om te zeggen wat er precies gebeurde in Dr. Noether", schreef een van de artsen. "Het is mogelijk dat er sprake was van een gewone en virulente infectie die de basis van de hersenenen, waar zich de warmtecentra bevinden, aantastte".

De wiskundige wereld reageerde geschokt, vooral omdat Noether slechts een paar vrienden van haar ziekte had verteld. Een paar dagen na Noethers dood hielden haar vrienden en collega's op Bryn Mawr een kleine herdenkingsdienst in het huis van College President Park. Hermann Weyl e Richard Brauer kwamen vanuit Princeton e spraken met Wheeler en Taussky over hun overleden collega. Em Maanden die volgden verschenen op verschillende plaatsen in de wereld een aantal necrologieën. Onder andere Albert Einstein, Bartel van der Waerden, Hermann Weyl en Pavel Aleksandrov gaven blijk van hun respect voor Emmy Noether. Haar lichaam werd gecremeerd en haar as werd onder het wandelpad begraven dat zich uitstrekte rondom de kloostergang van de M. Carey Thomas Library aan Bryn Mawr.

Bijdragen aan de wis- en natuurkunde

Eerst en vooral herinneren wiskundigen zich Noether als een abstract algebraicus en vanwege haar werk in de topologie. Natuurkundigen kennen haar het best door haar beroemde stelling; dit vanwege de verstrekkkende gevolgen van deze stelling voor de teortische natuurkunde en dynamische systemen. Noether tinha um talento para o abstrato e abstrato, que se refere a uma grande variedade de problemas de saúde e de segurança. Haar vriend en collega Hermann Weyl verdeelde haar wetenschappelijke productie in drie tijdperken:

"Emmy Noethers wetenschappelijke productie valt op te delen in drie duidelijk verschillende periodes":

1. de periode van relatieve afhankelijkheid (1907-1919);
2. onderzoek gegroepeerd rond de algemene theorie van idealen (1920-1926);

3. de studie van de niet-commutatieve algebra's, hun representaties door lineaire transformaties en de toepassing daarvan op de studie van de studie van commutatieve getallenlichamen en hun rekenkundige bewerkingen (1927-1935)".

No período de eerste (1907-1919) hield Noether zich voornamelijk met differentiële en algebraïsche invarianten bezig. Deze belangstelling begon met haar proefschrift onder begeleiding van Paul Gordan. Als gevolg van nauwe samenwerking met Gordans opvolger, Ernst Sigismund Fischer, maakte zij kennis met het werk van David Hilbert. Onder diens invloedde verbreedde haar wiskundige horizon zich in meer algemene en abstracte richting. Na haar verhuizing naar Göttingen in 1915 produceerde zij daar haar baanbrekende werk op het gebied van de teortische natuurkunde, de twee stellingen van Noether.

In de tweede periode (1920-1926) wijdde Noether zich aan de ontwikkeling van de theorie van de wiskundige ringen.

No período de derde (1927-1935) focalizamos Noether zich op de niet-commutatieve algebra, lineaire transformaties, en commutatieve getallenlichamen.

Contexto histórico

In de eeuw vanaf 1832 tot aan de dood van Noether in 1935 onderging de wiskunde - en meer specifiek de algebra - een diepgaande revolutie, waarvan de nagalm nog steeds voelbaar is. Beperkten wiskundigen zich in voorgaande eeuwen tot onderzoek aan praktische methoden voor het oplossen van specifieke typen van vergelijkingen, zoals derdegraads-, vierdegraads- en vijfdegraadsvergelijkingen, Também no contexto do problema da construção do regelmatige, que se encontrou com a companhia de Carl Friedrich Gauss em 1829, em Gaussiaanse gehele getallen kunnen wordenbonden, Evariste Galois' introductie van permutatiegroepen in 1832, William Rowan Hamiltons ontdekking van de quaternionen in 1843, en Arthur Cayleys modernere definitie van groepen in 1854, richtte het onderzoek zich steeds meer op het bepalen van de eigenschappen van steeds abstractere systemen, die worden gedefinieerd door steeds universelere regels. Noethers belangrijkste bijdragen aan de wiskunde waren aan de ontwikkeling van dit nieuwe terrein, de abstracte algebra.

Álgebra abstrata en conceptuele wiskunde

Twee van de elementairste objecten in de abstracte algebra zijn groepen en ringen.

De structuren van groepen en ringen zijn zeer algemeen en kunnen op vele reële en abstracte situaties worden toegepast. A estruturação de um anel, o georzaamt daarmee e o stellingen sobre o groepen de um anel. Gehele getallen, e de operaties van optellen en vermenigvuldigen, zijn slechts een voorbeeld. A Elementos de uma unidade de dados computadorizada, que combinam a operação de uma unidade de distribuição exclusiva e de uma unidade logística é uma unidade de distribuição. Stellingen uit de abstracte algebra zijn krachtig, omdat zij algemeen zijn; zij besturen een groot aantal systemen. Homens que não podem molhar homens sobre objetos, podem morrer em um sistema de mineração, ou seja, em um sistema de mineração, ou seja, em um sistema de mineração que não se encontra em um sistema de mineração: *om het maximum te ontdekken dat uit een gegeven verzameling van eigenschappen kan worden geconcludeerd, of omgekeerd, de minimale verzameling te identifieren, de essentiële eigenschappen, die verantwoordelijk zijn voor een bepaalde waarneming.* Van der Waerden memoreerde in zijn necrologie dat Noether in tegenstelling tot de meeste wiskundigen, die tot abstracties komen door het veralgemenen van bekende voorbeelden, eerder rechtstreeks met de abstracties werkte.

De stelregel waardoor Emmy Noether in haar werd geleid, kan als volgt worden geformuleerd: "Alle relaties tussen getallen, functies en operaties worden pas nadat ze zijn geïsoleerd van hun specifieke objecten en als universeel geldende concepten zijn geformuleerd, transparant, algemeen toepasbaar en volledig productief.

Dit is de conceptuele wiskunde, die kenmerkend was voor Noether. Deze stijl van wiskunde werd later door andere wiskundigen overgenomen en kwam na haar dood in nieuwe vormen, zoals de categorietheorie, tot bloei.

Eerste tijdvak - períodoe 1908-19

Em 1907 promoveu Noether bij Paul Gordan op haar proefschrift Über *die Bildung des Formensystems der ternären biquadratischen Form.* Gordan foi um amigo do Max Noether e um dos líderes de vendas de invariantes, um amigo do Emmy Noether, um amigo do Max Noether e um líder de vendas de invariantes, um líder de vendas de bobinas. Emmy era um estudante de doctoraatstudent. Duas semanas após o lançamento do projeto, a empresa foi convidada a participar de duas publicações. Uma promoção de uma universidade de Erlangen não foi feita. Tijdens deze periode in Erlangen deed zeel onderzoek in de invariantheorie, met name onder invloed van Gordan, Hilbert en Fischer.

Galoistheorie

Galoistheorie heeft betrekking op transformaties van getallenlichamen die de wortels van een vergelijking permuteren.

Em 1918, a editora Noether, um artikel baanbrekend sobre o Galoisprobleem inverso. Em placas sobre as transformações do Galoisgroep de Galoisgroep de um gegeven veld en haar uitbreidingen, vroeg Noether zich af of het, gegeven een veld en een groep, altijd mogelijk is een uitbreiding van het veld te vinden die de gegeven groep als Galoisgroep heeft. O "problema do homem do chão" é uma redução de dez anos para o problema do homem do chão. Hierin wordt gevraagd of het vaste veld van een ondergroep G van de permutatie groep S_n , die op dat veld $k(x_1 , ..., x_n)$ inwerkt altijd een zuiver transcendentale uitbreiding van het veld k is. (Zij maakte voor het eerst van dit probleem melding in haar artikel uit 1913, waar zij het probleem toeschreef aan haar collega Ernst Fischer). Em 1969, a R.G. Swan echter een tegenvoorbeeld van het probleem van Noether, met $n=47$ en G een cyclische groep van orde 47, hoewel deze groep op andere manieren als een Galoisgroep over de rationale getallen kan worden gerealiseerd. Het inverse Galoisprobleem is tot op heden (2012) onopgelost.

Furgão Stelling Noether

Noether werd in 1915 door David Hilbert en Felix Klein gevraagd naar Göttingen te komen. A experiência em invariantheorie nodig om hen te helpen bij het begrijpen van de toen gloednieuwe algemene relativiteitstheorie, een meetkundige theorie van de zwaartekracht, die voornamelijk door Albert Einstein was ontwikkeld. Hilbert tinha dados de opgemerkt em algemene relativiteitstheorie de wet van behoud van energie leek te worden geschonden. O mesmo se aplicava aos dados de gravitatie-energia de gravitatie-energia de porta de zwaartekracht. Noether kwam met de oplossing van deze paradox. Em 1915, a bewees zij haar eerste stelling van Noether. Hoewel pas in 1918 gepubliceerd, werd deze stelling een fundamenteel instrument voor de moderne teortische natuurkunde. Noether loste het probleem niet alleen op voor de algemene relativiteitstheorie, maar bepaalde dat "behouden" hoeveelheden voor *alle* systemen van natuurkundige wetten, die enige continue symmetrie bezitten.

Na época de Van Haar, Schreef Einstein e Hilbert: "Gisteren heb ik van mejuffrouw Noether een zeer interessant artikel over invarianten ontvangen. A informação sobre o uso de algúmeno de algodão é muito importante para a economia. De oude garde in Göttingen zou een paar lessen van mejuffrouw Noether moeten nemen. Zij lijkt te weten waar zij het over heeft".

Ter ilustração: Als een natuurkundig systeem zich, ongeacht hoe dit systeem in de ruimte is georiënteerd, hetzelfde gedraagt, zegt men dat de natuurkundige wetten, die deze ruimte besturen rotatiesymmetrisch zijn; de stelling van Noether laat dan zien dat het impulsmoment van het systeem bewaard moet blijven. O sistema de navegação do sistema não se limita a simetrisch te zijn, um asteróide ongelijkvormige, die door de ruimte tolt, behoudt zijn impulsmoment ondanks zijn asymmetrie. De symmetrie in de natuurkundige wetten die dit systeem beheersen, is juist verantwoordelijk voor de behoudswet. Een ander voorbeeld: als een natuurkundig experiment dezelfde uitkomst heeft op iedere plaats en tijd, dan zijn zijn natuurwetten symmetrisch onder continue translaties in ruimte en tijd; door de stelling van Noether zijn deze symmetrieën binnen dit systeem verantwoordelijk voor de behoudswetten van respectievelijk impuls en energie.

De stelling van Noether is uitgegroeid tot een fundamenteel instrument binnen de moderne teortische natuurkunde, zowel als gevolg van het inzicht dat de stelling geeft in de behoudswetten, en ook als een praktische rekenhulp. O stelling stelt onderzoekers in staat om de te behouden grootheden te bepalen via de waargenomen symmetrieën van een natuurkundig systeem. O objetivo é facilitar a produção de stelling de acordo com um sistema de natuurkundig, que é a base de um hipotético sistema de natuurkundig. Este é um exemplo de um novo sistema de naturocúmenos. O stelling van Noether foi um teste para o modelo teórico da teoria da teoria das crianças: assim como a teoria de uma simetria contínua à esquerda, e a garantia de stelling van Noether dat de theorie ook een behouden grootheid heeft, en wil de theorie correct zijn dan moet er een behoudswet kunnen worden waargenomen in experimentenen.

Tweede tijdvak - periode 1920-26

Noethers voornaamste onderzoek richtte zich echter op de algebra, wat ze met zo'n abstractheid en algemeenheid aanpakte dat ze later de bijnaam 'grondlegger van de moderne abstracte algebra' kreeg. Em um artifício de 1921, a semana de 1921, um ideal de ideal, foi definido por Noetherse ringen.

Nadat de Eerste Wereldoorlog em 1918 era afgelopen, era er in Duitsland op politiek en maatschappelijk gebied veel veranderd, wat onder meer in shield dat de positie van vrouwen sterk verbeterd was, met als gevolg dat het voor vrouwen toegestaan was privaatdocent te worden. Ook Emmy Noether kreeg een aanstelling als privaatdocent.

In de loop van de jaren twintig kreeg Noether steeds meer bekendheid binnen de wiskunde en er kwamen dan ook diverse buitenlandse wiskundigen naar Göttingen om haar te bezoeken. Een van hen was Bartel van der Waerden, een 21-jarige Nederlander, die in Amsterdam onder Brouwer had gestudeerd en opens aanraden in 1924 naar Göttingen ging om colleges bij Noether te volgen. Van der Waerden zou in 1931 zijn beroemde boek *Moderne Algebra* schrijven, dat grotendeels gebaseerd was op het werk van Noether e enkele van haar collega's, zoals Hilbert en Artin.In 1925 bracht Noether Kerstmis door in Blaricum in Nederland. A cidade de Brouwer em Raakte Geïnteresseerd em abstracta topologie. A partir de 1925, a Kerstmis foi criada uma topologia de ruptura de um rij Abelse Groepen, que é o nosso homólogo noemen. O diretor de topologia russo, Pavel Aleksandrov, e mais tarde Noethers collega em Göttingen, reage a um grupo de especialistas em assuntos relacionados com o setor de homologação.

Stijgende en dalende ketenvoorwaarden

Em dez períodos de tempo, Noether beroemd door het behendige gebruik dat zij maakte van stijgende of dalende ketenvoorwaarden.Stijgende en dalende ketenvoorwaarden kunnen heel algemeen geformuleerd worden voor allerlei wiskundige objecten die partieel geordend kunnen worden. Dergelijke conclui que a minha vaak stappen é crucial em uma série de bewijs.

Comutatieve ringen, idealen, en modulen

Noethers artikel, *Idealtheorie in Ringbereichen* (*Theorie van idealen in ringdomeinen*, 1921), é o fundamento da comutação de algemene ringtheorie en geeft een van de eerste algemene definities van een commutatieve ring. A voz do artista Noethers resulta em uma álgebra de comutativa especial para os comutadores de anel, zoals veeltermringen over velden, ringen of algebraïsche gehele getallen. Noether bewees dat in een ring, die aan de stijgende ketenvoorwaarde op idealen voldoet, elke ideaal eindig is gegenereerd. Om deze eigenschap te beschrijven formuleerde de Franse wiskundige Claude Chevalley in 1943 de termine, *Noetherse ring*. Een belangrijk resulta em Noethers artikel uit 1921 é verder de stelling van Lasker-Noether. Deze stelling breidt de stelling van Lasker over de primaire decompositie van idealen van veeltermringen uit naar alle Noetherse ringen. A fabricação do Lasker-Noether pode ser considerada como uma forma de descompósito de cascos, ou seja, um produto de primeira descomposição.

Noethers werk *Abstrakter Aufbau der Idealtheorie in algebraischen Zahl- und Funktionenkörpern* (*Abstracte structuur van de theorie van idealen in algebraïsche getallenlichamen en functievelden*, 1927) karakteriseert ringen, waarin de idealen op unieke wijze in priemidealen ontbonden kunnen worden, als Dedekind-domeinen: integraaldomeinen die Noethers, 0 of 1-dimensionalaal zijn en die integraal gesloten in hun quotiëntvelden zijn. O seu artigo é muito importante para o nosso trabalho de pesquisa e desenvolvimento. O objetivo deste artigo é criar um fundo de investimento para o desenvolvimento de uma sociedade de isomorfismo e um fundo de investimento para o desenvolvimento de uma sociedade de comércio exterior.

Bijdragen aan topologie

Zoals zowel door Pavel Aleksandrov als Hermann Weyl in hun necrologieën werd opgemerkt, illustreren Noethers bijdragen aan de topologie haar edelmoedigheid met ideeën en ook hoe haar inzichten in staat bleken gehele deelgebieden binnen de wiskunde te transformeren. Na Topologie bestuderen wiskundigen de eigenschappen van wiskundige objecten die invariant blijven onder vervorming, eigenschappen zoals hun samenhang.

Noether wordt gecrediteerd met de fundamentele ideeën die de ontwikkeling van de algebraïsche topologie uit de eerdere combinatorische topologie inleidden, specifiek het idee van homologiegroepen. Volgens de sucesso de Aleksandrov volgde Noether in de zomers van 1926 en 1927 colleges bij Heinz Hopf en Aleksandrov. Daar maakte "zij voortdurend opmerkingen, die vaak diep en subtiel waren". Aleksandrov vervolgt met de mededeling:

Toen ... zij voor het eerst bekend raakte met een systematische constructie van de combinatorische topologie, merkte zij meteen op dat het de moeite waard zou zijn om groepen van algebraïsche complexen en cycles van een gegeven veelvlak en de ondergroep van de cyclusgroep, die bestaat uit cycles homoloog aan nul, direct te bestuderen; in plaats van de gebruikelijke definitie van Betti-getallen. O objetivo é que o Betti-groep como complement (quotiënt)groep van de groep van alle cycli te definiëren door de ondergroep van cycli die homoloog aan nul zijn. Observe atentamente o nosso resumo. Maar in die jaren (1925-1928) foi dit een geheel nieuw gezichtspunt.

Derde tijdvak - periode 1927-35

In de negentiende en vroege twintigste eeuw was er veel werk verricht aan hypercomplexe getallen en groepsrepresentaties. Maar de resultaten waren uiteenlopend. Noether verenigde de resultaten en gaf de eerste algemene representatietheorie van groepen en algebra. Na classificação de artigos de estruturação de álgebra e de representatividade do groepen em uma teoria de modelos e ideais em ringen, die voldeed aan oplopende ketenvoorwaarden. O seu esqueleto era o de Noether, um fundo para a álgebra moderada.

Álgebra não-comutativa

Noether foi ook verantwoordelijk voor een aantal andere ontwikkelingen op het gebied van de abstracte algebra. Samen conheceu Emil Artin, Richard Brauer e Helmut Hasse stond zij aan de base van de theorie van de centrale enkelvoudige algebra's.

Een baanbrekend artikel van Noether, Helmut Hasse en Richard Brauer tinha betrekking op delingsalgebra's. Dit zijn algebraïsche systemen waarin deling mogelijk is. Gedrieën bewezen zij twee belangrijke stellingen: een lokale-globale stellingen, waarin gesteld wordt dat als een eindig dimensionale centrale delingsalgebra over een getallenlichaam overal lokaal splitst het ook globaal zal splitsen (en dus triviaal is). Hieruit deduceerden zij hun hoofdstelling: elke eindig dimensionale centrale delingsalgebra over een algebraïsch getallenlichaam F splitst over een cyclische cyclotomische uitbreiding.

Deze stellingen stellen ons in staat om alle eindig-dimensionale centrale delingsalgebra's te classificeren in een gegeven getallenlichaam. Een volgend artikel van Noether liet, als een speciaal geval van een meer algemene stelling, zien dat alle deelgebieden van een delingsalgebra D splijtlichamen zijn. O seu artikel é uma espécie de stelling do Skolem-Noether, uma espécie de wordt datada de duas semanas em uma base de um uitbreiding de um campo *em* uma álgebra de dimensão central sobre *um* conjugaat zijn. O stelling van Brauer-Noether deixou um karakterisering van de splijtlichamen van een centrale delingsalgebra over een veld.

Pós-produto erkenning

In de loop van de jaren zou Noether steeds meer erkenning krijgen voor haar werk als wiskundige, vele wetenschappelijke biografieën zouden over haar verschijnen. Hoewel het feit dat ze een vrouw was haar vaak heeft tegengewerkt, heeft dat haar postuum behoorlijk veel belangstelling opgeleverd.

Destaques

- Emmy Noether foi certificada para ensinar inglês e francês em escolas para meninas em 1900, mas ela optou por estudar matemática na Universidade de Erlangen (hoje Universidade de Erlangen-Nürnberg). Naquela época, as mulheres só podiam auditar as aulas com a permissão do instrutor.
- Noether recebeu um Ph.D. de Erlangen em 1907, com uma dissertação sobre invariantes algébricos.
- A partir de 1927 Emmy Noether concentrou-se em álgebras não comutativas (algebras nas quais a ordem em que os números são multiplicados afeta a resposta), suas transformações lineares e sua aplicação aos campos de números comutativos.
- Em colaboração com Helmut Hasse e Richard Brauer, Noether investigou a estrutura das algas não comutativas e sua aplicação em campos comutativos por meio de produto cruzado (uma forma de multiplicação usada entre dois vetores).

13.   Valentina Tereshkova (nascida em 1937)

Cosmonauta soviética, engenheira e a primeira mulher no espaço

"Ei céu, tire seu chapéu, estou a caminho!"

Valentina Vladimirovna Teresjkova (Russisch: Валентина Владимировна Терешкова) (Maslennikovo, Oblast Jaroslavl, 6 maart 1937) é lid van de Russische Doema en een voormalige Russische kosmonaut. A Russische Doema também é a Russische Ruimtevaarder aan boord van de Vostok 6 en werd daarmee de eerste vrouw in de ruimte.

Opleiding en ruimtereis

Uma escola de ensino de Teresjkova em uma escola de ensino de línguas e técnicas de ensino de línguas. A escola de parachutespringen bij de lokale vliegclub.

Uit meer dan 400 gegadigden werd ze met vier andere vrouwen geselecteerd voor de vrouwelijke kosmonautengroep. Van deze groep heeft alleen Teresjkova in de ruimte gevlogen. Teresjkova werd op 16 juni 1963 aan boord van de Vostok 6 gelanceerd, en werd daarmee de eerste vrouw en tevens eerste burger in de ruimte. Twee dagen eerder foi de Vostok 5 gelanceerd. Tijdens de vlucht naderden de Vostok 5 en 6 elkaar tot op minder dan vijf kilometer en hadden ze onderling radiocontact. Teresjkova landde op aarde na een vlucht van bijna drie dagen. O plano de veredicto para a venda de mercadorias foi enviado para o futuro. 19 jaar bleef Teresjkova de enige vrouw die in de ruimte had gevlogen, totdat op 19 augustus 1982 de Russische Svetlana Savitskaja haar volgde in de Sojoez T-7.

Ander werk

Na haar ruimtevlucht studeerde Teresjkova aan de Sjoekowski-luchtmachtacademie, waar ze in 1969 afstudeerde als kosmonaut-ingenieur. Em 1977 promoveu o desenvolvimento da tecnologia wetenschappen. Teresjkova bekleedde diverse politieke functies. Van 1966 tot 1974 foi a tampa do Comitê de Oposição Sovjet, van 1974 tot 1989 foi a tampa da presidência do Comitê de Oposição Sovjet, van 1969 tot 1991 zat ze in het Centrale Comité van de Communistische Partij. Em 2011 foram os nomes de partidos Verenigd Rusland verkozen in de Staatsdoema; em 2016 foram os herkozen. Op 10 maart 2020 trad ze op de voorgrond bij de behandeling van de grondwetsvoorstellen van president Poetin. A partir do momento em que o presidente Poetin se encontrar com o presidente Poetin, o presidente Poetin não poderá ter mais de dois anos de mandato. O objetivo daarmee daarmee vermoedelijk de ware bedoeling van de hele operatie. Haar voorstel werd goedgekeurd meet unanimiteit van stemmen.

Privé

Op 3 november 1963 trouwde Teresjkova met ruimtevaarder Andrian Nikolajev. Ze kregen één dochter en scheidden, em 1982. Teresjkova hertrouwde later en werd in 1999 weduwe.

Destaques

59

- Embora Valentina Tereshkova não tivesse nenhum treinamento piloto, ela era uma pára-quedista amadora realizada e, nesta base, foi aceita para o programa cosmonauta quando se voluntariou em 1961.
- De 1966 até 1991, Tereshkova foi membro ativo na R.U.S.R. Supremo Soviético. Ela dirigiu o Comitê das Mulheres Soviéticas em 1968, e de 1974 a 1991 Tereshkova serviu como membro do Presidium Supremo Soviético.
- Em 2008, Tereshkova se tornou presidente adjunto do parlamento da província de Yaroslavl como membro do partido Rússia Unida.
- Tereshkova foi nomeado Herói da União Soviética e recebeu duas vezes a Ordem de Lênin.

14. Lynn Margulis (1938 - 2011)

teórico da evolução americana, biólogo, autor de ciência, educador e
popularizador da ciência

*"Por todas as realizações da biologia molecular, ainda não
podemos distinguir um gato vivo de um gato morto".*

Lynn Margulis (Chicago, 5 de maio de 1938 - Amherst (Massachusetts),
22 de novembro de 2011) foi uma biologia amerikaanse die bekend is van
haar 'symbiogenetische theorie' of *Serial Endosymbiosis Theory* (SET)
voor het ontstaan van eukaryotische cellen. Margulis foi, samen met de
Britse chemicus James Lovelock, de mede-ontwikkelaar van de Gaia-
hypothese, welke inhoudt dat op Aarde de biosfeer op de anorganische
omgeving inwerkt zodat er een zelfregulerend systeem ontstaat.

Biografie

Lynn Margulis werd geboren als Lynn Alexander, oudste dochter van
Morris Alexander (jurist en zakenman) en Leone Wise (reisleidster). Ze
ging naar de Hyde Park High School en al op de leeftijd van veertien jaar
naar de universiteit van Chicago, waar ze in 1957 haar graad

comportalde. Hetzelfde jaar trouwde ze met de later beroemd geworden geworden astronoom Carl Sagan. Deu início à pesquisa genética em zoologia e pesquisa universitária no Wisconsin, em 1960. Em 1963, scheidde ze van Sagan. Em 1965, em 1965, a empresa promoveu o encontro com o químico Thomas Margulis, em 1978, o projeto, a empresa de pesquisa e desenvolvimento foi a primeira a ser publicado. A partir do dia 22 de novembro de 2011, a enkele dagen nadat ze door een hersenbloeding foi getroffen.

Samen conheceu Tony Swain foi Margulis em 1979 de oprichter van het *Planetetary Biology Internship*, die het gevorderde studenten mogelijk maakt om te participeren in biologisch onderzoek van de NASA.

Em 1998, o kende de *American Institute of Biological Sciences* haar de *AIBS Distinguished Scientist Award* toe. Em 2008 kreeg ze de *Darwin-Wallace Medal* van de *Linnean Society of London* .

Wetenschappelijke werk

Em 1965, o projeto de pesquisa e desenvolvimento da Russische Botanicus Konstantin Merezjkovski de stelling tinha publicado dados sobre cloroplastos de cloroplastos e as suas propriedades, um "endosymbiontenhypothese" zien: eukaryote cellen zouden zijn voortgekomen uit symbiose van diverse soorten bacteriën. Margulis stelde dat complexe celorganellen evolutionaire bewijzen ervoor zouden bevatten. Em 1967, a revista *Journal of Theoretical Biology* gepubliceerd publicou as *Origens das Células Mitosing* (De oorsprong van cellen met mitose).

Em 1983, foram zij gekozen als lid van de Nationale Academie van Wetenschappen. Haar *SET-theory* wordt tegenwoordig in wijde wetenschappelijke kring aanvaard als de endosymbiontentheorie.

Gaia-hypothese

Toen Margulis twijfel uitte over de anorganische afkomst van gassen in de atmosfeer, omdat ze veel bacteriën onderzocht die gassen uitstootten, werd haar aangeraden naar Lovelock te gaan. Vanaf dat moment ontstond er een intense samenwerking tussen de Margulis en Lovelock. A estela de dados para as bactérias voorais e de homeostase. Een andere belangrijke bijdrage van haar was het idee dat de Aarde niet als een organisme moest worden bekeken, maar als een systeem. O mesmo se aplica a todos os outros em seu trabalho: *"Nenhum organismo come seus próprios resíduos".*

Destaques

- Além das publicações acadêmicas de Lynn Margulis, ela escreveu numerosos livros interpretando conceitos científicos e quandaries para um público popular.
- Entre eles estavam o Mystery Dance: On the Evolution of Human Sexuality (1991), What Is Life? (1995), O que é o sexo? (1997), e Dazzle Gradualmente: Reflexões sobre a Natureza na Natureza (2007), todas covardemente escritas com seu filho.
- Margulis também escreveu um livro de histórias, Luminous Fish (2007).
- Ela foi eleita para a Academia Nacional de Ciências em 1983 e foi um dos três membros americanos da Academia Russa de Ciências Naturais.

15.   Cecilia Payne-Gaposchkin (1900 - 1979)

Astrônomo e astrofísico americano de origem britânica

*"Sua recompensa será o alargamento do horizonte à
medida que você sobe. E se você conseguir essa
recompensa, não pedirá outra".*

Cecilia Helena Payne-Gaposchkin (Wendover, 10 mei 1900 -
Cambridge (Massachusetts), 7 de dezembro de 1979) foi uma astronauta
Engels-Amerikaanse morta em 1925 em haar proefschrift met behulp van
spectroscopie aantoonde dat waterstof en helium de voornaamste
elementen (99% van de massa) van sterren zijn.

Vroege leven

Cecilia Helena Payne foi uma das gentilezas da Emma Leonora Helena
(geboren Pertz) e Edward John Payne, advocaat, historicus e begaafd
musicus uit Londen. Haar moeder foi van Pruisische afkomst e teve twee
bekende ooms, de historicus Georg Heinrich Pertz e de schrijver James
John Garth Wilkinson, aanhanger van de leer van Swedenborg. Cecilia

Paynes vader overleed toen zij vier jaar oud was en haar moeder moest de kinderen alleen opvoeden.

Cecilia criou a escola feminina St Paul's School e, em 1919, desenvolveu um programa de estudos sobre plantas, natuurcões e esquemas para o Newnham College van de Universiteit van Cambridge. Mais uma vez, um jovem amigo de Arthur Eddington sobre o princípio da expedição no Golf van Guinee. Eddington ging daar tijdens de zonsverduistering van 29 mei 1919 sterren fotograferen om Albert Einsteins algemene relativiteitstheorie te testen. Deze lezing wekte haar interesse em astronomia. Zij voltooide haar studie, maar verkreeg geen academische graad omdat de Universiteit van Cambridge die tot 1948 niet aan vrouwen verleende.

Cecilia Payne realiseerde zich dat haar enige carrièremogelijkheid in het Verenigd Koninkrijk in het onderwijs lag, dus zocht zij naar beurzen die het haar mogelijk maakten om naar de Verenigde Staten te verhuizen. Na sua primeira versão e no Harlow Shapley, diretor do Harvard College Observatory, um programa promocional em astronomia foi iniciado em 1923. Foi uma porta de entrada para uma viagem de estudos e um observatório de estudos. De eerste ontvanger hiervan was Adelaide Ames (1922) en Payne werd de tweede.

Promotie

A Shapley superestimou o Payne een proefschrift te schrijven en zo werd zij in 1925 de eerste die promoveerde in de astronomie aan Radcliffe College (nu deel van Harvard). De titel van het proefschrift foi "Stellar Atmospheres, A Contribution to the Observational Study of High Temperature in the Inversing Layers of Stars". De astronomen Otto Struve en Velta Zeberg noemden het toen "ongetwijfeld het meest briljante astronomische proefschrift dat ooit geschreven is".

Payne kon de spectraalklasse van sterren nauwkeurig in verband te brengen met hun temperatuur door de ionisatietheorie van de Indiase natuurkundige Meghnad Saha toe te passen. Zij toonde aan dat de grote variatie in absorptielijnen in sterspectra veroorzaakt werd door een verschillende ionisatiegraad bij verschillende temperaturen, en niet door verschillende hoeveelheden van de elementen. Os dados de silício, koolstof e andere gewone metalen die in het zonnespectrum zichtbaar zijn dezelfde relatieve abundantie hadden als op Aarde, wat overeenkwam met de toen geaccepteerde theorie dat sterren ongeveer dezelfde elementaire samenstelling hadden als de Aarde. O primeiro passo para a realização de uma pesquisa de opinião e em mente, o hélio veel meer

65

voorkwamen in sterren dan op Aarde (waterstof ongeveer een miljoen maal meer). Haar proefschrift bewees dat waterstof het hoofdbestanddeel was van sterren en daarmee het meest voorkomende element in het heelal.

Para os profissionais de Payne, Henry Norris Russell apresentou os dados de conclusão do projeto Bestond Watertof e de samenstelling van de zon dus zeer verschilde van die van de Aarde, omdat dat in tegenspraak foi encontrado na teoria de gangues de toenbare. Daarom beschreef ze het resultaat in haar proefschrift als "onjuist". Russell veranderde vier mais tarde echter van mening na hetzelfde resultaat op een andere manier te hebben verkregen en gepubliceerd. Hoewel hij haar werk werk kort vermeldt in zijn artikel, wordt Russell vaak de eer van de ontdekking toegekend, zelfs nadat het werk van Payne was geaccepteerd.

Carrière

Uma promoção da Payne sterren van hoge lichtkracht om de structuur van de Melkweg te onderzoeken. Mais tarde, a maioria dos homens de todas as raças que se encontram em uma posição de destaque. A escritura do mesmo se refere a uma série de medewerkers e 1.250.000 waarnemingen van veranderlijke sterren. Mais tarde, o mesmo foi encontrado em 3.000.000 de libras esterlinas em Magelhaense. A partir de agora, o sistema de esterilização será utilizado em todo o mundo. Concluímos que a publicação é uma publicação de um livro, *Stars of High Luminosity* (1930). Deze metingen en analyse ervan, die ze deed samen met haar echtgenoot (de astronoom Sergei I. Gaposchkin), legden de base voor al volgende werk aan veranderlijke sterren.

Payne-Gaposchkin bleef wetenschappelijk actief en verbleef haar hele academische carrière aan Harvard. Eerst teve zij geen officiële positie en fungeerde van 1927 tot 1938 slechts als technisch assistent van Shapley. Vanwege deze lage status en salaris overwoog ze op te stappen, maar Shapley sprong voor haar in de bres en in 1938 werd haar de titel "Astronoom" verleend, op haar verzoek later veranderd in Phillips Astronomer. Zij werd in 1943 tot lid van de American Academy of Arts and Sciences verkozen.

Toen Donald Menzel em 1954 Diretor do Observatório da Faculdade de Harvard, sonda hij haar aanstelling verder te verbeteren, en in 1956 werd ze de eerste vrouw die tot professor (Phillips Professor of Astronomy) werd bevorderd aan Harvards Faculty of Arts and Sciences. Mais tarde, o benemérito foi convidado pela Faculdade de Astronomia e foi convidado a fazer parte de uma turma de estudos em zo'n functie e Harvard.

Tot haar studenten behoorden Helen Sawyer Hogg, Joseph Ashbrook, Frank Drake en Paul W. Hodge, die allen belangrijke bijdragen aan de astronomie leverden.

Payne-Gaposchkin ging em 1966 conheceu emeritaat en werd toen benoemd tot Emeritus Professor emérito de Harvard. O emérito do Centro Astrofísico Harvard-Smithsonian Center for Astrophysics, foi editor do Observatório de Harvard em 20 anos.

Invloed op vrouwelijke wetenschappers

Volgens G. Kass-Simon e Patricia Farnes markeerde Paynes Carrega um keerpunt bij Harvard College Observatory. Onder Harlow Shapley e E. J. Sheridan (die Payne-Gaposchkin beschreef als mentor), had Harvard Observatory al meer mogelijkheden in astronomie aangeboden dan andere instituten, en vermeldenswaardige bijdragen waren eerder in de twintigste eeuw gemaakt door Williamina Fleming, Antonia Maury, Annie Jump Cannon en Henrietta Swan Leavitt. Maar de promotie van Payne-Gaposchkin normaliseerde de positie van vrouwen. Payne inspireerde veel vrouwen, zoals de astrofysicus Joan Feynman (de jongere zus van Richard Feynman). Feynmans moeder en grootmoeder hadden haar afgeraden aan wetenschap teen doen omdat ze geloofden dat vrouwen wetenschappelijke begrippen niet konden begrijpen.

Destaques

- Em 1933 Payne viajou para a Europa para conhecer o astrônomo russo Boris Gerasimovich, que havia trabalhado anteriormente no Observatório da Faculdade de Harvard e com quem ela planejava escrever um livro sobre estrelas variáveis.
- Payne conheceu Sergey Gaposchkin, um astrônomo russo que não pôde voltar à União Soviética por causa de sua política. Eles se casaram em 1934 e muitas vezes colaboraram em estudos de estrelas variáveis.
- Ela foi nomeada professora de astronomia em 1938, mas embora ela tenha ministrado cursos, eles só foram incluídos no catálogo de Harvard depois da Segunda Guerra Mundial.

- Em 1956 Payne foi nomeado professor titular em Harvard e tornou-se presidente do departamento de astronomia.

16.   Jocelyn Bell Burnell (nascida em 1943)
Astrônomo britânico que descobriu os primeiros pulsares de rádio

*"Há poeira das estrelas em suas veias. Somos
literalmente, em última análise, filhos das estrelas".*

Dame **Susan Jocelyn Bell Burnell** (Belfast, 15 de julho de 1943) é uma
astrofísica britânica morre como promovida de eerste pulsar ontdekte, e
daarmee de eerste neutronenster. Haar scriptiebegeleider foi Antony
Hewish, die voor deze ontdekking samen met Martin Ryle een Nobelprijs
kreeg. Burnell foi o presidente do Instituto de Física (IoP) e Londen. Als
eerste vrouw ooit ze in 2014 benoemd tot president van de *Royal Society
of Edinburgh*. Em 2018, o Prêmio Especial de Revelação foi outorgado em
1967, com uma renúncia do dólar americano.

Biografie

Jocelyn Bell foi geboren em Belfast de Noord-Ierse Stad. Haar vader foi
arquiteta para o nabij gelegen Armagh Planetarium. Als kind las zeel veel

boeken over de astronomie, waaronder de *Frontiers of Astronomy* van de Britse sterrenkundige Fred Hoyle. Este foi um dos melhores alunos que morreram em Lurgan para a Universidade de Lurgan.

Em 1965, o bacharelado comportou-se como solteiro (B.Sc.) e universitário em Glasgow. Votar haar promotie ging ze naar de universiteit van Cambridge waar hoogleraar astrofysica Hewish haar promotiebegeleider werd. Samen met andere studenten was ze betrokken bij de constructie van Hewish *Interplanetary Scintillation Array*, een radiotelescoop met de intentie onderzoek te doen naar quasars. Em julho de 1967, a Bell in de grafiek die uit de papierschrijver rollde iets raars. Opeengepakte piekjes die er niet in thuishoorden en die ze *scruff* (vuiligheid) noemde. Encontrei um esquema de tussentijd tussen de piekjes meten: 1,3 segundos. Um exemplo de uma série de perguntas e respostas sobre o regime de *pequenos homens verdes* - uma série de perguntas e respostas sobre a "Kleine Groene Mannetjes" que foram feitas em contato com o escritório de advocacia da Hewish *Hewish* de Mogelijkheid. Na nossa página de notícias sobre a segunda parte do processo de eliminação de sinais de rádio e de radiobrão, temos uma lista de sinais de rádio e de radiobrão que são concluídos com o Hewish e Bell - através de um processo de eliminação de sinais de rádio e de radiobrão. Em totaal analyseerde Bell zo'n dertig meter grafiekpapier per dag, voor een totaal van bijna vijf kilometer aan grafieken. Bell zelf schreef haar doortastendheid toe aan haar oplichterssyndroom: het gevoel aan zijn (werk)omgeving minderwaardig te zijn, waarbij men zijn eigen talenten, prestaties en successen systematisch in twijfel trekt.

Em 1969, o voltooide Bell haar promotie op radioastronomie en de ontdekking van de pulsar. Het jaar daarvoor huwde ze (gescheiden 1993) en kreeg een zoon, die ook fysicus geworden is.

Na haar promotie werkte Bell Burnell bij de universiteit van Southampton (1968-1973), de University College London (1974-1982) en de *Royal Observatory* te Edinburgh (1982-1991). Na época, o júri e o júri eram beneméritos e, em 1991, a Universidade Aberta, uma posição de escudo.

Erkenning

Ondanks dat ze de eerste was die een pulsar ontdekte deelde ze in 1974 niet mee in de roem van de Nobelprijs voor de Natuurkunde toen die werd toegekend aan Antony Hewish en Martin Ryle. Zelf toonde ze geen bitterheid over dit feit. Em uma entrevista, verklaarde ze: "Het is de supervisor [Hewish] die de uiteindelijke verantwoordelijkheid draagt voor het succes of falen van het project. Het lijkt me alleen maar redelijk dat hij ook zou moeten profiteren van de successen".

Wel kreeg ze verschillende onderscheidingen en prijzen, waaronder:

- 1973 - *Medalha Michelson*, Instituto Franklin
- 1978 - *Prêmio J. Robert Oppenheimer*
- 1978 - *Prêmio Rennie Taylor*
- 1987 - *Prêmio Beatrice M. Tinsley*, Sociedade Astronômica Americana
- 1989 - *Herschel-medaille*, Royal Astronomical Society
- 1995 - *Prêmio Karl G. Jansky*

Em 2007, a porta foi aberta para Elizabeth Benoemd tot Dame Commandeur in de Orde van het Britse Rijk. Daarnaast foi presidente da *Royal Astronomical Society* van de 2002 tot 2004 en presidente do *Instituto de Física* van 2008 tot 2010. Em 2014 foi o presidente da *Royal Society of Edinburgh*.

Em novembro de 2018, o kreeg Burnell alsnog erkenning voor haar ontdekking door middel van de Special Breakthrough Prize ter waarde van 3 miljoen dollar die haar uitgereikt werd in San Francisco.

Destaques

- Jocelyn Bell Burnell freqüentou a Universidade de Glasgow, onde recebeu o bacharelado (1965) em Física. Ela prosseguiu para a Universidade de Cambridge, onde recebeu um doutorado (1969) em radioastronomia.
- Como assistente de pesquisa em Cambridge, Bell Burnell ajudou na construção de um grande radiotelescópio e em 1967, enquanto revisava as impressões de suas experiências monitorando quasares, descobriu uma série de pulsos de rádio extremamente regulares.
- Após monitorar os pulsos utilizando equipamentos mais sensíveis, a equipe descobriu vários padrões mais regulares de ondas de rádio e determinou que elas de fato emanavam de estrelas de nêutrons de rotação rápida, que mais tarde foram chamadas de pulsares pela imprensa.

- Bell Burnell também serviu como presidente da Royal Astronomical Society (2002-2004) e foi eleito para um mandato de dois anos como presidente do Instituto de Física em 2008.

17. Lise Meitner (1878 - 1968)

físico austríaco que descobriu o isótopo radioativo protactinium-231

*"A ciência faz as pessoas alcançarem a verdade e a
objetividade; ela ensina as pessoas a aceitar a realidade,
com admiração e admiração, sem mencionar o profundo
espanto e alegria que a ordem natural das coisas traz
para o verdadeiro cientista".*

Lise Meitner (Wenen, 7 de novembro de 1878 - Cambridge, 27 de
outubro de 1968) foi uma Oostenrijks-Zweeds natuurkundige die samen
met Otto Hahn en Fritz Strassmann atoomkernsplijting ontdekte, het
fundamenteel mechanisme verantwoordelijk voor kernenergie maar ook
voor kernwapens.

Meitner werkte samen conheceu Otto Hahn e seu assistente Fritz
Strassmann, maar moest, als Joodse, als gevolg van het Nazisme
Duitsland ontvluchten. Het vervolg van hun samenwerking gebeurde per
brief. Een paar maanden na haar vlucht, op 17 december 1938, slaagden
Hahn en Strassmann in het experiment: voor het eerst hadden zij een
atoomkern gespleten. Em janeiro 1939, Meitner Samen conheceu Otto
Frisch de eerste natuurkundige teortische verklaring van de kernsplijting.

Em 1944, Otto Hahn colega Hahn kreeg em 1944 de Nobelprijs voor Scheikunde voor hun ontdekking. O elemento meitnerium é naar Meitner vernoemd.

Biografie

Het splijtingsproces wered in 1938 ontdekt door Otto Hahn, Fritz Strassmann en Lise Meitner in Berlijn. Lise Meitner, geboortenaam Elise, werd geboren in Wenenen en was de derde van acht kinderen uit een liberaal-joods gezin. O groeide op em Leopoldstadt, no distrito de Wenenen, data samen met Boedapest de hoofdstad van Oostenrijk-Hongarije vormde. No geboorteregister van de Weense Joodse Gemeenschap staat 17 de novembro de 1878 als haar geboortedatum. Alle andere officiële bronnen geven 7 november 1878 aan, de datum die Lise Meitner gebruikte. Haar vader, Philipp Meitner, foi um dos defensores dos direitos humanos na Oostenrijk van Joodse afkomst. Haar moeder foi Hedwig Meitner-Skovran. A Lise kreeg geen joodse maar een seculiere, of volgens een andere bron een protestantse opvoeding. Mais tarde, o Presidente do Conselho de Ministros e o Presidente do Conselho de Ministros. Uma escola de ensino secundário, que se tornou uma *escola de ensino superior, uma escola de* ensino médio, uma escola de ginástica, uma escola de ensino superior, uma escola de ensino superior, uma escola de ensino superior, uma escola de ensino superior. Na meisjesburgerschool werd haar opleiding als voltooid aangeduid ("vom weiteren Schulbesuch befreit"). De acordo com a lei do direito de voto, o ensino era uma escola privada, uma *escola de ensino à distância*, e um beroep como um docente em uma escola de ensino secundário. O diploma e o docente em wetenschappen foi um nódulo universitário. O melhor aluno de Frans te studeren, maar não tinha nenhuma passividade para o ano. Uma dezena de pessoas que se dedicam a uma escola de ensino médio. Hiermee verdiende ze wat geld voor de gevorderde muzieklessen van haar zus Auguste (Gusti), die later concertpianiste werd.

Universiteit van Wenen

De kans om een wetenschappelijke opleiding te volgen kreeg Meitner in 1897. Em 1897, os estrangeiros que foram molhados morreram no Toenmalige Oostenrijk-Hongarije vrouwen verbood te studeren aan een universiteit. Opvies van haar vader rondde ze eerst haar opleiding tot docent Frans af om verzekerd te zijn dat ze in haar eigen levensonderhoud kon voorzien. A partir de um momento em que a porta se encontrava fechada, o Ginásio Akademisches Wien teve a possibilidade de fazer uma visita ao universo dos toelatingsexamen em dois dias. Hier gaf ze aan dat ze filosofie als realistische vervolgstudie zag. O objetivo é que os estudantes da Universiteit van Wenenen se sintam à vontade para negociar como um estudante da Universiteit van Wenen. Geïnspireerd door haar docent, Ludwig Boltzmann, besloot Meitner zich na haar eerste jaar volledig op natuurkunde te richten. Hij was de enige natuurkundedocent op dat moment, en accepteerde vrouwen als vanzelfsprekend. Hij was getrouwd met de wiskunde- en natuurkunderlerares Henriette von Aigentler die met zeer veel moeite en hulp van Boltzmann lessen op de universiteit mocht volgen. Meitner behaalde op 1 februari 1906 haar doctorstitel summa cum laude met een dissertatie over warmtegeleiding in niet-homogene lichamen. O homem foi escolhido para fazer uma viagem e promover a universidade no natuurkunde, como também para fazer uma viagem de férias. Para que a Marie Curie possa ser mais bem sucedida, é necessário que as pessoas possam se dedicar a mim.

Om geld te verdienen besloot ze weer Franse les te gaan geven op een middelbare school. Na época em que os Boltzmann eram assistentes de Stefan Meyer, os Boltzmanns não estavam presentes. Os Boltzmanns foram um exemplo para o Meyer, que se preocupou com a segurança na América do Sul. A editora publicou um artigo sobre a radioatividade: "Über Absorption von α- und β-Strahlen" e "Über die Zerstreuung von α-Strahlen".

Em Wenen waren er echter geen verdere verenere carrièremogelijkheden en na ontmoeting met de natuurkundige Max Planck, een professor op de Universiteit van Berlijn, besloot ze haar geluk in Berlijn te beproeven. O plano Haar era om er één de semestres de esqueleto te blijven. O projeto Plancks lezingen sobre teoricamente fysica bijwonen, um projeto de pesquisa de Planck, die tot dan toe slechts één eere vrouw had toegelaten, Elsa Neumann. Em Berlijn maakte ze ook kennis met Otto Hahn.

Wetenschappelijke carrière

Het begin van de twintigste eeuw was de tijd van de grote ontdekkingen op het gebied van radioactiviteit. No início, em Berlijn, Meitner intensief samen conheceu Hahn, eerst bij het Chemisch Instituut van de Universiteit van Berlijn dat onder leiding stond van Emil Fischer en vanaf 1912 bij het pas opgerichte Kaiser-Wilhelm-Institut für Chemie in Berlin-Dahlem. Het werk in Berlijn was voor Meitner niet eenvoudig. Samen conheceu Hahn mocht ze als "gast" van Hahn zonder salaris wereken in een omgebouwd laboratorium in de kelder van het Chemisch Instituut, mits ze nooit de hoger gelegen etages van het gebouw betrad. Em um banheiro, você pode fazer com que o seu café não seja um café elegante. Hahn en Meitner vulden elkaar goed aan: terwijl Hahn meer intuïtief werkte, was Meitner de analyticus van de twee. Hun laboratorium in de kelder van het Chemisch Instituut raakte snel radioactief en de partners hadden vaak last van duizeligheid en misselijkheid. Mais tarde, o grupo de trabalho foi enviado para as faculdades em Nova York, onde o grupo apostou na cidadania.

Pas in 1913 kreeg Meitner een vaste positie bij het Kaiser-Wilhelm-Institut. Em 1907, o Fischer morreu em 1907, como o Gast Tolereerde, o Steunde Haar meer, em 1916, o hetzelfde Loon e o Hahn betaald Kreeg. Em 1914, uma página acadêmica de posturas para uma aposta de sucesso, uma página de dados de prestígio, e um veredicto de salário.

Ze onderbrak haar werkzaamheden in 1915 om tijdens de Eerste Wereldoorlog te werken als verpleegster en röntgentechnicus in het Oostenrijkse leger. Em 1916, o que se sabe em 1916 foi o Berlijn. Otto Hahn diende tijdens de hele oorlog als soldaat en was slechts af en toe aan het werk in het laboratorium. Em 1918, a Hahn e Meitner eersten een isotoop met een lange halfwaardetijd van het chemische element protactinium (23191Pa) te isoleren en in 1921 de isotoop uranium-Z (23492U). Hoewel Lise Meitner bijna al het werk had gedaan voor de ontdekking van 23191Pa, was Hahn de eerste auteur van het artikel dat ze erover publiceerden. Em 1924, o jornalista conheceu um grande número de publicações da Pruisische Academie van Wetenschappen. Ook kreeg Meitner in 1917 haar eigen afdeling in het Kaiser-Wilhelm-Institut, de *Physikalisch-radioaktive Abteilung*, en mocht ze zelf haar personeelsbeleid en financiën regelen. Hiermee verdiende ze ook genoeg om haar studentenkamer te verlaten en een huis voor zichzelf te betrekken. O contato com o Hahn onderhouden foi o mais importante. Em 1919, o professor de titel foi professor.

Meitner behaalde haar habilitatie in oktober 1922 met het *Habilitationsschrift* "Die Bedeutung der Radioaktivität für kosmische Prozesse" (De betekenis van radioactiviteit voor kosmische processen), waarna ze colleges mocht geven over radioactiviteit. Deze stap op de academische ladder was pas sinds 1920 opengesteld voor vrouwen. Em 1922, o efeito de Augerefeito foi o de Kort daarna ontdekte ze. Em 1923, o jornalista Pierre Auger, que se encontrava na cidade de Duitsland, foi o autor de um artigo sobre a editora. Em 1926, o jornal foi enviado a Duitsland para o escritório em Duitsland, onde foi benevolvido em 1923. Para isso, foi criado um sistema de rastreamento de gama e de rastreamento, que corrige os dados de rastreamento de dados de genes

eletrônicos e de esquemas de ensino. Een lange reeks experimenten door Charles Drummond Ellis en Lise Meitner leidde in 1930 tot de hypothese van het bestaan van de neutrino. Ander pionierswerk op het gebied van radioactiviteit behelsde de ontdekking van positron-elektron paren, haar werk over kunstmatige kernreacties en haar massabepalingen van neutronen. Albert Einstein noemde haar in deze periode vaak "onze Marie Curie".

Zoektocht naar transuranen

Lise hernieuwde de samenwerking conheceu Otto Hahn em 1934 nadat de Italiaanse natuurkundige Enrico Fermi sobre transuranen tinha gepubliceerd. Os elementos da porta encontraram-se com os neutrões do langzame neutronen te bombarderen tinham encontrado os elementos da porta e um atoomgetal, waarbij steeds een β-deeltje werd uitgezonden. Se o urânio da porta da porta fosse bombardeado com neutrões, os elementos do produto tinham encontrado um atóomóvel e 92.

Er waren twee aannames binnen de natuurkunde en scheikunde die leidden tot een verkeerde conclusie uit de experimenten. A primeira etapa foi o desenvolvimento de uma série de perguntas como uma "stabiele vloeistofdruppel", e uma "stappen van een of twee atoomgetallen kon veranderen". De andere aanname was dat de transuranen zich zouden gedragen als overgangsmetalen. Aangezien de producten van kernsplijting, die hier eigenlijk plaatsvond, overgangsmetalen waren, dachten ze transuranen gevonden te hebben. In de jaren die hierop volgden, publiceerden Hahn en Meitner veelvuldig over de transuranen die zij dachten te hebben gemaakt. Meitner kon geen teortische verklaring geven van de "ontdekking" van de transuranen.

Nazi-Duitsland en vlucht

Door het opkomende nationaalsocialisme in Duitsland ondervond Meitner steeds meer last aan de universiteit. Vele Joodse onderzoekers, zoals Fritz Haber, Leó Szilárd en haar neef Otto Frisch, werden gedwongen hun positie op te geven en besloten het land te verlaten. Hoewel Meitner haar positie als hoogleraar in 1933 kwijtraakte, besloot ze in Duitsland te blijven.

Niettemin kon haar beschermde status haar niet geheel vrijwaren van het publieke lot dat Joden moesten ondergaan. A Jodenster foi a primeira a se tornar uma das mais importantes empresas de soldagem de galpões. Na anexação (*Anschluss*) van Oostenrijk in maart 1938 door Duitsland besloot ook Meitner te vluchten voor het naziregime. Haar Oostenrijks paspoort was door het naziregime ongeldig gemaakt, en het was haar verboden meer dan tien rijksmark op zak te hebben. O nosso objetivo é oferecer um anel diamantado de diamantes para a construção de uma embarcação de navegação aérea. Os gebruikte die uiteindelijk niet: met de hulp van de Nederlandse fysici Dirk Coster, Peter Debye en Adriaan Fokker wist ze op 13 juli ternauwernood Nederland te bereiken, vanwaar ze via Denemarken doorreisde naar Zweden. Fokker e Coster waren in de weken ervoor bezig geweest om geld te verzamelen om Meitner een positie aan te kunnen bieden op de Rijksuniversiteit Groningen, waar buitenlanders geen betaalde functie mochten hebben. Ajude a manter o sono e a vida das pessoas que se encontram na Holanda, e que se encontram em uma região onde o regime de apartheid é muito mais rígido. Para uma garantia de uma boa visibilidade, foi necessário um visto. O que você procurava de uma garantia, era a garantia de uma licença: wat kleren, de tien rijksmark, e de diamanten ring. (Die laatste zou ze uiteindelijk aan de verloofde van haar neefje doorgeven).

Em Denemarken werkte ze korte tijd samen met Niels Bohr, maar besloot toch het aanbod uit Stockholm aan te nemen en eind augustus vertrok ze naar Zweden. Op het Nobel-instituut van Manne Siegbahn in Stockholm zette Meitner - met de weinige middelen die ze tot haar beschikking had - haar onderzoekswerkzaamheden op het gebied van de kernfysica voort. Van Siegbahn kreeg ze weinig ondersteuning wegens diens vooroordelen over vrouwen in de wetenschap.

Ontdekking van de kernsplijting

De doorbraak kwam em 1938 no laboratório da Irène Joliot-Curie, die na een bombardement met neutronen een element vond met eigenschappen die ze niet kon verklaren. O laboratório de radiocomunicações de Strassmann e Strassmann tinha um isótopo de rádio. Lise, die na haar vlucht een bijdrage bleef leveren aan het onderzoek aan de transuraniumelementen door een intensieve briefwisseling, kon het ontstaan van dit element niet verklaren. Em novembro de 1938, um clandestiene, geheime ontmoeting em Kopenhagen, bespraken Meitner en Hahn de vorderingen op het Berlijnse laboratorium. O Drong erop aan dat Hahn en Strassmann de resultaten uit Parijs verifieerden. A Hahn hield deze correspondentie met de Joodse geheim en beweerde dat Strassman en hij hun onderzoek alleen deden. Hahn en Strassmann begonnen echter onmiddellijk na terugkomst uit Kopenhagen de gesuggereerde experimenten uit te voeren.

De kerstvakantie van 1938 bracht Meitner door in de Zweedse stad Kungälv waar ook haar uit Kopenhagen overgekomen neef Otto Frisch aanwezig was. Kort daarvoor teve o seu voto sobre Berlijn ontvangen. Na pesquisa de dados de sucesso e na pesquisa de Estrasburgo sobre os bombardeios de urânio e os neutrões de neutrões de urânio, o bário, o atoomnummer 56, o produto foi produzido como um produto de produção, um resultado que não se pode ver em uma lista, ou seja, o resultado de um atoomnum de um projeto teórico ou de um projeto de produção.

Op basis van het druppelmodel van onder meer Niels Bohr concludeerden Meitner en Frisch dat de kern zo heftig verstoord wordt door het invallende neutron dat de oorspronkelijke druppel splijt in twee kleinere druppels.Zo werden ze de eersten die verklaarden hoe een atoomkern kon splijten: uraniumkernen vielen uiteen in barium en krypton en diverse neutronen met veel energie.

Ook werd duidelijk dat er geen natuurlijke stabiele atomen kunnen bestaan met een groter atoomnummer dan 92 (uranium): de elektrische afstoting van de vele protonen overwint daar de sterke kernkracht, die de andere kernen bijeenhoudt.

Meitner begreep als eerste dat de kleine hoeveelheid verloren massa was omgezet in de grote kinetische energie van de vervalproducten, volgens Einsteins vergelijking voor de massa-energierelatie $E = m c^2$. Frisch gebruikte de term "splijting" (*fission*) voor dit proces. Hiermee era o princípio do "splijting ontdekt".

Toen Ida Noddack em 1934, na de experimenten van Fermi te hebben bestudeerd, voor het eerst met het (theoretisch niet onderbouwde) idee kwam van kernsplijting, werd dit door Hahn en Meitner sceptisch en zelfs vijandig ontvangen, deels vanwege de ophef nadat ze de ontdekking van het element masurium opeiste.Vanwege de politieke situatie in nazi-Duitsland moesten Hahn en Meitner hun resultaten afzonderlijk publiceren. Hahns artikel in het Duitse *Die Naturwissenschaften* (6 januari) beschreef het experiment en het vinden van barium als bijproduct. O arq. van Meitner en Frisch getiteld *"Desintegração do Urânio pelos Neutrons: um Novo Tipo de Reação Nuclear"*, publicado no artigo *"Produtos de Fissão do Núcleo de Urânio"* (*Nature*, 18 maart 1939). Foi passado na dezena de duas publicações sobre a Hahn e Strassman uma série de experiências voluntárias, que foram realizadas em conjunto com a ortografia de um projeto de desenvolvimento de criptônio como um produto de distribuição, e a daaropvolgende verval in rubidium, strontium en yttrium. Na orla do ortopedia, os jovens não se cansam de verbalizar o experimento, a galocha do pomar e a galocha do pomar, a galocha do

pomar e a galocha do pomar e a galocha do meio da porta de um
briefwisseling intenso com a Hahn, e no meio da galocha do pomar e da
galocha do pomar experimental.

Latere carrière

Vóór de Tweede Wereldoorlog uitbrak werd haar een positie aan het
Cavendish-laboratorium in Cambridge aangeboden. Os nossos colegas
de trabalho estão muito satisfeitos com a sua presença em Estocolmo,
com a ajuda de um assistente e com a ajuda de um professor de idiomas.
O gênio da guerra quer que a imigração seja ilegal. Em 1943, o projeto
Amerikaanse Manhattan foi iniciado em 1943, e também um pacifista
exagerado se tornou um grande incentivador e um atoombom. Os
condanianos foram os mais bem sucedidos na busca de informações
sobre o projeto em Duitsland, e os correspondentes da Noruega
encontraram-se com Otto Hahn. Meitner wist niets van de vorderingen van
de ontwikkeling van de atoombom tot het bombardement op Hiroshima.

Na oorlog weigerde ze terug te terug te keren naar Duitsland, verbitterd
over het feit dat vooraanstaande Duitse wetenschappers, zoals Planck,
Heisenberg en Von Laue voor en tijdens de oorlog meer oog hadden voor
hun eigen wetenschappelijke carrière dan voor de rechten van hun Joodse
collega's. Ook een persoonlijk verzoek van Hahn en Strassmann om te
helpen bij de wederopbouw van het Kaiser Wilhelm Instituut in Mainz
legde ze naast zich neer. Hier werd haar de volledige natuurkunde-
afdeling aangeboden. Pas in 1948 betrad ze voor het eerst weer Duitse
grond, om een herinneringsceremonie bij te wonen voor Max Planck.

Karl Herzfeld fez um trabalho para o inverno de 1945-1946, uma
gastoogleraarschap aan op de Katholieke Universiteit van Amerika, dat ze
accepteerde. A grelha de cereais é usada em versões do Statenigde
Staten verschillende aanbiedingen tot hoogleraarschappen, maar besloot
terug te keren naar Zweden. Hoewel haar roll in de technische
ontwikkeling marginaal was, werd ze na de oorlog in de Amerikaanse pers
neergezet als de "Joodse moeder van de atoombom" en als de gevluchte
Joodse die het geheim van de atoombom onder de neus van Adolf Hitler
had weggegrist. Os homens se preocuparam em fazer o seu trabalho em
um filme de palavras, mas não se preocuparam em resolvê-lo. "Liever
loop ik naakt over Broadway", zei ze tegen Otto Frisch. Na jaar dat ze in
de Verenigde Staten verbleef, werd ze uitgeroepen tot "Woman of the
Year".

Em 1947, o beneemérito foi feito para a Universidade de Estocolmo, em 1947, com um degelijk inkomen e um assistente. Em 1949, os Zweeds staatsburger e um par jaar mais tarde, fizeram um acordo de 75-jarige leeftijd met pensioen te gaan.

Om nabij haar neef Otto Frisch te wonen, vestigde Meitner zich in het Verenigd Koninkrijk, waar ze in 1968 te Cambridge overleed - kort voor haar 90ste verjaardag. De tekst van Otto Frisch op haar grafsteen luidt: Um cientista que nunca perdeu sua humanidade

Privéleven

Lise Meitner keek terug naar haar jeugd in Wenen als een uitermate stimulerende omgeving en was dankbaar voor de ongelooflijke goedheid van haar ouders. Hoewel Leopoldtstad een grotendeels joods district was, speelde geloof geen grote rol in haar opvoeding. Otto Frisch geloofde later stellig dat alle kinderen uit het gezin protestants opgevoed waren en allemaal waren gedoopt. Idealisme era o ideal na Grécia; haar vader era uma política de pastores apaixonados. A ação de fazer o melhor uso da palavra "Frans aan vrijwillligerswerk", e a ação de fazer o melhor uso da palavra "nog bijles om geld te vergaren voor de opleiding van haar zus Auguste". Tijdens haar privélessen als voorbereiding op de Matura (eindexamen), plaagden haar zussen en broertjes haar met haar nijverheid: "Je gaat het niet halen: net liep je door de kamer zonder studieboek".

Haar persoonlijkheid werd vaak omschreven als verlegen wanneer ze niet met natuurkunde bezig wasd. Desondanks kon zeer makkelijk vrienden maken. Zo teve um encontro com Otto Hahn e com a Edith, e o seu amigo foi a porta do fim de semana. O homem era um petemoeder van zowel hun zoon als hun kleinzoon, en ze noemde Hahn *collegabroer*. O objetivo era fazer com que a porta de entrada se fechasse sobre a porta de entrada, e não se corrigisse o caminho para o ortopedista, que é um dos mais importantes.

Erkenning

Hahn ontving de Nobelprijs voor de Scheikunde van 1944 (uitgereikt in 1945), terwijl Meitner door het Nobelcomité werd genegeerd, mede omdat Hahn haar rol in het ontdekkingsproces minimaliseerde na haar gedwongen vlucht uit Duitsland. O veredicto de que a porta do país foi o resultado de um processo de planejamento de uma viagem de carro em

Estrasburgo. Hij gaf haar een deel van het prijsgeld, maar maakte dit niet openbaar.

Het Nobelcomité was in de veronderstelling dat Bohr de eerste was die een teortische verklaring voor kernsplijting had gegeven. De brief van Bohr, waarin hij stelde dat dit niet zo was, kwam te laat aan voor de Nobelprijs van 1944. Waarom het in volgende jaren zijn beslissing niet herzien heeft, blijft onduidelijk. Mogelijk speelden persoonlijke redenenenen een rol.Door de jaren heen is Meitner minstens 46 keer genomineerd voor een Nobelprijs, zowel voor Scheikunde, als voor Natuurkunde. Se alguém conhece Otto Hahn, se alguém conhece Otto Frisch, e se alguém conhece Otto Frisch, e se alguém é o homem para um Nobelprijs. Onder de nominatoren zaten James Franck e Max Planck.

A Niet Niet Verkrijgen van de prijs heeft haar waarschijnlijk meer bekendheid opgeleverd dan een eventuele toekenning ervan, mede omdat haar uitsluiting door de gemeenschap werd opgevat als een achterstelling van de vrouw in de wetenschap, waardoor ze uitgroeide tot een feministisch icoon. Em 1966, a Gedeeltelijk Gecorrigeerd toen zij samen met Hahn en Strassmann de Enrico Fermi-prijs kreeg. Verder ontving ze in 1949 (samen met Hahn) de Max Planck-medaille en in 1955 was ze de eerste winnaar van de *Otto-Hahn-Preis für Chemie und Physik*, die ze deelde met Heinrich Wieland.

Het prestigieuze Deutsches Museum deixou um tentoonstelling over de ontdekking van kernsplijting. Hierbij foi um grupo de amigos que se reuniram com a Lise Meitner, que se reuniu para discutir sobre a implementação de uma série de modelos, como o Otto Hahn, e o Meitner se reuniu com omschreven e com o meu medewerker em placas de colega. De tekst werd rond 1990 na protest aangepast.

Em 1945, a tampa da Wetenschappen foi construída em 1945 na Koninklijke Zweedse Academie van Wetenschappen; em 1951, a tampa da Wetenschappen foi construída de acordo com uma norma.

Em 1997, o elemento meitnerium, dat in 1982 was ontdekt door de groep van Peter Armbruster en Gottfried Münzenberg, officieel naar haar genoemd door het IUPAC. Ook zijn twee kraters, op de Maan en op Venus, naar haar haar genoemd.

Destaques

- Após receber seu doutorado na Universidade de Viena (1906), Lise Meitner assistiu às palestras de Max Planck em Berlim em 1907 e se juntou à Hahn na pesquisa sobre radioatividade.
- Durante três décadas de associação, ela e Hahn estiveram entre as primeiras a isolar o isótopo protactínio-231 (que denominaram), estudaram o isomerismo nuclear e a decadência beta, e na década de 1930 (junto com Strassmann) investigaram os produtos do bombardeio de nêutrons de urânio.
- Em 1944 Hahn recebeu o Prêmio Nobel de Química por descobrir a fissão nuclear, embora alguns tenham argumentado que Meitner merecia uma parte do prêmio.
- Durante este tempo, Meitner foi convidada a trabalhar no Projeto Manhattan (1942-1945) nos Estados Unidos. Ela se opôs à bomba atômica, no entanto, e rejeitou a oferta.

18. Christiane Nüsslein-Volhard (nascida em 1942)

Biólogo de desenvolvimento alemão e ganhador do Prêmio Nobel

"Eu adorei imediatamente trabalhar com moscas. Elas me fascinavam e me seguiam em meus sonhos. "

Christiane Nüsslein-Volhard (Maagdenburg, 20 oktober 1942) é uma Duits bioloog e Nobelprijswinnaar. Em 1995, a mesma pessoa conheceu Edward B. Lewis e Eric Wieschaus de Nobelprijs voor de Fysiologie of Geneeskunde voor de ontdekking van de genen die betrokken zijn bij de vroege embrionale ontwikkeling van de fruitvlieg, de homeobox-genenen. Tevens ganhou o Prêmio Albert Lasker de Pesquisa Médica Básica em 1991.

Biografie

Christiane Nüsslein-Volhard foi geboren als de tweede van vijf kinderen van Rolf Volhard, een architect, en Brigitte Hassitte Hass. Em 1964, a biochemie studeren aan de Eberhard-Karls-Universiteit Tübingen. Estudou em 1968 e promoveu em 1973 na área de biologia molecular. A pesquisa foi realizada no Laboratório Europeu de Biologia Molecular em Heidelberg, em 1981, e foi benemérita em relação à genética de hoogleraar e ao Max Planck Instituut te Tübingen.

Sinds 1985 é Christiane Nüsslein-Volhard diretora do Max Planck Institute for Developmental Biology em Tübingen. Tevens leidt ze hier het genetica-departement. Em 1986, a Kreeg ze de Gottfried Wilhelm Leibniz Prijs van de Deutsche Forschungsgemeinschaft.

Werk

Samen conheceu Wieschaus apresentando a "Big Science" na porta da biologia um projeto de mutageneseprojeto de sucesso para você ver o grote schaal. Hierbij werd de embrionale ontwikkeling van de fruitvlieg *Drosophila melanogaster* onderzocht. Rond de tijd dat ze dit onderzoek deed, waren de meeste experimentenen uit de moleculaire biologie nog kleinschalig. De genen die verantwoordelijk waren bij de embrionale ontwikkeling, werden vastgesteld door willekeurige mutaties te veroorzaken in de genen van de fruitvliegen. O resultado foi um catálogo de mutações de frutas de um catálogo de mutações de origem fisiológica. O resultado foi um catálogo de mutações de origem fisiológica. Het homeobox-gen bleek hierbij een essentiële rol te spelen in de vroege embrionale ontwikkeling van fruitvliegen; later wered aangetoond dat dit gen bij alle diersoorten voorkomt.

Aan Nüsslein-Volhard wordt ook de ontdekking van het toll-gen toegeschreven, welke heeft geleid tot de identificatie van toll-like receptoren en die een belangrijke roll spelen ins afweersysteem.

Sinds 2001 é a tampa do *Nationaler Ethikrat* voor de ethische assessment van nieuwe life sciences en hun invloed op de gemeenschap. Em 2004, a pesquisa de Christiane Nüsslein-Volhardstichting op, die onder andere kinderopvang en huishoudelijke hulp aanbiedt aan getalenteerde jonge vrouwen met kinderen, zodat ze toch hun wetenschappelijke carrière kunnen uitbouwen.

Em junho de 2005, o kreeg van de Oxford-universiteit een eredoctoraat.

Destaques

- Na Universidade Eberhard-Karl de Tübingen, Christiane Nüsslein-Volhard recebeu um diploma em bioquímica em 1968 e um doutorado em genética em 1973.

- Em 1981, Nüsslein-Volhard voltou a Tübingen, onde atuou como diretora do Instituto Max Planck de Biologia do Desenvolvimento de 1985 a 2015.
- Em Heidelberg, Nüsslein-Volhard e Wieschaus passaram mais de um ano cruzando 40.000 famílias de moscas-das-frutas e examinando sistematicamente sua composição genética em um microscópio duplo.
- Eles atribuíram a responsabilidade pelo desenvolvimento embrionário da mosca-das-frutas a três categorias genéticas: os genes de lacuna, que traçam o plano do corpo cabeça a rabo; os genes de par de regras, que determinam a segmentação do corpo; e os genes de polaridade de segmentos, que estabelecem estruturas de repetição dentro de cada segmento.
- Christiane Nüsslein-Volhard também publicou vários livros, incluindo Zebrafish: A Practical Approach (2002; escrito com Ralf Dahm) e Coming to Life: How Genes Drive Development (2006).

19.   Peggy Whitson (nascida em 1960)

Pesquisador americano de bioquímica e astronauta aposentado da NASA

"Eu certamente encorajaria os jovens a perseguir seus sonhos. Nem sempre é um caminho fácil, mas vale a pena ir atrás".

Peggy Annette Whitson (Mount Ayr, 9 februari 1960) é uma ruimtevaarder Amerikaans. De 665 dagen die ze in totaal in de ruimte doorbracht é um recorde amerikaans.

Whitson maakte deel uit van NASA Astronaut Group 16. Deze groep van 44 ruimtevaarders begon hun training in 1996 en had als bijnaam *The Sardines*.

Haar eerste ruimtevlucht foi STS-111 naar het Internationaal ruimtestation ISS met de spacehuttle Endeavour en vond plaats op 5 juni 2002. In totaal heeft zij drie ruimtevluchten op haar naam staan. In totaal maakte ze tien ruimtewandelingen.

Em 2009, a Whitson de directeur van het Astronaut Office van NASA. Ze was niet alleen de eerste vrouw die deze positie bekleedde, maar ook de eerste missiespecialist. De andere directeuren waren altijd voormalige piloten. Whitson trade em 2012 af.

Op 17 november 2016 is zij vanaf de raketlanceerbasis Kosmodroom Bajkonoer in Kazachstan vertrokken voor een zes maanden durende missie in het ISS. O mesmo foi feito por uma das senhoras (Expeditie 50/51) da NASA, ESA e Roscosmos. Whitson zou in mei 2017 weer op aarde terugkeren, maar haar verblijf werd verlengd en ze bleef ook aan boord voor ISS-Expeditie 52. Uiteindelijk was ze in september 2017 weer terug op Aarde. Op 15 juni 2018 nome Whitson afscheid van NASA. A partir de 2021, os dados foram enviados para o astronauta para o Axiom Space e também para o Staat ingepland op Crew Dragon-vlucht SpaceX Axiom Space-1 (Ax-1) e também para o Gezagvoerder voor Ax-2.

Destaques

- Peggy Whitson é formada em biologia e química pelo Iowa Wesleyan College em Mount Pleasant, Iowa, em 1981, e doutorada em bioquímica pela Rice University em Houston, em 1985.
- De 2009 a 2012, a Whitson foi chefe do Escritório de Astronautas, que supervisiona todas as atividades dos astronautas da NASA, incluindo a seleção e o treinamento da tripulação. A Whitson foi a primeira mulher e a primeira civil a ocupar esse cargo.
- Em 10 de abril de 2017, Peggy Whitson tornou-se comandante da missão ISS Expedition 51, que durou até 2 de junho. Ela fez quatro passeios espaciais nos quais os componentes da estação foram mantidos ou substituídos.
- Peggy Whitson passou quase 666 dias no espaço durante suas três viagens de longa duração de serviço ao ISS, o que fez dela a astronauta mais experiente da NASA.

15 Artistas Femininas

1. Beyoncé (nascida em 1981)

Cantor-compositor e atriz americana com prêmios Grammy multiplatinado

"Se tudo fosse perfeito, você nunca aprenderia, e nunca cresceria".

Beyoncé Giselle Knowles-Carter (Houston (Texas), 4 de setembro de 1981) é uma amerikaanse r&b-zangeres, compositora, atriz e modeontwerpster. Em Houston, a Groeide daar opta por um nome como o tipo deel e diversos zang- e danswedstrijden. Eind jaren negentig verwierf zij bekendheid als leadzangeres van de r&b-meidengroep Destiny's Child. O gerente Mathew Knowles também foi o gerente de groep een van 's werelds bestverkopende meidengroepen ooit. Gedurende een onderbreking in het bestaan van de groep bracht Beyoncé haar debuutalbum *Dangerously in Love* (2003) uit, waarmee ze wereldwijd haar naam als soloartiest vestigde; het werd 11 miljoen keer verkocht en leverde vijf Grammy Awards op, naast de twee singles *Crazy in Love* en *Baby Boy* die de eerste plaats van de Amerikaanse Billboardlijst haalden.

Na het uit elkaar vallen van Destiny's Child in juni 2005 bracht Beyoncé haar tweede soloalbum uit, *B'Day* (2006), dat de hits *Déjà Vu*, *Irreplaceable* en *Beautiful Liar Liar* opleverde. Ook waagde ze zich aan het acteren, met een voor de Golden Globe Award genomineerde roll in *Dreamgirls* uit 2006, en rollen in *The Pink Panther* uit 2006 en *Obsessed* uit 2009. Zowel haar huwelijk conheceu o rapper Jay-Z como haar typering van Etta James in de film *Cadillac Records* uit 2008 oefenden invloed uit op haar derde album, *I Am... Sasha Fierce* (2008), waarmee ze haar alter ego Sasha Fierce aan de openbaarheid prijsgaf en in 2010 zes Grammy Awards won, een recordantal voor een vrouwelijke artiest, waaronder de Song of the Year voor *Single Ladies (Put a Ring on It)*. Vervolgens saborosas Beyoncé een carrièrepauze in en nam het management van haar carrière in eigen handen. Haar vierde álbum *4* uit 2011 foi minder scherp van toon en laat invloeden horen uit de jaren 70 (funk), de jaren 80 (pop), alsmede de jaren 90 (soul). Haar vijfde studioalbum, *Beyoncé* (2013), kreeg lovende recensies en onderscheidde zich van eerdere uitgaven door de experimentele productie en het aanroeren van donkere thema's. Beyoncé é a casa de *Deréon*.

Beyoncé, naar eigen zeggen een "modern-day feminist", schrijft nummers die vaak thema's als liefde, relaties en monogamie behandelen, evenals vrouwelijke seksualiteit en onafhankelijkheid. Op het podium hebben haar dynamische optredens en geavanceerde choreografie haar onder het publiek en recensenten de reputatie bezorgd een van de beste entertainers in de tegenwoordige popmuziek te zijn. Em um primeiro momento, o artista deixou 100 milhões de álbuns, como o mais solitário, e 60 milhões de pessoas encontraram o Destiny's Child, e espera que um dos melhores artistas de todos os tempos seja o Destiny's Child. O Prêmio Grammy deixou 20 Grammys e é o mais genomineerde dos gêneros nos gestos dos Grammys. A Associação da Indústria Fonográfica da América erkent haar als de Top Certified Artist in Amerika van het eerste decennium van 2000. Em 2009 a riep *Billboard* haar uit tot de beste vrouwelijke artiest van het eerste decennium uit 2000 en tot artiest van het millennium in 2011. Het tijdschrift *Time* nam haar zowel in 2013 als 2014 op in de lijst van 100 invloedrijkste mensen ter wereld.

Levensloop

Beyoncé Giselle Knowles foi geboren em Houston como a bondosa van Celestine Ann "Tina" Beyincé, een kapster en eigenares van een salon, en Mathew Knowles, die verkoopmanager bij Xerox was. De naam Beyoncé é uma homepage e de geboortenaam van haar moeder. O jongere de jongere zus Solange é igual a zero. A Vader Mathew é uma afro-amerikaan, uma das maiores populações da Louisiana afkomstige Tina pode se tornar uma mulher afro-amerikaan, indiana, francesa, e para 1/16e Iers bloed.Beyoncé doorliep de St. Mary's Elementary School em Fredericksburg (Texas), waar ze danslessen volgde. A escola foi concebida para o instrutor Darlette Johnson, uma escola de neurologia e a inclusão de conhecimentos técnicos. A Beyoncé ganhou um barco de talentos para a escola com o *Imagine* de John Lennon, que foi o primeiro a lançar o *Imagine de* John Lennon, e também um barco de jovens talentos.

Em 1990, a Beyoncé aan de Parker Elementary School, uma escola em Houston, criou a Schoolkoor ging. Ook bezocht ze de High School for the Performing and Visual Arts en later Alief Elsik High School. Verder foi Beyoncé lid van het koor van de St. John's United Methodist Church, waar ze twee jaar solist was.

Op actjarige leeftijd deden Beyoncé en haar vriendin Kelly Rowland mee aan een auditie voor een meisjesgroep en ontmoette daar LaTavia Roberson. Samen met drie andere meisjes werden ze in de groep Girl's Tyme gezet om te rappen en dansen in het talentenjachtcircuit van Houston. Nadat hij de groep teve gezien, nome do produtor de r&b Arne Frager naar zijn studio in het noorden van Californië en gaf ze een plek in *Star Search*, destijds het grootste talentenjachtprogramma op de Amerikaanse televisie. Girl's Tyme won echter niet en Beyoncé vond later dat hun mentied niet goed was. Em 1995, Beyoncés vader zijn baan op om manager van de groep te worden. Hierdoor liep het inkomen van Beyoncés familie met de helft terug en de ouders waren gedwongen apart te gaan wonen. Mathew bracht de originele bezetting terug tot vier personen en de groep bleef optreden als openingsnummer voor gevestigde r&b-meidengroepen. Na enkele audities sloot de groep een contract met Elektra Records en verhuisde voor enige tijd naar Atlanta Records om aan hun eerste opname te werken, maar het label liet hen vallen. Het gevolg was dat de verhoudingen binnen de familie meer onder spanning kwamen te staan e Beyoncés ouders uit elkaar gingen. Op 5 oktober 1995 tekende Dwayne Wiggins' maatschappij Grass Roots Entertainment de groep. Em 1996, a Sony Music e a Beyoncés ouders weer samen foram os primeiros a receberem uma oferta de entretenimento. Kort daarop tekende de groep een contract bij Columbia Records.

1997-2001: A criança do destino

Em 1996 veranderde de groep haar naam in Destiny's Child, naar een passage in het Bijbelboek Jesaja. Em 1997, estreou o Destiny's Child com um grote platenmaatschappij met het nummer *Killing Time* op de soundtrack voor de film *Men in Black* uit 1997. Het jaar daarop bracht de groep hun *Destiny's Child* getitelde debuutalbum uit en hadden zij hun eerste grote hit met *No, No, No*. De groep raakte nu gevestigd en het redelijk verkopende album leverde hen drie Soul Train Lady of Soul Awards op: voor Best R&B/Soul Album of the Year, Best R&B/Soul or Rap New Artist, en Best R&B/Soul Single voor *No, No, No, No*. Het tweede, meermaals met platina bekroonde album *The Writing's on the Wall* verscheen in 1999, met daarop enkele van de bekendste nummers van de groep, zoals *Bills, Bills, Bills* (hun eerste Amerikaanse nummer 1-single), *Jumpin' Jumpin'* e *Say My Name*, welk laatste nummer hun succesvolste en een herkenningsnummer van de groep werd.

Say My Name won de Grammy Award voor Best R&B Performance door een zangduo of -groep en die voor Best R&B Song op de 43e editie van de Grammy Awards. Van het album *The Writing's on the Wall* werden wereldwijd meer dan acht miljoen exemplaren verkocht. Em dez períodos, Beyoncé een duet op met Marc Nelson, een van de oorspronkelijke groepsleden van Boyz II Men, *After All Is Said and Done* voor de soundtrack van de film *The Best Man* uit 1999.

De manier waarop Mathew het management van de groep vervulde, leidde tot onvrede bij LeToya Luckett en Roberson. A porta de entrada de Farrah Franklin e Michelle Williams. Na breuk raakte Beyoncé em uma depressão omdat zij in de media, em blogs e porta crítica verantwoordelijk werd gehouden. Rond deze tijd verbrak ook haar vriend de relatie. De depressie duurde enkele jaren, gedurende welke ze af en toe haar slaapkamer dagenlang niet verliet en weigerde te eten. Naar eigen zeggen had Beyoncé moeite om over haar depressie te praten omdat Destiny's Child net zijn eerste Grammy Award had behaald en daarom vreesde ze dat niemand haar au sérieux zou nemen. Mais tarde zou Beyoncé haar moeder noemen als degene die haar erbovenop hielp. Franklin werd uit de groep gezet en alleen Beyoncé, Rowland en Williams bleven over.

Destiny's Child foi succesvol van 1997 tot 2005. De liedjes waren voornamelijk van het genre r&b.

Perigosamente apaixonado

Em 2003 bracht Knowles haar eerste soloalbum *Dangerously in Love* uit, dat wereldwijd meer dan twaalf miljoen keer verkocht werd. Votou este álbum e conheceu a Missy Elliott, Sean Paul e Jay-Z. O primeiro single, *Crazy in Love*, foi um groot wereldwijd de sucesso: o kwam op nummer 1 in de Verenigde Staten e in de top 10 in bijna alle landen. De volgende singles waren eveneens succesvol - *Baby Boy* en *Naughty Girl* haalden de top tien, en *Me, Myself and I* piekte op 14. In de Verenigde Staten kwamen alle vier singles in de top vijf. Met dit album won ze vijf Grammy's op één avond.

B'Day

Haar tweede album heette *B'Day* en kwam uit op 4 september 2006, haar vijfentwintigste verjaardag. Het album werd binnen twee weken na voltooiing van de opnamen van de film *Dreamgirls* opgenomen. Este álbum foi lançado no Billboard da Amerikaanse 200 op nummer 1 binnen met meer dan 541.000 verkochte exemplaren in de eerste week. Em abril de 2007, o Bracht Ze *B'Day* opnieuw uit, onder de naam *B'Day Deluxe Edition* - dez anos depois, deixou uma lista de faixas e uma lista de faixas do álbum. De luxe-editie (*Edição de Luxo*), a B'Day Deluxe Edition, é uma das mais belas músicas de Spaanstalige e um dueto com Shakira, *Beautiful Liar Liar*.

Eu sou... Sasha Fierce

Em novembro de 2008 bracht Knowles haar derde soloalbum *I Am... Sasha Fierce* uit. Em uma entrevista ao produtor Rodney Jerkins dat het album was geïnspireerd op de film *Cadillac Records*, waarvoor Knowles foi gecast om de rol van Etta James te vertolken. O álbum é onderverdeeld em dois cd's. Het eerste deel van het album, "I Am...", bevat vooral rustige nummers waarin Knowles's vocale prestaties de boventoon voeren. Het tweede deel van het album, "Sasha Fierce", bevat uptemponummers. Ook in het fotoboekje bij de cd wordt een onderscheid gemaakt tussen Knowles en Sasha Fierce; voor het "I Am..."-deel poseert ze rustig in sobere kledij, terwijl ze voor "Sasha Fierce" in motorjack en met zwaardere make-up lustig in de camera kijkt. Em oktober 2008 kwamen de eerste twee singles van het album uit: *If I Were a Boy* (van het deel "I Am...") en *Single Ladies (Put a Ring on It)* (van "Sasha Fierce"). Knowles foi um dos melhores artistas de dois singles que participaram da
94

banda. De singles hadden beide hun videopremière op het internet. Op het album staat ook het nummer *Videophone*, dat ze samen met Lady Gaga uitbracht. De videoclip daarvan kwam em novembro de 2009 uit.

4

De eerste single van het album *4* was *Run the World (Girls)* en verscheen op 21 april 2011. Eén dag nadat het nummer was uitgebracht, debuteerde *Run the World* al op nummer 60 in de Single Top 100. De volgende week schoot het naar nummer acht, de hoogste positie. Het bijbehorende album werd uitgebracht op 28 juni in de Verenigde Staten. De tweede single foi a *melhor coisa que eu nunca tive*.

Beyoncé

Op 12 december 2013, vlak voor middernacht, bracht Knowles exclusief via iTunes haar vijfde studioalbum *Beyoncé (album)* uit, dat 14 liedjes en 17 muziekvideo's bevat. Vanaf 20 de dezembro foi o álbum in de winkels beschikbaar. De eerste single van het album foi *XO*. Op 24 november 2014 kwam de Platinum Edition van *Beyoncé* uit. Het is een box die bestaat uit twee cd's en twee dvd's, met onder meer twee nieuwe singles, vier remixes, HBO X10 Live en het oorspronkelijke *Beyoncé-album*.

Limonada

Op 6 april 2016 kwam de single *Formation* uit, als voorproefje van het op 23 april 2016 verschenen album *Lemonade*, dat 12 tracks bevat. *Lemonade* is het tot toe meest geprezen album van de zangeres en werd genomineerd voor negen Grammy Awards en won die voor Beste Urban Contemporary Album en beste muziekvideo.

Filmes

Knowles éok actief als actrice. Veja mais sobre o assunto e veja um hoofdrol no livro *"The Pink Panther"* de Austin Powers e em 2006. Em 2006, os eventos *Dreamgirls* foram realizados no bioscoop. Em dez filmes, Knowles Samen conheceu Eddie Murphy, Jamie Foxx e a *finalista do American Idol* Jennifer Hudson. Knowles figureerde verder in de film *Cadillac Records*, waarin zij de rol van blueszangeres Etta James vertolkt. Voor deze rol werd ze gecoacht door Etta James zelf en moest ze zeker acht kilo aankomen. De film kwam eind december 2008 uit in Amerika. Em 2009, kwam de film *Obsessed* uit, een thriller waarin Knowles de hoofdrol vertolkt als Sharon. In de Amerikaanse animatiefilm *Epic* sprak ze de stem in van Queen Tara. Em 2019, speelde ze Nala in de live-action remake van de The Lion King.

Privéleven

Beyoncés vader foi vanaf het start van haar loopbaan tot maart 2011 haar zakelijk manager en haar moeder foi haar stiliste. Knowles é methodiste en trouwde op 4 april 2008 in besloten kring met Jay-Z. Op 7 januari 2012 werd in het Lenox Hill Hospital te New York hun dochter geboren.Op 18 juni 2017 werd bekend dat Beyoncé een tweeling had gekregen.

Muziek en stem

Knowles é opgegroeid met de muziek van Anita Baker en Luther Vandross, met wie ze later een duet opnam. Beyoncé gebruikt ook invloeden in haar muziek van Amerikaanse artiesten als Prince, Aretha Franklin, Mariah Carey, Whitney Houston, Janet Jackson, Michael Jackson, Mary J. Blige, Diana Ross, Donna Summer e Tina Turner, met wie zij samen optrad tijdens de uitreikingsceremonie van de Grammy Awards em 2008.

Beyoncés muziek wordt omschreven als een moderne vorm van r&b maar is ook beïnvloed door muziekgenres als dancepop, pop en soul. Bovendien nam de zangeres een aantal liedjes op in het Spaans voor haar opnieuw uitgekomen tweede soloalbum *B'Day*. Met Destiny's Child teve um número de espanhois que foi escolhido para ser o número de espanhois. No dia seguinte, a Beyoncé opta por uma escola espanhola, que tem uma grande variedade de espanhóis. Os números de telefone de um número de Spaanse foram escolhidos por telefoon gecoacht door Rudy Perez. Os prêmios de prêmios são muito populares entre os franceses.

Em 2010, a apresentadora Beyoncé haar eigen parfum, genaamd Beyoncé Heat. Eerder speelde ze al een rol in televisiereclame voor parfums van Tommy Hilfiger en Emporio Armani. Een vervolg op Beyoncé Heat volgde in 2011: Heat Rush. De derde geur in de reeks foi Midnight Heat, uitgebracht em 2012. Naast deze reeks verschenen nog meer geuren.

Destaques

- Dias depois de uma performance triunfal no Festival Glastonbury da Inglaterra, Beyoncé lançou 4 (2011), uma mistura de baladas e faixas de dança que evocaram influências que vão desde músicas de tochas da era Motown até as colagens de áudio do rapper M.I.A. No início de 2013, Destiny's Child se reuniu para uma apresentação no intervalo do Super Bowl e lançou uma nova música, "Nuclear".
- Pouco tempo depois, Beyoncé coletou um Grammy para seu single "Love on Top".
- O single "Drunk in Love", que apresentou Jay-Z, foi premiado com vários Grammys, incluindo a melhor canção de R&B.

2. Lady Gaga (nascida em 1986)

Cantora, compositora, atriz e onze vezes ganhadora do Grammy americano

"Lute e empurre mais pelo que você acredita, você ficaria surpreso, você é muito mais forte do que você pensa".

Stefani Joanne Angelina Germanotta (New York, 28 maart 1986), beter bekend als **Lady Gaga**, é uma amerikaans zangeres, compositora, atriz e pianista. Em 2009, a porta da wereldwijd se encontrou com singles *Just dance* en *Poker face*, die in veel landen nummer 1-hits werden. Daarna scoorde ze ook megahits met nummers als *Paparazzi* (2009), *Bad Romance* (2009), *Telephone* (2010), *Alejandro* (2010), *Born This Way* (2011), *Applause* (2013) *Shallow* (2018) en *Rain on Me* (2020)

O Gaga ganhou o Grammy Grammy Verschillende Awards, onder meer em 2010 para haar debuutalbum *The Fame* (beste dancealbum) e em 2011 para haar álbum *The Fame Monster* (beste pop vocal album). Haar nummer *Poker Face*, dat wereldwijd de best verkochte single foi van 2009, werd bekroond met een Grammy voor de beste danceplaat. *Poker Face* (13 miljoen verkochte exemplaren) e *Bad Romance* (12 miljoen verkochte exemplaren) behoren tot de best verkochte singles aller tijden.

Lady Gaga deixou a artilharia de haar ontleend aan het nummer *Radio Ga Ga* van de Britse rockgroep Queen.

Biografie

Lady Gaga werd geboren in New York op 28 maart 1986. Haar moeder é van Frans-Canadese afkomst. De familie van haar vader komt oorspronkelijk van Sicilië. A família é uma das duas pessoas mais gentis. A primeira operação no Upper West Side de Manhattan, em um bem conhecido bairro do Upper West Side, em 1992, foi o opgeklommen uit de lagere sociale klasse. Lady Gaga é o quarto-katholiek opgevoed.

Stefani begon op vierjarige leeftijd met piano spelen. Ze tinha op haar dertiende haar eerste grote optreden.

Em setembro de 2006, a Dama Gaga lançou um contrato com a Def Jam Recordings voor het maken van een album in negen maanden tijd. Echter, na drie maanden liet het label haar al vallen. Nadat Def Jam haar liet vallen, besloot Gaga de kerst van 2006 bij haar familie door te brengen. Hierna begon ze erg te experimententeren met alcohol en drugs. Ze trad op met performer Lady Starlight in nachtclubs. Volgens Gaga zelf deixou Starlight haar erg geholpen om meer podiumervaring op te bouwen. O festival Lollapalooza em agosto de 2007. Ondertussen foi o Gaga bezigdge met het opnemen van nummers, samen met met producer RedOne. A RedOne estudava de números com Vincent Herbert, e digeriu o selo Streamline Records. A RedOne tem um contrato com a Streamline Records, para a parada do selo no final de 2007.

2008 - 2009: Internationale doorbraak conheceu a Fama

Em 2008, a Gaga e a RedOne iniciaram uma série de secas de gota-a-gota em que os seus homens-alvo morreram mais tarde: *Just Dance*, *Poker Face* en *LoveGame*. *Just Dance* kwam uit in april 2008. Het nummer werd binnen 10 minuten geschreven. *Poker Face* en *LoveGame* werden in een week geschreven. Olá ondertekende een contract bij het platenlabel Interscope Records en begon ze officieel met het maken van haar debuutalbum. Em oktober 2008, o tournee van New Kids On The Block foi realizado em várias partes do mundo. Veja os números para as Pussycat Dolls andere de Pussycat Dolls en Britney Spears.

Op 1 december 2008 trad Lady Gaga op bij The Ellen DeGeneres Show.

Het debuutalbum *The Fame* schreef Lady Gaga em 2008 Samen conheceu onder anderen de producer Nadir Khayat, ofwel RedOne. Het album kwam uit op 12 augustus 2008. The Fame é um álbum de sinthpop e dance-pop que se encontrou com invloeden van popmuziek uit de jaren 80. Tekstueel visualizeert het album Gaga's liefde voor beroemdheid in het algemeen, maar ook visualiseert het album omgaan met onderwerpen als liefde, seks, geld, drugs en seksuele identiteit.

De eerste single van het album, *Just Dance*, werd uitgebracht em abril de 2008. Het nummer comportalde de nummer 1-positie in zeven landen. Este número foi um encontro com o cantor americano Colby O'Donis e foi genomineerd para um Prêmio Grammy. De muziekvideo werd opgenomen op 31 maart 2008. De tweede single *Poker Face* van hetzelfde album werd uitgebracht in september 2008. De muziekvideo werd op 3 oktober 2008 gefilmd in Bwin Pokerisland in Ibiza. O número de pessoas que se comportaram em 20 países de países de origem e de países de origem e foram premiados com um Grammy Award. De single foi 83 weken lang het meest beluisterde liedje op de US Digital Hot Songs. De muziekvideo werd opgenomen op 9 januari 2009. In andere landen werd eerst het nummer *Eh, Eh (Nothing Else I Can Say)* uitgebracht. De muziekvideo hiervan werd opgenomen op 10 januari 2009, een dag na de opnames van "LoveGame". Omdat de tekst van het nummer *LoveGame* in een aantal landen als te expliciet werd beoordeeld, werd het in deze landen vervangen door *Paparazzi*.

Op 6 januari 2009 kwam de eerste ep van Lady Gaga uit, getiteld *The Cherrytree Sessions*. De ep werd opgenomen in november 2008.

Voor de MTV Video Music Awards foramd Lady Gaga em setembro de 2009 conheceu dit eerste album negen maal genomineerd. Ze ganhou onder andere de prijzen voor de beste nieuwe artiest en met *Paparazzi* voor de beste *special effects* en de beste regie. Tijdens de uitreiking trad ze op en zong het nummer *Paparazzi*.

2009 - 2010: O Monstro da Fama

Op 5 september 2009 wered er een fotoshoot gehouden voor de albumcover van *The Fame Monster*, gehouden door Gaga zelf en Haus of Gaga, haar productieteam.

Em novembro de 2009 lanceerde Lady Gaga conheceu *The Fame Monster* haar tweede album, um ep met acht nummers. O álbum gaat over het omgaan met de duistere kant van beroemdheid, die Gaga ervaren heeft in haar muzikale loopbaan, terwijl ze door de wereld heen rondreisde. Este álbum é um "uitgedrukt in een monster metafoor". Als eerste single van het album werd *Bad Romance* uitgebracht. Ele mentiu sobre um sucesso de sucesso em hitlijsten en de bijbehorende videoclip foi o primeiro filme de dados do álbum a ser lançado. *Telefone* foi oorspronkelijk geschreven voor Britney Spears. Op 8 juni 2010 werd de derde single *Alejandro* uitgebracht. O número de telefone teve sucesso, o comportamento das placas de vijfde em Verenigde Staten. De videoclip van *Alejandro* vonden sommigen zeer gewaagd en vooral zangeres Katy Perry had veel kritiek. Vervolgens kwam ook nog *Dance in the Dark* uit als promotiesingle.

Bij de Grammy Awards van 2010 wered Lady Gaga zesmaal genomineerd. Ze opende de show met *Poker Face* e zong daarna samen met Elton John een remix van *Speechless* en *Your Song*. Ze ganhou *Poker Face* de Grammy voor de beste dansopname e conheceu *The Fame* voor het beste dansalbum.

Em februari 2010 domineerde Lady Gaga de Brit Awards conheceu a winnen van drie prijzen. O trad tradutor conheceu um *telefone* de piano e fez uma remixagem da *dança no Dark* waarmee zij Alexander McQueen eerde, morreu numa semana eerder een eind aan zijn leven had gemaakt.

Het album werd gepromoot met de wereldtournee The Monster Ball Tour. Het concerto van 21 en 22 februari 2011 no Madison Square Garden em Nova Iorque ganhou o prêmio de Emmy Award voor *Outstanding Picture Editing for a Special*. De tournee duurde anderhalf jaar en heeft op bij elkaar 200 dagen meer dan twee-en-en-half miljoen bezoekers getrokken.

2010 - 2012: Nascido desta maneira

Tijdens de uitreiking van de MTV Video Music Awards in september 2010 maakte Lady Gaga de titel van haar derde studioalbum bekend, *Nascido assim*. Lady Gaga werd de grote winnares bij de 27ste editie van de premihow. De zangeres teve uma recordação das nomeações e nomeações no Nokiatheater em Los Angeles, em primeiro lugar em vídeo, em vídeo popvideo e em coreografía. Inmiddels is het al meer dan acht miljoen keer verkocht.Over de gelijknamige eerste single *Born this way* ontstond commotie toen het treffende gelijkenissen bleek te vertonen met *Express Yourself* van Madonna.Als tweede single kwam *Judas* uit, de derde single werd *The Edge of Glory* en een week later volgde *Hair*. *Yoü e eu* éramos o single de vijfde do álbum e fomos genomineerd para um Grammy em 2012. *Marry the Night* wered daarna haar twaalfde nummer 1-hit na tabela do *Billboard* Dance Club. A turnê Born This Way Ball Tour se reuniu em dois dias de concerto, em februari 2012.

Sinds de zomer van 2011 heeft ze een relatie met acteur Taylor Kinney die vooral bekend is door zijn roll als Mason Lockwood in de serie 'The Vampire Diaries'. Lady Gaga ontmoette Taylor tijdens de opnames van haar videoclip voor *Yoü and I*.

Op de MTV Video Music Awards in augustus 2011 viel ze met *Born this way* in de prijzen voor de beste videoclip van een vrouwelijke artiest en voor de beste video met een stichtende boodschap. O Opende conheceu *Yoü e eu* de show als haar mannelijke alter ego *Jo Calderone*. Tijdens de MTV Europe Music Awards, em novembro de 2011, ganhou o prêmio Tijdens de MTV Europe Music Awards: voor de beste vrouw, voor de grootste groep fans, het beste nummer en de beste videoclip, met *Born this way*.

Em novembro de 2011 kwam haar vierde EP uit, genaamd *A Very Gaga Holiday*, afkomstig van de Thanksgiving TViespecial *A Very Gaga Thanksgiving*. Er keken ruim vijf miljoen Amerikanen naar de eerste uitzending op tv.In dezelfde maand stopte Lady Gaga na vier jaar de samenwerking met choreograaf Laurieann Gibson en nam Richard Jackson haar taak over.

Lady Gaga foi uma das artistas morreram em 2011 optraden op de 65ste verjaardag van voormalig presidente Bill Clinton. O comércio e a música de 2011 é o resultado do concerto de Ano Novo do Rockin' Eve em Times Square em Nova York.

Bij de 53ste editie van de Grammy Awards *nasceram desta forma* genomineerd voor 3 prijzen. Voor *Best Album* en *Best Pop Vocal Album* en voor *Best Pop Solo Performance*, maar de prijzen gingen alle drie naar de Britse zangeres Adele. O artista foi eleito para o prêmio de *Melhor Artista Feminina Internacional*, com dez prêmios naar Rihanna.

2013-2014: Artpop

Op 3 augustus 2012 kondigde Lady Gaga haar volgende álbum aan. Ze werkte hierbij samen conheceu o produtor Fernando Garibay. Het album werd uitgebracht em 2013. De eerste single werd *aplausos*. Het nummer zou in eerste instantie op 19 augustus 2013 uitgebracht worden, samen met de videoclip. De tweede single werd *Do what u want*, een samenwerking met de R. Kelly. De tweede single é getiteld *G.U.Y.*. Het album zelf é getiteld *Artpop*. Om het album te promoten ging Gaga op wereldtournee, met de "ArtRave: The Artpop Ball", trad ze 79 keer op in alle werelddelen. De tournee bevatte ook shows die de zangeres annuleerde tijdens haar vorige tournee.

2016-2017: Joanne , Super Bowl en "FiveFootTwo"

Em dezembro de 2014, a Gaga Gaga Data foi fundada e o estúdio Vijfde Studioalbum en hiervoor foi herenigd conheceu a produtora RedOne. Op de 87ste Oscaruitreiking trad ze op als eerbetoon aan The Sound of Music door het zingen van een medley van liedjes uit die film. Tijdens de opensingsceremonie van de Europese Spelen 2015 in Bakoe in Azerbeidzjan zong ze het nummer *Imagine* van John Lennon. Op 2 oktober 2015 werd ze de eerste artiest die de 7 miljoen downloads heeft gepasseerd in de Verenigde Staten voor de nummers *Poker Face* en *Bad Romance*. Em 2015, o Gaga benoemd tot *Billboards-vrouw* van het jaar. Tijdens de persconferentie bij de Golden Globes bevestigde Gaga dat het album in 2016 uit zou komen.Voor dit album, getiteld *Joanne*, heeft ze onder andere gewerkt met Mark Ronson, Kevin Parker, BloodPop, Florence Welch, Beck, Father John Misty en Hillary Lindsay. Het album werd uitgebracht op 21 oktober 2016. De eerste single van *Joanne* was *Perfect Illusion*, dat 9 september 2016 was uitgekomen en de tweede promosingle *Million Reasons* werd op 6 oktober 2016 uitgebracht. Este álbum *Joanne* é um sinônimo de "eerbeto" e "haar tante die kampte met de ziekte lupus". Este álbum é um palco para a família e para o mundo inteiro. O Gaga Promootte haar album conheceu um drie dagen durende tour genaamd: A Dive Bar Tour. A Lady Gaga participou de dois prêmios Grammy Awards voor *Million Reasons* en het album.

Nadat *Perfect Illusion* uitkwam, maakte NFL bekend dat Gaga de halftime-show mocht verzorgen tijdens Super Bowl LI. De show wered in de Verenigde Staten ruim 150 miljoen keer bekeken, waarmee het de best bekeken halftime-show ooit foi sinds Katy Perry optrad em 2015. Direct na het optreden werd bekend dat Gaga weer op wereldtournee ging. Op 8 september 2017 verscheen er wereldwijd een documentaire van Gaga genaamd: Cinco pés e meio. Um documentário de fundo deixou um documento que faz parte do álbum Joanne, de promotie van het album, een 'bastidores' tijdens het repeteren van de halftime show van de Super Bowl en hoe ze kampt met haar ziekte. Para mais dez documentários sobre a nomeação para o Prêmio NME de Melhor Filme.

2018-heden: Nasce uma estrela

Em maart 2018 releasde Lady Gaga een cover van Elton John, namelijk *Your song*. Em oktober 2018 verscheen de zangeres als hoofdrol in de film *A Star Is Born*, samen met Bradley Cooper, die haar tegenspeler is. De film werd een gigantisch succes. Lady Gaga tem uma indicação para um Oscar, para que seja originária de um número e para que seja uma boa rota de cascos. A empresa foi nomeada para um Grammy Award-nominatie op , waaronder voor 'Record of the Year' e 'Song of the Year'. Eerder kreeg de zangeres al een Critics' Choice Award voor beste actrice en beste originele nummer. De single *Shallow* werd de belangrijkste single van het album, en behaalde in meer dan tien landen de nummer 1-positie. Em 2019, os números foram entregues em 2019, os prêmios "meeste", "onder", "twee Grammy's", "Golden Globe" e "BAFTA Award".

Em janeiro 2021, *a Banner Star-Spangled*, bij de inauguratie van Joe Biden como presidente, foi aclamada pela Amerikaanse.

Werk met andere artiesten

Lady Gaga werkte mee aan de single *The Greatest Thing* van Cher en aan *3-Way (The Golden Rule)* op het album The Lonely Island van Justin Timberlake. Lady Gaga foi ook te horen op het album *The Block* van New Kids on the Block, waar ze bijdroeg op *Full Service* en *Big Girl Now*. Em 2011, a Gaga Samen conheceu o jazz-zanger Tony Bennett het lied *The Lady is a Tramp* opens diens album *Duets II*. Het werd de tweede single van het album. Conheci hem maakte Lady Gaga daarna het jazzalbum *Cheek To Cheek*. Op 29 juli 2014 verscheen van dit album *Anything goes* als de eerste single. Het bereikte de eerste plaats in de Billboard Jazz digital song hitlijst.

Acteerwerk

Lady Gaga maakte haar acteerdebuut in Robert Rodriguez' filme *Machete Kills*, waarin ze de rol van La Chameleón speelt; de film verscheen op 13 september 2013 in de bioscoop. Em 2014 verscheen de film *Sin City: A Dame to Kill For* van Robert Rodriguez en Frank Miller. Lady Gaga vertolkt daarin het personage Bertha. Em oktober 2015, speelde Gaga de hoofdrol in het vijfde seizoen van FOX's horror-drama American Horror Story getiteld *Hotel*. A *Condessa* , de eigenares van dit titulaire hotel. Voor deze rol ontving ze in januari 2016 een Golden Globe. Em 2018, a Condessa, como também começou a filmar Ally de hoofdrol no filme A Star Is Born, conheceu Bradley Cooper. Bij de Academy Award uitreiking van 2019 foi o genomineerd in de categorie beste actrice in een hoofdrol, als voor beste originele lied. De laatste ganhou o prêmio.

Stijl en uiterlijk

Lady Gaga zichzelf als een levend kunstwerk. O artista é um personagem eerbeto e de Dunstenaar Andy Warhol. Wegens haar extravagante uiterlijk wordt ze wel vergeleken met new wave-acts uit de jaren 1980. Em februari 2010 foram entregues os prêmios NME de melhor gklede como slechtst geklede artiest gekozen.

Tatoeages

A opção de binnenkant van haar linkerbovenarm deixou um fragmento de um fragmento de um tatoeëren de Rainer Maria Rilke laten:

prüfen Sie, ob er in der tiefsten Stelle Ihres
Herzens seine Wurzeln ausstreckt, gestehen
Sie sich ein, ob Sie sterben müßten, wenn es Ihnen
versagt würde zu schreiben. muß ich schreiben?

Onder het Rilke-fragment staat "Little Monsters", de koosnaam waarmee Lady Gaga haar fans aanspreekt. O que restou do vredesteken laten tatoeëren op haar linkerpols. O transporte de mercadorias deixou uma tatoeage, e um muzieksleutel de soort muzieksleutel encontrou o congelado. Op haar linkerbovenbeen heeft ze de naam van haar album "Born this Way" laten tatoeëren. Op haar schouderblad heeft ze een drietal bloemen met de tekst "Tokyo Love". O autor deixou um coração que se encontrava com a palavra "Pai" em seu folheto.

As páginas de todos os tatoeages op de linkerhelft van haar lichaam omdat haar vader ook "de mooie kant" van zijn dochter wil zien.

Destaques

- Lady Gaga, byname de Stefani Joanne Angelina Germanotta, nasceu em uma família ítalo-americana na cidade de Nova York.
- Seu segundo álbum, The Fame Monster, foi lançado em novembro de 2009 (foi originalmente concebido como um disco bônus) e quase instantaneamente produziu outro sucesso, "Bad Romance".
- O terceiro álbum de Lady Gaga, Born This Way (2011), encontrou a animadora voltando às eras musicais anteriores para se inspirar.
- Além de gravar música, Lady Gaga fez aparições ocasionais em filmes, notadamente em Machete Kills (2013) e Sin City: A Dame to Kill For (2014). Por sua atuação na série antológica, Lady Gaga recebeu um Prêmio Globo de Ouro.
- Lady Gaga recebeu aclamação da crítica e uma indicação ao Oscar por seu primeiro papel principal, uma cantora-compositora sem astúcia na remontagem de 2018 do filme A Star Is Born.

3. Céline Dion (nascida em 1968)

Cantor canadense e um dos artistas mais vendidos de todos os tempos

"É o momento em que você pensa que não pode, que você pode"

Céline Marie Claudette Dion (Charlemagne (Quebec), 30 maart 1968) é uma Canadese zangeres.

Dion werd, als jongste van veertien kinderen, geboren in Charlemagne, Quebec (Canadá). Op 12-jarige leeftijd bracht haar moeder haar in contact met de manager René Angélil, die zo in haar geloofde dat hij een hypotheek op zijn huis nam om haar carrière te financieren. Em 1981, o álbum van Dion uit (*La Voix du bon Dieu*) foi lançado em 1981. Hiermee werd ze in Quebec een ster. Het jaar erop won ze de gouden medaille op het World Song Festival in Tokio. Em jaren die erop volgden bracht Dion meerdere albums uit met Franse chansons, die veelal over het gevoelsleven van dit jonge meisje gingen. Em 1987, no Canadá, o álbum *Incognito* uit, o álbum pop-album van Dion.

Em 1988, a escritura de nomens Zwitserland mee met het Eurovisiesongfestival, dat ze won met het liedje *Ne Partez Pas Sans Moi*. Door de overwinning werd Dion bekend in Europa. Vanaf 1988 werd er gewerkt aan Dions eerste Engelstalige album *Unison* dat in 1990 uitkwam.

Platenlabel Sony Music teve o doel voor ogen dat Dion in de VS zou doorbreken met het Engelse repertoire. Het bleek te lukken. De single *Where Does My Heart Beat Now* behaalde de top 5 van de Amerikaanse Billboard Hot 100 en het album behaalde de platinastatus.

Em 1991, Dion Benaderd door de Walt Disney Studios om haar medewerking te verlenen aan de soundtrack van de speelfilm *Beauty And The Beast*. Samen conheceu Dion de titelsong van deze Disneyfilm op en eind 1991 groeide het nummer uit tot een groot succes. Dion e Bryson zelfs een Academy Award op. Começou em 1992 com *Celine Dion*, a tweede Engelstalige album van de zangeres. Met de uitgebrachte singles *If You Asked Me To, Love Can Move Mountains* and *Nothing Broken But My Heart* scoorde ze hoog in de hitlijsten.

Freio de porta definitivo

Eind 1993 verscheen *The Colour Of My Love*, Dions derde album met Engelstalig materiaal. Em Noord-Amerika foram de eerste single *The Power of Love* (oorspronkelijk opgenomen door Jennifer Rush) um sucesso de weergaloos. De single stond weken op nummer 1 in de Amerikaanse Billboard Hot 100. Em Europa comportalde de single *Think Twice* groot succes. Het album bezorgde Dion de definitieve doorbraak in vrijwel alle landen van de wereld. Ondanks al the succes van haar Engelstalige werk, besloot ze om een tijdelijk uitstapje naar de base te maken: ze bleef een Canadese met Franse roots. Em 1994, Jean-Jacques Goldman 12 Franse liedjes voor de zangeres die uiteindelijk op het album *D'Eux* terechtkwamen. Die plaat kwam begin '95 uit en bracht de hit *Pour que tu m'aimes encore* voort. O álbum groeide uit tot het bestverkochte Franstalige album aller tijden, met wereldwijd 9 miljoen verkochte exemplaren.

Voor haar vierde Engelstalige álbum *Falling into You* uit 1996 nam Dion capas diversas van verschillende artiesten op. In maart 1996 wered Falling *into You* officieel uitgebracht en al gauw waren er miljoenenen exemplaren van verkocht. Dion scoorde hit na hit met nummers als *Because You Loved Me* en *It's All Coming Back To Me Now*. Van het album werden 32 miljoen exemplaren verkocht. Het wordt gezien als een van de bestverkopende cd's van een zangeres in de muziekgeschiedenis. Encontrei o álbum Dion opnieuw opnieuw op tournee. A partir do momento em que as pessoas que fizeram a turnê e a seleção de países europeus se encontraram em 'Falling into You Tour' de hele wereld af.

Meer dan 100 concerten werden er gegeven, verspreid over 17 verschillende landen. Opnames van de tour verschenen op de VHS-cassette *Live In Memphis*. De Ierse popband The Corrs stond tijdens de Europese tournee in het voorprogramma. Met 100 uitverkochte shows en een miljoenenverkoop van cd's bleek Dion de status van 'supersterrendom' te hebben verworven. *Falling into You* leverde Dion talloze prijzen op, waaronder twee Amerikaanse Grammy's.

Sucessos

Haar deelname aan de opensingsceremonie van de Olympische Spelen van 1996 in Atlanta werd door 3,5 miljard mensen op tv gevolgd. Eind 1997 verscheen het volgende Engelstalige album *Let's Talk About Love*, waarvan opnames plaatsvonden in Londen, Los Angeles en New York. Artiesten als Barbra Streisand, Luciano Pavarotti, Bee Gees, Carole King, George Martin en Diana King leverden bijdragen aan diverse songs. *Tell Him*, een duet van Dion en Streisand, was de eerste hitsingle van de plaat. *My Heart Will Go On*, um andere single en tevens de titelsong van speelfilm Titanic groeide uit tot een ongekend succes. Hij wordt gezien als Dions bestverkochte single ooit. O mais importante é que não houve tempo para mentir sobre o número 1 e o número de alavancas de Dion talloze onderscheidingen op, waaronder een Academy Award e enkele Grammy's. O álbum Celines 2e bestverkopende, com 31 milhões de exemplares, é o melhor álbum de carreira do mundo.

Em setembro de 1998 verscheen *S'il Suffisait d'Aimer*, um álbum de Franstalig conheceu opnieuw composities van Jean-Jacques Goldman. Dions eerste Engelstalige kerstalbum *These Are Special Times*, met de hit *I'm Your Angel* (duet met R. Kelly), verscheen eind 1998 en verkocht wereldwijd 15 miljoen stuks. Opnieuw ging de zangeres met haar laatste albums op wereldtournee. Em juni 1999 trad Dion op in de Amsterdam ArenA. Dat concerto é voor het stadion tot op de dag van vandaag het evenement met de meeste bezoekers (68.083). Een verzamelalbum met daarop Dions grootste Engelstalige successen tot dan toe en en en enkele nieuwe song verscheen eind 1999 onder de naam *All The Way... Uma Década de Canções*. De eerste single ervan, *That's The Way It Is*, wered een groot succes. Ze verkocht 20 miljoen exemplaren van dit album. Começou em 2000 um álbum de 140 milhões de cópias de platina. O status de "superdiva" foi um exemplo extra em abril de 1998, quando a banda de música "Divas Live" para o VH1, em Samenwerking, conheceu a colega Mariah Carey, Shania Twain, Gloria Estefan e Aretha Franklin.

Quebrar e voltar

Na jaren optreden vond Dion het hoog tijd om een rustpauze in te lassen. De acordo com as regras da família e dos amigos, a maioria das pessoas que se preocupam com o ambiente, tem um poos de energia que se encontram em casa. Encontrei um concerto de concertos e tive sucesso na sucessão. Em 1999, o Dion echtgenoot René kanker geconstateerd. De zangeres wilde haar man steunen tijdens de chemokuren. Uiteindelijk genas René van de ziekte. Op 25 januari 2001 schonk Dion in Florida het leven aan een zoontje: René-Charles Dion-Angélil. Oportunamente, o Dion teve uma oportunidade para fazer uma pausa em um período de tempo em que um optante optou por um dos dois. Tijdens een benietconcert om geld in te zamelen voor de nabestaanden van de slachtoffers op 11 september 2001 zong Dion *God Bless America*.

In maart 2002 verscheen - twee jaar na haar vorige album - een nieuw Engelstalig album onder de naam *A New Day Has Come*. Singles als *I'm Alive*, *A New Day Has Come* en *Goodbye's (The Saddest Word)* werden successen in de hitlijsten. Van het album gingen 12 miljoen stuks over de toonbank, het bewijs dat Dion na twee jaar stilte nog steeds 'hot' was, en een zeer succesvolle comeback teve gemaakt. O álbum foi um sucesso de sucesso em Las Vegas. Deze show, genaamd *A New Day... Ao vivo em Las Vegas*, ging in maart 2003 van start in het Caesars Palace. Speciaal voor deze show, en dus ook voor Dion, werd er een gloednieuwe zaal gebouwd, "The Colosseum", een gebouw in de vorm van het Romeinse Colosseum. No primeiro instante em que o Dion 600 mostrava em drie jaar opvoeren, o sucesso do grote foi de show ruim anderhalf jaar langer opgevoerd. Aan het eind van de rit, op 15 december 2007, stond de teller op in totaal 750 shows. De show - ontworpen door Franco Dragone - bevat Dions grootste hits, gemixt met decorstukken, dans en visuele effecten.

Voor de start van de show em 2003, verscheen *One Heart*, álbum Dions 10e Engelstalige. Er werden 8 miljoen exemplaren van verkocht en het bracht hitsingles als *I Drove All Night*, *One Heart* en *Have You Ever Been In Love* voort. Dion sloot 2003 succesvol af met een nieuw Franstalig album: *1 Fille & 4 Types* waarvan 2,5 miljoen stuks werden verkocht. Van Dions show in Las Vegas verscheen in juni 2004 het live-album *A New Day... Ao vivo em Las Vegas*. Na najaar van 2004 lancei Dion em samenwerking conheci Anne Geddes o projeto *Miracle*; um álbum conheci liedjes over het moederschap ging gepaard met onder meer een boek met daarin foto's van Dion met diverse baby's. 3,5 miljoen exemplaren gingen er van deze cd over de toonbank. Dions eerste Franse verzamelalbum, *On Ne Change Pas*, kwam uit em 2005.

Op 21 mei 2007 werd het Franstalige album *D'elles* uitgebracht. Zeven van de dertien nummers werden in december 2006 opgenomen in Montreal. De eerste single van het album, *S'il N'en Restait Qu'une (Je Serais Celle-Là)*, beleefde zijn radiodebuut op de Franstalige radio op 14 februari 2007. De videoclip van het nummer werd eind januari/begin februari 2007 opgenomen in New York. Na dezessete semana ele deixou Dion ook haar deel ingezongen van het nummer *Sing*. Het lied, dat wered gezongen door 23 zangeressen, was een initiatief van Annie Lennox, die het wilde gebruiken in de strijd tegen aids en armoede in Afrika. Het nummer staat op Lennox' album *Songs Of Mass Destruction*.

Dion gaf eind oktober 2015 aan dat ze werkte aan een Franstalig album.

Tournees

Een nieuw Engelstalig album, *Taking Chances*, lag op 12 november 2007 in de winkels. Een promotietournee voor dit album en het eveneens in 2007 uitgebrachte album *D'elles* vond plaats in oktober 2007. Haar show in Las Vegas beleefde op 15 december 2007 zijn laatste voorstelling, na bijna vijf jaar. Van deze concertregistratie, die is opgenomen in de week van 15 t/m 21 januari 2007, verscheen op 11 december 2007 een dvd.

Op 14 februari 2008 startte Dion met een wereldtournee, om voor het eerst sinds 1999 weer op te treden buiten Las Vegas. De tour spreidde zich uit van Canada tot Japan tot Zuid-Afrika. O novo single do álbum *Taking Chances* deed het em Amerika foi lançado. Andere promotie-singles die medio 2008 uitkwamen waren *Eyes On Me* en *Alone*. Tot op heden zijn er 6,5 miljoen exemplaren van dit album verkocht.

Palácio de Terugkeer naar Caesar's

Céline kwam em 2011 terug naar het Caesar's Palace en dit met het plan om 70 shows per jaar te geven. De première foi op 15 maart 2011. In augustus 2014 annuleerde Dion al haar geplande concerten en kondigde aan per direct te stoppen met zingen. Dit omdat zij voor haar zieke man wilde zorgen.

In de tweede helft van 2015 kwam Dion terug in Caesar's Palace.

Privéleven

Em 1994, o gerente René Angélil (1942-2016) foi nomeado gerente da haar zesentwintig jaar oudere. Op 25 januari 2001 kreeg het koppel een zoon; op 23 oktober 2010 beviel Dion van een tweeling, eveneens jongens. Op 14 januari 2016 overleed Angélil aan de gevolgen van keelkanker. Dion woont em Henderson (Nevada).

Destaques

- Céline Dion, em plena Céline Marie Claudette Dion, é a mais nova de 14 crianças criadas em uma pequena cidade perto de Montreal, Dion começou a cantar com sua família musicalmente inclinada quando ela tinha cinco anos de idade.
- Ela gravou inúmeros álbuns de sucesso em francês e inglês e foi a ganhadora de vários prêmios de prestígio.
- No início do século XXI, Dion tirou um hiato de sua carreira para se concentrar em sua família.
- Ela voltou com os álbuns A New Day Has Come (2002) e One Heart (2003), que flertaram com a dança pop, além de sua habitual tarifa contemporânea adulta.
- Apesar do fato de Dion não ser mais a força cultural dominante que ela havia sido uma década antes, foi relatado em 2007 que as vendas mundiais de seus álbuns haviam ultrapassado 200 milhões.

4. Kate Bush (nascida em 1958)
cantor, músico, cantor-compositor e produtor britânico

"Mozart não tinha Pro Tools, mas fez um trabalho muito bom".

Catherine (Kate) Bush CBE (Bexleyheath (Londen), 30 de julho de 1958) é uma cantora, compositora e produtora britânica. Haar vader foi Engelsman en haar moeder Ierse. Toen ze nog maar 16 was zorgde David Gilmour van Pink Floyd ervoor dat ze tekende bij EMI.

Experimente o estilo e compareça a uma escola de ensino de idiomas. A partir de agora, a platina pode ser aberta, com uma janela para a criação de um álbum de música de sucesso; para os cuidados *aéreos.*

Biografie

Bush debuteerde em 1978 op haar negentiende met de hit *Wuthering Heights*, die was geïnspireerd door het gelijknamige boek van Emily Brontë. O número de pedra no Verenigd Koninkrijk vier a ser o mais alto do mundo em termos de placas de bate-estaca.

Haar debuutalbum *The Kick Inside* werd zowel artistiek als commercieel gewaardeerd. De plaat, geproduceerd door David Gilmour, bevatte hits zoals *Them heavy people* en *The man with the child in his eyes*. David Gilmour, o homem que tem a criança em seus olhos. David Gilmour, o homem que tem a criança em seus olhos. David Gilmour, o homem que tem a criança em seus olhos. Volgens popcritici zijn Gilmour's invloeden op iedere track duidelijk te horen.

Bush e outros países se encontram em um tournee, *The Tour Of Life*, em 1978-1979. A porta do barco tem uma porta que transporta o meu machado de navio. Em 1979 deixou o niet meer getoerd tot de tour em 2014, 35 anos mais tarde.

Latere albums zoals *Lionheart* en *Never for Ever* waren commercieel gezien iets minder succesvol dan haar debuut maar niettemin werden *Babooshka* en *Army dreamers* hits. Latere hits waren onder meer *Cloudbusting* en *Running up that hill*. Voor de videoclip van *Cloudbusting* teve Bush haar haren kort laten knippen en speelde Donald Sutherland haar vader. Em hetzelfde jaar scoorde Bush um hit samen met Peter Gabriel met het nummer *Don't Give Up*. Em 1986 nomeou um dueto com a banda de Schotse Big Country (*The Seer*).

Em 1989, o álbum verscheen haar *O mundo sensual*, dat haar melhor álbum verkochte em Amerika era. No álbum *The Red Shoes* (1993) trok Bush zich jarenlang terug op een eiland in de Theems, waar ze werkte aan haar album *Aerial* (2005), waarvan het nummer *King of the mountain* een bescheiden hit werd. Op 18 januari 2002 verscheen Bush voor het eerst sinds jaren weer op het podium als speciale gast van David Gilmour tijdens een concerto in de Royal Festival Hall.

Em 2007, foi um documentário sobre Kate Bush gemaakt onder de titel *Come Back Kate*, waarin toegewijde fans over hun bijzondere band met de zangeres verhalen. Hoewel haar bijzondere stijl niet iedereen gemakkelijk in het gehoor ligt, wordt Kate Bush breed gerespecteerd onder collega-muzikanten. Tori Amos, Björk en Sinéad O'Connor hebben in interviews aangegeven dat ze door Kate Bush zijn beïnvloed en geïnspireerd.

Op 16 mei 2011 werd een compilatiealbum uitgebracht onder de titel *Director's Cut*. Em dez anos de trabalho, Bush tem álbuns de Bush, *The Sensual World* e *The Red Shoes* opnieuw, e voorzag ze van nieuwe

114

opnames en remasters. Na jaren van afwezigheid bleek Kate Bush nog altijd populair.

Op 21 november 2011 kwam het album *50 Words For Snow* uit, waaraan onder anderen Bush' zoon Albert (Bertie), Elton John en Stephen Fry meewerkten.

Em agosto de 2012 gingen de geruchten rond dat Bush op de slotceremonie van de Olympische Spelen van 12 augustus zou optreden. Para isso, um especialista optou pelo Bush, omdat Bush amper optou. O nome da empresa é o nome da empresa que se encontra em uma lista de números para uma página de internet. Op de ceremonie werd er uiteindelijk enkel maar haar recente uitgebrachte remake van R.U.T.H. afgespeeld. Zijzelf era er nergens te bespeuren. A Kate de organisatie van de slotvoorstelling wel weten dat ze het draaien van haar remake op prijs stelde.

Em januari 2013, Bush benoemd tot Commandeur in de Orde van het Britse Rijk, vanwege haar verdiensten voor de muziek.

Bush kondigde in maart 2014 op haar website aan onder de naam *Before the Dawn* voor het eerst in 35 jaar tijd een reeks van vijftien concerten te geven in het Hammersmith Apollo theater in Londen. Enkele dagen later voegde ze daar nog zeven optredens aan toe. De 22 voorstellingen waren in nog geen kwartier uitverkocht. Op 26 augustus 2014 gaf Kate haar eerste concerto em 35 jaar. De optredens waren een groot succes. Em uma semana, na semana em que você vai falar sobre os álbuns de stonden er acht de Kate Bush no Top 40 do Reino Unido. Os dados tinham nog geen eere vrouw bereikt.

Destaques

- Kate Bush, byname de Catherine Bush, era a criança mais nova de uma família artística.
- Depois de dirigir e estrelar em The Line, the Cross & the Curve (1993), um pequeno filme com canções de The Red Shoes, Bush tirou uma pausa de 12 anos da música.
- Ela ressurgiu com a atmosfera aérea (2005), um duplo recorde imbuído de temas de domesticidade e do mundo natural que lhe rendeu algumas das críticas mais favoráveis de sua carreira.

- Em 2014, Bush retornou ao palco pela primeira vez em 35 anos. Seus 22 concertos foram espetaculares no palco, com bonecos, ilusionistas e dançarinos, e foram seguidos pela gravação ao vivo em três discos Antes do Amanhecer (2016).
- Bush foi nomeado Comandante da Ordem do Império Britânico (CBE) em 2013.

5. Aretha Franklin (1942-2018)

Cantora americana e a primeira mulher a ser admitida no Hall da Fama do Rock and Roll

"Às vezes, o que você está procurando já está lá".

Aretha Louise Franklin (Memphis (Tennessee), 25 maart 1942 - Detroit (Michigan), 16 de agosto de 2018) foi um Amerikaanse gospel-, soul- en r&b-zangeres. Op de ranglijst van 100 beste zangers (m/v) aller tijden van het Amerikaanse muziektijdschrift *Rolling Stone* staat zij op de eerste plaats.

Levensloop

Als kind zong Aretha Franklin met haar zussen, Carolyn en Erma, in de baptistenkerk waar haar vader dominee was. Haar eerste plaatopnamen maakte ze toen ze 14 jaar oud era. A porta de entrada John Hammond estava e fechou um contrato com a Columbia Records. Comece a trabalhar com um pai ou uma mãe que morre na rua, e saia pela porta Al Jolson em 1918. Em 1968 o gaf Aretha Franklin deu um concerto de legenda no Concertgebouw em Amsterdã. Het was onderdeel van haar eerste tournee buiten de Verenigde Staten. Zij vertolkte daar onder meer *Satisfaction, Dr. Feelgood* en *A Natural Woman*.

Na haar vertrek bij Columbia Records sloot ze een contract met Atlantic Records. O produtor do Haar era Jerry Wexler, conheceu um paizinho que invadiu a fábrica de r&b-opnamen maakte, zoals *I Never Loved a Man (The Way I Love You)*. De stijl van dit lied tinha veel meer "soul" dan haar eerdere werk. A eind van de jaren zestig kreeg Aretha Franklin de bijnaam "The Queen of Soul", omdat ze zo beroemd was geworden en tevens als een rolmodel voor de Afro-Amerikaanse gemeenschap werd gezien.

Aretha Franklin tinha vitela top 10 hits, waaronder covers van andere beroemdheden, zoals The Beatles (*Eleanor Rigby*), The Band (*The Weight*), Simon & Garfunkel (*Bridge Over Troubled Water*), Sam Cooke en The Drifters. Andere belangrijke hits waren *Chain of Fools, A Natural Woman, Think, Baby I Love You, The House That Jack Built, I say a Little Prayer* en *Respect. Spanish Harlem* stond in de Daverende Dertig één week op de eerste plaats.

Begin jaren tachtig leek het voorbij met haar carrière, totdat ze een cover van de Doobie Brothers-hit *What a Fool Believe* opnam. Vlak daarna foi a maravilha de John Belushi-muziekfilm *The Blues Brothers*. Het duurde daarna nog zeven jaar voordat ze de hitlijsten weer haalde, maar dat deed ze dan ook met de gigantische hit *I Knew You Were Waiting (for Me)*, een duet met George Michael dat een paar weken op nummer 1 in de Top 40 en de Nationale Hitparade stond. O número foi o Simon Climie van Climie/Fisher. Em 1994, o *A Deeper Love* voor de bioscoopkraker *Sister Act*.

Op 3 januari 1987 werd zij de eerste vrouw die een plaats kreeg in de Rock and Roll Hall of Fame. Em 1999, o evento contou com o Amerikaanse kunstonderscheiding, de National Medal of Arts. Op 20 januari 2009 zong Franklin *My Country, 'Tis of Thee* tijdens de inauguratie van Barack Obama als 44ste president van de Verenigde Staten. Em 2010, Franklin door het Amerikaanse muziektijdschrift *Rolling Stone* uitgeroepen tot beste zanger(es) aller tijden. Em 2012, os opgenomen in de Gospel Music Hall of Fame.

Op 17 oktober 2014 kwam haar 38ste studioalbum *Aretha Franklin Canta os Grandes Clássicos da Diva* uit. Dit album bevat liedjes van andere beroemde zangeressen. De eerste uitgekomen single van dit album was een vertolking van Adele's *Rolling in the Deep*. Em fevereiro de 2017, a banda Franklin fundiu-se com o álbum "Pensioen zou gaan", em setembro.

Privé

Franklin é twee keer gehuwd geweest. Ze heeft vier zonen, met drie verschillende vaders.

Gezondheid

Em dezembro de 2010 werd bekend dat de zangeres ziek era. Ze leed aan alvleesklierkanker. In reactie op speculatie in de media verklaarde de zangeres in augustus 2013 de ziekte te hebben overwonnen en zich weer helemaal te willen richten op haar loopbaan. De ziekte keerde echter terug. Op 13 augustus 2018 werd bekend dat ze thuis palliatieve zorg kreeg en dat ze stervende was. Op 16 augustus 2018 overleed Franklin. O tempo era de 76 anos.

Destaques

- No final dos anos 70, o estilo de discoteca de Aretha Franklin se tornou um pouco mais popular.
- Em 1982, com a ajuda do cantor-produtor Luther Vandross, Franklin voltou ao topo com um novo selo, Arista, e um novo sucesso de dança, "Jump to It", seguido por "Freeway of Love" (1985).
- Em 1987 Aretha Franklin se tornou a primeira mulher a ser admitida no Hall da Fama do Rock and Roll. Além disso, ela recebeu uma Honra do Kennedy Center em 1994, uma Medalha Nacional das Artes em 1999 e a Medalha Presidencial da Liberdade em 2005.
- O documentário Amazing Grace, que relata sua gravação do álbum de 1972, estreou em 2018.

6. Margaret Bourke-White (1904-1971)

Fotógrafa americana e primeira mulher autorizada a trabalhar em zonas de combate

"A beleza do passado pertence ao passado".

Margaret Bourke-White (geboren **Margaret White)** (Nova York, 14 de junho de 1904 - Stamford, Connecticut, 27 de agosto de 1971) foi uma amerikaanse fotograaf. A fotografia foi como uma fotografia de identidade da Amerikaanse landmacht e foi também uma fotografia de identidade da Tweede Wereldoorlog da Amerikaanse luchtmacht. Een van haar foto's, *The Living Dead of Buchenwald*, é uma das mais belas fotos de 20 anos.

Leven

Margaret Bourke-White foi dochter van de rooms-katholieke Minnie Bourke en de niet praktiserende Jood Joseph White en groeide op in de Bronx, New York. Bourke-White tinha um oudere zus, Ruth, e um jongere broer Roger. Em haar jeugd era o nog niet gebruikelijk dat meisjes onderwijs aan een hogeschool volgden.

Architectuur- en Industriefotografie

Na afronden van haar studie in 1927 opende Bourke-White haar eerste fotostudio in Cleveland, Ohio en begon haar carrière als architectuur en industrieel fotograaf. A empresa optou pela instalação de instalações industriais para a realização de um novo projeto fotográfico em Cleveland, Ohio e começou a fotografar e a fotografar em uma empresa de economia de rua.

Fotojornalista

Bourke-White kreeg opdrachten van gerenommeerde tijdschriften. De door haar gefotografeerde bruggen en staalfabrieken vormden in 1930 de coverstory van de eerste editie van het tijdschrift *Fortune*, waarvan Bourke-White mederedacteur was. Em 1931, opende ze haar fotostudio in de Chrysler Building, em Nova York.

Em 1930, dez tijde van de industrialisatie, reisde Bourke-White voor het eerst af naar de Sovjet-Unie. A sua alavanca é usada para o gigantesco projeto de bouwprojecten (fabricado e fabricado em centrais elétricas) para a produção de uma grande quantidade de arbeiders. Tijdens de jaren dertig maakte Bourke-White onder andere foto-essays over de IG Farben en de scheepswerven van Hamburg en op de bouwplaats van de Sovjet-industriële stad Magnitogorsk in West-Siberië.

Na *revista Life-Magazine de* novembro de 1936, waarvan Bourke-White een van de oprichters era, a foto de stonden haar sobre a barragem do lago Fort Peck em Verenigde Staten. Naast Walker Evans e W. Eugene Smith é Bourke-White uma van de pioniers van de foto-essays.

Door haar extravagante levensstijl en haar energieke optreden in de media foi Bourke-White een soort rolmodel voor de moderne, geëmancipeerde vrouw.

Em 1937, a editora Bourke-White Samen conheceu a Erskine Caldwell, uma editora que se encontrava em 1937, com um barco sobre os leefomstandigheden van veldwerkers na primeira edição da VS (Dust

Bowl), morreu em períodos de extrema droogte em hun bestaan bedreigd werden. Haar foto *You Haveen Seen Their Faces* wordst beschouwd als een van haar belangrijkste werken. Em 1939, você encontrou Caldwell van wie zij em 1942. Em 1938, surgiu uma nova porta para a Europa e uma porta para a porta de entrada em Tsjecho-Slowakije.

Tweede Wereldoorlog

Em 1941 ging ze voor *Life-Magazine* naar Moskou. Tijdens de Duitse invasie van de Sovjet-Unie era um fotojornalista de origem ocidental no estado em documenteerde ze in het bijzonder de Duitse luchtaanvallen op de hoofdstad van de Sovjet-Unie. O autor é correspondente da Amerikaanse leger, onder meer in Engeland, Noord-Afrika en Italië. Als fotograaf van de Amerikaanse luchtmacht reisde Bourke-White met generaal George S. Patton door Duitsland en was ze aanwezig bij de bevrijding van het concentratiekamp Buchenwald en het werkkkamp Leipzig-Thekla. Haar foto *The Living Dead of Buchenwald* uit 1945 is een van de beroemdste en indrukwekkendste foto's van de 20e eeuw.

Bourke-White heeft veel beroemdheden als Franklin Roosevelt, Joseph Stalin, Winston Churchill of Marlon Brando geportretteerd.

Jarro Naoorlogse

Na najaar van 1945 kreeg Bourke-White van de luchtmacht de opdracht om de vernietiging van de Duitse steden met luchtfoto's te documenteren. Em 1946 fotografeerde zij voor Life een van haar beroemdste beelden: Mahatma Gandhi aan het spinnewiel. Em daaropvolgende jaren documenteerde Margaret Bourke-White de deling van Brits-Indië en later de Koreaanse Oorlog. A porta de entrada Zuid-Afrika dez tijde van de apartheid.

Midden jaren 1950 kreeg Bourke-White de ziekte van Parkinson en moest haar werk steeds verder minderen. Haar autobiografie, die in 1963 verscheen, stond wekenlang op de bestsellerlijst van de New York Times. Bourke-White stierf em 1971 e de gevolgen de ziekte van Parkinson.

Em 1955, Edward Steichen selecionou uma foto de Bourke-White para a revista Bourke-White e inmiddels foi soldado a dizer *A Família do Homem*

Destaques

- Margaret Bourke-White, nome original Margaret White, começou sua carreira em 1927 como fotógrafa industrial e arquitetônica, logo ganhou reputação de originalidade, e em 1929 o editor Henry Luce a contratou para sua nova revista Fortune.
- Após a Segunda Guerra Mundial, Bourke-White viajou para a Índia para fotografar Mohandas Gandhi e registrar a migração em massa causada pela divisão do subcontinente indiano em Índia hindu e Paquistão muçulmano.
- Durante a Guerra da Coréia, ela trabalhou como correspondente de guerra e viajou com as tropas sul-coreanas.
- Atingida pela doença de Parkinson em 1952, Bourke-White continuou a fotografar e escrever e publicou vários livros sobre sua obra, assim como sua autobiografia, Portrait of Myself (1963).

7. Dorothea Lange (1895-1965)
Fotógrafo documental americano

"A câmera é um instrumento que ensina as pessoas a ver sem uma câmera".

Dorothea Lange (Hoboken (Nova Jersey), 26 mei 1895 - 11 oktober 1965) foi uma fotografia amerikaanse die vooral bekend is geworden door haar documentaire werk in opdracht van de Farm Security Administration omtrent de gevolgen van de Grote Depressie.

Biografie

Lange werd geboren als Dorothea Nutzhorn in Hoboken, New Jersey. Op 7-jarige leeftijd kreeg ze polio, een ziekte waar op dat moment geen behandeling voor bestond. O país tem um misterioso retorno. O objetivo do projeto de pesquisa e desenvolvimento foi, em primeiro lugar, a criação de uma rede de pesquisa e desenvolvimento para a pesquisa e desenvolvimento de novos métodos de pesquisa. Na enkele jaren als assistent voor diverse fotografen gewerkt te hebben, opende ze in 1918 in San Francisco een portretstudio, die een succes werd. Em 1920, conheci o Maynard Dixon, conheci o twee zoons kreeg. A partir de 1935, começou um projeto de criação de uma nova empresa como fotografia para a Amerikaanse Overheidsorgaan Resettlement Administration, mais tarde geheten Farm Security Administration. Haar opdracht foi a vasta rede de escritórios da Presidência da América do Norte na planície. Een vorm van sociale fotografie. Hierbij werkte ze veel samen met de econoom Paul Schuster Taylor, met wie ze in 1935 huwde, na een scheiding van Dixon.

De door Lange en haar collega's voor de FSA gemaakte foto's werden gratis ter beschikking gesteld van Amerikaanse kranten en tijdschriften.

Haar meest bekende foto is getiteld *Migrant Mother* uit 1936, waarop Florence Owens Thompson is afgebebeeld met drie van haar kinderen. De identiteit van mevrouw Thompson bleef echter onbekend tot 1978.

In de Tweede Wereldoorlog richtte Lange zich, in opdracht van de War Relocation Authority, op het vastleggen van de omstandigheden waaronder Japanse Amerikanen na de aanval op Pearl Harbor werden geïnterneerd. Na de Tweede Wereldoorlog doceerde ze fotografie aan de San Francisco Art Institute. Uma canavana de canaviais e diversos países, em 1965, foi fundada em 1965 pelo Slokdarmkanker.

Destaques

- Dorothea Lange estudou fotografia na Universidade de Columbia, em Nova York, sob a orientação de Clarence H. White, membro do grupo Photo-Secession.
- Em 1918, Lange decidiu viajar pelo mundo, ganhando dinheiro com a venda de suas fotografias. Seu dinheiro acabou quando ela chegou a São Francisco, então ela se estabeleceu lá e conseguiu um emprego em um estúdio de fotografia.
- Durante a Grande Depressão, Lange começou a fotografar os homens desempregados que perambulavam pelas ruas de São Francisco.
- A primeira exposição de Lange foi realizada em 1934, e depois disso sua reputação como fotógrafa documental habilidosa foi firmemente estabelecida.

8. Leni Riefenstahl (1902-2003)

diretora de cinema, atriz, produtora e fotógrafa alemã

"Fiquei fascinado com os efeitos que poderiam ser alcançados com a edição". A sala de corte tornou-se uma oficina mágica para mim".

Berta Helene Amalie (Leni) Riefenstahl (Berlijn, 22 de agosto de 1902 - Pöcking, 8 de setembro de 2003) foi uma Duits cineaste en fotografe. Zij begon haar carrière als danseres en actrice, maar werd vooral bekend als filmregisseur.

A Leni Riefenstahl foi escolhida em Wedding, em Berlijn destijds als 'misdadigers- en arbeiderskolonie' bekend staand stadsdeel, als dochter van een loodgieter. Em Haar jeugd werd zij door hem kort gehouden. A maioria das pessoas que se encontram em uma das maiores cidades do mundo. O trabalho é feito em casa e é feito por *Körperkultur*, sport and dweepzucht met de natuur. De verheerlijking van het menselijk lichaam

126

komt vooral tot uiting in haar films *Der heilige Berg* en *Die weiße Hölle am Piz Palü*.

Filmregisseur

Riefenstahls films staan vooral bekend om hun filmtechnische (cameratechnische) innovaties, zoals die over de Neurenbergse partijdagen (*Der Sieg des Glaubens* uit 1933 en *Triumph des Willens* en *Tag der Freiheit - Unsere Wehrmacht* uit 1935). Ze zijn gemaakt in opdracht van de minister van propaganda Joseph Goebbels en dragen de nazi-ideologie uit.

Ook het verslag van Olympische Spelen in Berlijn (*Olympia* uit 1936) heeft technische innovaties zoals het voortbewegen van de camera op statief op een wagentje op rails langs de binnenkant van de renbaan. O filme foi filmado no Comitê Olímpico Internacional.

Een andere vernieuwende techniek: de Olympische duikers werden gefilmd zonder vaste objecten (zoals de duikplank) in beeld. De acordo com o que foi dito, não há nada que não seja uma cameragebruik, ou seja, um complemento e mais, um objeto de soldagem. Olympia é uma porta de segurança de perfeição técnica: uma câmera de navegação, uma câmera de montagem, uma câmera de câmera em câmera lenta e uma câmera de fotografia em câmera lenta. De acordo com a combinação de uma máquina de soldagem em movimento lento na tweede deel wordt de esthetiek van de sportende mens benadrukt, onder andere in de sequens van het schoonspringen voor heren.

Triumph des Willens

De film *Triumph des Willens* uit 1935, over een NSDAP-partijdag in het voorgaande jaar, is geen pure documentaire omdat de cineaste achteraf gespeelde scènes monteert tussen echte beelden van de partijdag om deze gerichte boodschap over te brengen: dat heel Duitsland al in 1934 bereid was Hitler te volgen in zijn avontuur met daarbij de gescandeerde woorden: "Hier stehen wir, wir sind bereit, wir tragen Deutschland in die neue Zeit". Deutschland!" Met als afsluiting": "Ein Volk!, ein Reich!, ein Führer!" waarbij achtereenvolgens een adelaar, het hakenkruis en Hitler in beeld komen. É um grão de areia acadêmico que quer um groot deel van de bevolking bestond aanvankelijk veel twijfel over de nieuwe machthebbers. De populariteit van de NSDAP en de SA bereikte kort voor de Nacht van de Lange Messen in 1934 een dieptepunt (zie Willem Melching en Marcel Stuivenga in *Ooggetuigen van het Derde Rijk*).

De openingssequens, waarin de schaduw van het vliegtuig waarmee Hitler zal landen minutenlang getoond wordt, is een ware vondst. Boodschap: de "Redder des Vaderlands" komt als geroepen uit de hemel gezonden. Ook de bedachte decoupage van de verschillende kort op elkaar volgende shots in Speers stadion, waarbij de "Duitse Jeugd" reikhalzend uitkijkt naar de komst van de Führer, is veelzeggend.

Deze film wered verplicht vertoond in alle Duitse scholen in de jaren dertig. Hitler en Goebbels waren zich, met andere woorden, sterk bewust van de "Macht der Beelden".

Olympia

De film *Olympia* uit 1938, over de Berlijnse Olympische Spelen van 1936, bestaat uit twee delen:

1. Fest der Völker
2. Fest der Schönheit

De artistieke kwaliteiten van deze films zijn niet omstreden; wel werden enkele gedeelten *achteraf* negatief besproken omdat ze als nazipropaganda gebruikt konden worden. A partir do momento em que o filme for filmado, o usuário pode ter acesso ao conteúdo do filme e, se necessário, pode ser encontrado no Führer. Zelf heeft ze steeds volgehouden de ware aard van het regime niet te hebben beseft toen ze de documentaires maakte en uitsluitend esthetische doeleinden te hebben nagestreefd. Dez anos depois, a *Olympia* deixou a opgemerkt dat ze zelfs enigszins in conflict met het regime raakte doordat ze nadrukkelijk beelden van de overwinning van zwarte sporters toonde.

Opgemerkt is dat de sportwereld van Riefenstahl van een verstilde, ijselijke schoonheid is. Bij haar kennen sporters geen emoties, geen geluk of teleurstelling, geen vermoeidheid. Zij zijn hun lichamen waarop de cineaste verliefd is. De machtige handen van een basketballer; de gespierde dij van een poedelnaakte speerwerper, de gewelfde armen van een turnster die op de balk een spagaat maakt zonder dat daarbij ook maar één gewatergolfd haarlokje in de war komt. É um trabalho de toevoeging aan de cinematografie.

Kritiek Latere

Riefenstahls films kregen na de Tweede Wereldoorlog een stigma: controversieel omdat de documentaires in opdracht van de nazi's waren gemaakt en zij, zoals architect Albert Speer, haar talent ten dienste stelde van de verheerlijking van Hitler en diens regime (1933-1945). Um processo que se baseia em uma pesquisa sobre o regime de saúde e o nazi-beleid e o regime de saúde e educação, que é a etiqueta da *Mitläuferin* opgeplakt. O bleef tot het einde van haar dagen alle verantwoordelijkheid afwijzen en toonde geen berouw. O filme *"Tiefland"* *foi* um dos mais importantes filmes de terror do mundo. Zij era um monstro de figuras de personagens de um filme de terror. Ook nadat later bleek dat het merendeel van deze "acteurs" was omgekomen in het concentratiekamp Dachau, bleef zij ontkennen.

Na maioria dos casos, o banco de dados financiou mais do que um projeto de filmagem e desenvolveu um boterham como fotografia.

Mais tarde, a porta de porta de George Rodger, de Noeba's em Soedan, morreu na praça de gevoelige vastlegde (conheceu uma eerste publicatie em 1974). Tijdschriften als *Life* en *National Geographic* toonden interesse voor haar camerawerk. O texto foi escrito por Susan Sontag een genadeloze kritiek in haar essay toen zij het zij het had over het *fascinerende fascisme* van Riefenstahls nieuwe werk. A mensagem é sobre a porta de entrada do Afrikanen Riefenstahl e o toenmalig heersende schoonheidsideaal van de nazi's; a mensagem é sobre a porta de entrada do Nubische *Körperkultur* met die van Hitlers *Arische ras*. Volgens Sontag foi de visie van Riefenstahl sindsdien niet veranderd.

Hernieuwde belangstelling

In de jaren 70 van de vorige eeuw ontstond in de Verenigde Staten hernieuwde belangstelling voor Riefenstahl onder popsterren en Amerikaanse feministen. Zo liet Mick Jagger zich graag door haar fotograferen.

Destaques

- Leni Riefenstahl estudou pintura e balé em Berlim, e de 1923 a 1926 ela apareceu em programas de dança em toda a Europa.

- Riefenstahl iniciou sua carreira cinematográfica como atriz em "filmes de montanha" - um tipo de filme alemão no qual a natureza, especialmente a paisagem de montanha, desempenha um papel importante - e acabou se tornando diretora no gênero.
- Em 1931 ela formou uma empresa, Leni Riefenstahl-Produktion, e no ano seguinte escreveu, dirigiu, produziu e estrelou em Das blaue Licht (1932; The Blue Light).
- Os filmes de Riefenstahl foram aclamados por suas ricas partituras musicais, pela beleza cinematográfica das cenas do amanhecer, das montanhas e da vida rural alemã, e pela montagem brilhante.
- Grande parte da vida posterior de Riefenstahl foi dedicada à fotografia, e Korallengärten (1978; Coral Gardens) e Wunder unter Wasser (1990; Wonders Under Water) são coleções de suas fotografias submarinas; um documentário sobre a vida marinha, Impressionen unter Wasser (Impressions Under Water), foi lançado em 2002.

9. Käthe Kollwitz (1867-1945)

Artista alemã conhecida por seus desenhos e gravuras

"Se cada um reconhece e cumpre seu ciclo de obrigações, surge a genuinidade".

Käthe Kollwitz (Koningsbergen, 8 juli 1867 - Moritzburg, 22 abr 1945), geboren als Käthe Schmidt, foi um Duitse grafisch kunstenares en beeldhouwster.

Levensloop

Käthe was beeldhouwster en tekenares voor het weekblad *Simplicissimus* en was gehuwd met de sociaaldemocratische arts Karl Kollwitz die overleed op 19 juli 1940. Ze era moeder van twee zonen, Hans Kollwitz en Peter Kollwitz.

Reeds vroeg openbaarde zich Käthes tekentalent en het eerste onderricht in die richting kreeg zij op veertienjarige leeftijd, in haar geboortestad, van de kopergraveur Rudolf Mauer.

Na haar opleiding bij Mauer ging ze voor een jaar naar Berlijn (1884-1885) om er lessen te volgen in de school van Karl Stauffer-Bern.Terug in Koningsbergen zette Käthe haar studies voort onder leiding van Emil Neide.

Em haar studentenperiode ontwikkelde Kollwitz een grote belangstelling voor de sociaaldemocratie, de vrouwenbeweging en het nieuwe naturalisme in de literatuur. Deze belangstelling zou een stevige stempel drukken op haar verdere carrière, die in 1889 begon toen zij zich toelegde op het maken van etsen.

Na haar huwelijk in 1891 vestigde zij zich zich met haar man, de fondsarts Karl Kollwitz, in een arbeidersbuurt te Berlijn, waar Karl zijn medische praktijk had om armen te verzorgen. Gegrepen door de sociale noden en de verbondenheid tussen moeder en kind, maakte zij deze tot onderwerp van haar prenten. O que é mais importante e mais importante do que o melhor para a obtenção de um acordo de cooperação entre os países.

Em 1899, o comércio de Berliner Sezession, uma separatistische waarbij de kunstenaars afstand wilden nemen van doelstellingen van een bestaande vereniging en nieuwe idealen wilden nastreven of een nieuw publiek wilden bereiken. Mais tarde, os parabéns por terem sido enviados a um opleiding in de beeldhouwkunst volgde.

Tot tweemaal toe era ze em Parijs, waar ze (em 1904) haar eerste opleiding in de beeldhouwkunst genoot.

Em 1907, em 1907, a behaalde zij de Villa Romana-prijs, waaraan een jaarverblijf verbonden was in de gelijknamige villa in Florence.

In de oorlogsjaren 1914-1918 begon ze te beeldhouwen. Op 23 oktober 1914 stierf haar 17-jarige zoon Peter Kollwitz, die musketier in het Duitse leger was, bij een aanval op Diksmuide in Vlaanderen. Em abril de 1915, o presidente da Käthe aan de uitwerking van de eerste plannen voor een gedenksteen voor het graf van haar zoon Peter en na 1919 beeldde zij vooral de oorlogsellende uit, zoals in affiches en in de houtsnedenserie "Der Krieg". O objetivo do zoológico é a exploração de um grande número de animais em uma região de grande porte e um grande número de abrigos nativas, com uma grande variedade de animais.

Em 1929, a "Pour le Mérite für Wissenschaften und Künste" Käthe Kollwitz, assim como a "eerste vrouw", tot lid van hun exclusieve orde.Kollwitz era onderdeel van het wetenschappelijke onderzoek naar hoogbegaafdheid en psychiatrische problematiek, uitgevoerd door Adele Juda

Op 23 juli 1931 werden de stenen beelden van 'Het treurende ouderpaar' geplaatst op *Het Roggeveld* tussen Zarren en Esen, nabij Diksmuide.

Em 1956, Peter, Samen conheceu 1538 kameraden, overgebracht naar het "Deutscher Soldatenfriedhof Vladslo", nabij het Praetbos in Vladslo. Op deze Duitse militaire begraafplaats kregen meer dan 25.000 gesneuvelden uit de Eerste Wereldoorlog hun laatste rustplaats. Op hetzelfde moment verhuisde ook het beeldhouwwerk om daar, zoals voorheen te Esen, bij zijn graf te worden opgesteld.Kollwitz geeft hierin gestalte aan het grenzeloos verdriet dat de oorlog haar berokkende. Este é um dubbelbeeld van een treurend ouderpaar. De vader, Peters eigen vader, blikt neer op de duizenden graven, waaronder dat van zijn zoon. De moeder, Käthe Kollwitz zelf, knielt voorovergebogen. De kunstenares wilde in dit werk niet alleen de moeder van Peter zijn, maar van allen die met hem aan het IJzerfront de dood vonden.

De begraafplaats wordt door Willem Vermandere bezongen in zijn lied "Vladslo".

Op 22 abr 1945 stierf Käthe Kollwitz em Moritzburg op 77-jarige leeftijd.

Stijl

Kollwitz maakte talrijke tekeningen, etsen, lithografieën en houtsneden en, in het begin van haar loopbaan, ook enkele genrestukken in olieverf. Pas omstreeks haar vijfenveertigste begon zij te beeldhouwen.

Na de vroege familie- en zelfportretten die onder realistische invloed stonden, formuleerde ze haar eerste getuigenissen. Deze bestonden uit gedetailleerde etsen, in historische cyclussen (bijvoorbeeld 'De opstand der Wevers' en 'De Boerenoorlog'). Onder de indruk van het werk van de Noorse kunstschilder Edvard Munch gaf ze haar aanklachten vorm in stille, uitdrukkingsloze figuren. Mais tarde, o realismo em uma expressão própria.

Werk

Em 1933, werd haar werk 'entartet' (ontaard) verklaard en werd zij door de nationaalsocialisten verdreven van de Berlijnse academie, waar zij sinds 1928 hoogleraar van de grafische afdeling era. Ook uit de orde Pour le Mérite werd zij verwijderd. Em 1936, a exposição foi um sucesso e, em 1936, a exposição foi deixada em todos os lugares e em todos os lugares. Em finais de 1936, foi criado um espaço de exposição e uma placa central.

Destaques

- Käthe Kollwitz, nome original Käthe Schmidt, cresceu em uma família liberal de classe média e estudou pintura em Berlim (1884-1885) e Munique (1888-1889).
- Impressionada pelas gravuras da colega artista Max Klinger, Käthe se dedicou principalmente à arte gráfica depois de 1890, produzindo gravuras, litografias, xilogravuras e desenhos.
- A morte de seu filho mais novo em batalha em 1914 a afetou profundamente, e ela expressou seu pesar em outro ciclo de gravuras que tratam os temas de uma mãe protegendo seus filhos e de uma mãe com um filho morto.
- De 1924 a 1932, Kollwitz também trabalhou em um monumento de granito para seu filho, que retratava seu marido e a si mesma como pais enlutados. Em 1932 foi erguido como monumento em um cemitério perto de Ypres, Bélgica.
- A última grande série de litografias de Kollwitz, a Morte (1934-1936), trata esse tema trágico com formas austeras e monumentais que transmitem uma sensação de drama.

10. Doris Lessing (1919 - 2013)

Escritor britânico e ganhador do Prêmio Nobel

"O que eu tinha que os outros não tinham era a capacidade de se agarrar a ele".

Doris Lessing, meisjesnaam: **Doris May Tayler** (Kermanshah (Perzië), 22 oktober 1919 - Londen, 17 novembro de 2013), foi uma schrijfster inglesa, em 2007 onderscheiden met de Nobelprijs voor Literatuur. A partir do momento em que o governo britânico se tornou uma política de "beija-flor" e de "menselijke problemen", o maar é um autobiografismo e uma política de "beija-flor" para o Afrikaanse Jeugdervaringen.

Biografie

Doris Lessing foi a primeira a ser oficializada e a primeira a ser oficializada. Em 1924, Doris Lessing venceu em Rhodesië (no Zimbábue), em 1949. A escola foi a mais atrasada e a escola de Verão ganhou para as crianças que a venceram.

Em 1937 verhuisde Lessing naar Salisbury, waar ze telefoonoperator werd; ze trouwde daar met haar eerste man, Frank Wisdom. Os dois tipos de pessoas se encontraram em 1943 com um esquema de hemorragia de van.

No "clube do livro comunista", Gottfried Lessing, conheceu o homem do livro e uma espécie de "kreeg". Em 1949, o grupo de trabalho se reuniu em um esquema.

Lessing verhuisde em 1949 conheceu haar jongste zoon naar Londen, waar haar eerste roman, *Het zingende gras*, werd gepubliceerd. Ze brak, em 1962, conheceu *Het Gouden Boek*.

Lessings fictieliteratuur wordt meestal in drie fasen ingedeeld. De communistische betrokkenheid (1944-1956 en later in *The Good Terrorist*), toen ze radicale teksten over sociale problemen schreef, de psychologische thematiek (1956-1969) en daarna de soefithematiek (Canopusserie).

O júri do Nobelprijs voor Literatuur 2007 se reuniu com Doris Lessing naar eigen zeggen hulde aan "die heldendichteres van de vrouwelijke ervaring, die met scepsis, vuur en visionaire kracht een verdeelde beschaving onder de microscoop heeft gelegd". Wegens rugklachten kon de auteur op 10 december 2007 de prijs niet zelf in Stockholm in ontvangst nemen. De onderscheiding werd haar em Londen aangeboden.

Feminisme

Doris Lessing foi beschouwd als een prominent feministe - vooral naar aanleiding van haar hoofdwerk *Het gouden boek*. Ajude-nos a encontrar uma escória de braço:

Wat de feministen van mij willen is iets dat zij niet hebben onderzocht, want het is religieus. Zij willen dat ik getuigenis afleg. Wat ze mij het liefste zouden willen horen zeggen is: 'Ha, mijn zusters, ik sta zij aan zij met jullie in je strijd richting de gouden dagenraad waar al die beestachtige kerels er niet meer zullen zijn'. Será que os homens vão se esforçar mais para simplificar o processo de trabalho do que os homens? Jazeker, dat willen ze. Ik betreur het ten zeerste, dat ik tot deze slotsom moest komen.

Destaques

- Em seus primeiros anos de vida adulta, Doris Lessing era uma comunista ativa.
- Em 1994, Lessing publicou o primeiro volume de uma autobiografia, Under My Skin; um segundo volume, Walking in the Shade, apareceu em 1997.
- Seu primeiro livro publicado, The Grass Is Singing (1950), é sobre um fazendeiro branco e sua esposa e seu criado africano na Rodésia.
- Entre suas obras mais substanciais está a série Children of Violence (1952-1969), uma seqüência de cinco novelas que se concentra em Martha Quest, que cresce no sul da África e se estabelece na Inglaterra.
- Doris Lessing foi agraciada com o Prêmio Nobel de Literatura em 2007.

11. J. K. Rowling (nascido em 1965)

Autor britânico que criou a série The Harry Potter

"Você começa a pensar que tudo é possível se você tiver coragem suficiente".

Joanne (Jo) Rowling (Yate bij Bristol, 31 de julho de 1965) é uma inglesa. Ze is het bekendst als de schepper van de *Harry Potter-fantasyserie*. O *Harry Potter-boeken* foi um exemplo de como se fosse um veleiro e ganhou prêmios, e é um exemplo de 500 milhões de exemplares. De boeken vormden de base voor de *Harry Potter-filmserie*, waarbij Rowling in twee van de acht delen als producer optrad. Rowlings ouders heten Peter Rowling en Anne Volant Rowling.

Rowling schreef vooral onder de naam **J.K. Rowling**, waarin de 'K' staat voor de naam van haar oma Kathleen. Em werkelijkheid eleeft Rowling geen tweede naam. De 'K' heeft ze toegevoegd toen de uitgever van de *Harry Potter-boeken* stelde dat jongens geen boeken zouden lezen die geschreven zijn door een vrouw. As portas são iniciadas por um grupo de pessoas que se encontram em um local seguro. A Enkel de 'J' vond ze te weinig, dus werd er een initiaal bij bedacht.

Een deel van haar latere boeken braeken ze uit onder het pseudoniem **Robert Galbraith.**

Biografie

Em 1986 studeerde Rowling af aan de Universiteit van Exeter in Frans en Klassieke Cultuur, waarna ze diverse kantoorbanen aannam. Em 1991, a pesquisa em Portugal sobre o Brasil e os países em desenvolvimento foi realizada. Daar ontmoette ze de tv-journalist Jorge Arantes, met wie ze trouwde. Em 1993, foi a vez da Jessica Geboren. Het huwelijk strandde en Rowling ging in Edinburgh wonen met haar dochter. Daar schreef ze twee boeken voor volwassenenen, maar die vond ze beide niet goed genoeg om naar een uitgever te sturen.

Rowling en haar tweede man, Neil Murray, kregen in 2003 een zoontje. Duas semanas mais tarde, em 2005, fez um documentário.

Rowling werd in 2010 de 'Most Influential Woman in Britain' genoemd door redacties van vooraanstaande magazines. O grupo de alto nível de crianças foi um opvallende filantroop en hielp mee met onder andere de oprichting van de Children's High Level Group. Ook in organisaties als Comic Relief, One Parent Families en de Multiple Sclerosis Society of Great Britain stak zeel geld. Os remoinhos vermogêneos eram em 2011 porta *Forbes* geschat op 1 miljard dollar; een jaar later schatte het tijdschrift haar vermogen echter op 160 miljoen dollar, het verschil zou komen door de belasting die wordt geheven over hoge inkomens in Groot-Brittannië en haar donaties. Em 2016 werd haar vermogen geschat op 584 miljoen pond.

Em 2011, foi lançado um filme sobre o leven van Rowling, getiteld *Magic Beyond Words: A história de J.K. Rowling.*

Op 12 december 2017 werd Rowling benoemd tot lid van de Orde van de eregezellen. Zij ontving de bijbehorende versierselen uit de handen van de prins William.

139

Harry Potter

Em 1990, o Rowling Rowling foi um dos maiores treinamentos de treinamento do Manchester na Alemanha, com o Harry Potter. Em 1990, o veleiro de volta foi o primeiro a ser usado para uma série de eventos. Het eerste deel werd door twaalf uitgevers teruggestuurd, waardoor het pas in 1997 werd gepubliceerd door de uitgeverij Bloomsbury Publishing. Haar literair agent, Christopher Little, verkocht het boek later aan de Amerikaanse uitgeverij Scholastic, wat Rowling een slordige 105.000 dollar (ongeveer 77.000 euro) opleverde.

Na een aarzelende start belandden de boeken, waarvan er toen al drie waren verschenen, in 1999 op de eerste drie plaatsen van de boekentoptien, zowel in de Verenigde Staten als in het Verenigd Koninkrijk. De laatste vier boeken in de reeks werden de snelst verkopende boeken in de geschiedenis. Wereldwijd zijn er al meer dan 500 miljoen exemplaren verkocht.

Na verschijnen van het zevende *Potter-boek, Harry Potter en de Relieken van de Dood*, besloot Rowling dat het welletjes was geweest en dat ze een lange rustpauze zou nemen. Em 2008, o *Harry Potter-sprookjesboek De Vertelsels van Baker de Bard. A equipe de ventiladores do Harry Potter-encyclopedie*, conheceu um bom editor de informações sobre o assunto. Em 2012, a enciclopédia foi enciclopédica e se tornou um sucesso.

Em 2010, o gaf ze in een gesprek met Oprah Winfrey aan dat ze nog genoeg ideeën in haar hoofd had voor een achtste boek van Harry Potter. A palavra-chave é a palavra-chave do *Harry Potter e a* palavra-chave *do Vervloekte Kindelijk*. Para um projeto mais abrangente, o site foi criado por Pottermore. Via deze website werd mend doorverwezen naar een YouTube-kanaal waar werd afgeteld tot 23 juni 2011 13.00 uur. Op dit tijdstip maakte de auteur bekend wat het nieuwe project inhoudt. O agente de auditoria da empresa não tem um novo *Harry Potter-boek* zal gaan, mas um onlinecomputerspel, dat voor iedereen toegankelijk werd in 2012.

Op 12 september 2013 maakte Rowling bekend dat ze een spin-off-filmserie zal maken gebaseerd op de wereld van Harry Potter. De hoofdpersoon zal Newt Scamander zijn, de auteur van *Fabeldieren en Waar Ze Te Vinden*. De film zal *Fantastic Beasts and Where to Find Them* gaan heten. Er is ook al een tweede film In april 2015 werd bekendgemaakt dat acteur Eddie Redmayne de hoofdrol in de film zou gaan spelen.

Op 30 juli 2016 ging in het Palace Theatre op West End het toneelstuk *Harry Potter en het Vervloekte Kind* in première. O roteiro do toneelstuk foi baseado em um filme de *Harry Potter-verhaal* van J.K. Rowling e speelt zich negentien jaar na zevende boek af.

Robert Galbraith

Nadat Rowling in 2012 haar eerste boek voor volwassenen, *The Casual Vacancy* (*Een goede raad*), onder haar eigen naam uitbracht, besloot ze (onder de schuilnaam Robert Galbraith) een detective te bedenken in de traditie, zoals ze zelf aangeeft, van Agatha Christie, Ruth Rendell, Margery Allingham en P.D. James, met in de hoofdrol Cormoran Strike. De verhalen kenmerken zich dan ook als puzzeldetectives, waarbij de lezer pas na stapsgewijs gevonden aanwijzingen en via omwegen te weten komt wie de dader is. Em 2013 verscheen de detective, *The Cuckoo's Calling* (*Koekoeksjong*). Dit boek bleek het begin van een nieuwe serie. Rowling foi uma série de dez anos de pseudônimos que foram usados para a criação de uma nova série, e também para começar a trabalhar com os seus colegas. Nadat foi achterhaald dat Rowling achter de naam Galbraith schuilging, steeg de verkoop overigens explosief. De schuilnaam é uma combinação de voar de um barco de Robert F. Kennedy e de achternaam die zij voor zichzelf als klein meisje had bedacht (Ella Galbraith).

De hoofdpersoon uit de serie, Cormoran Strike, is een oud-militair die met een geamputeerd is teruggekeerd uit Afghanistan en een detectivebureau is begonnen. Strike é de zoon van een beroemde popster, maar heeft zijn vader slechts twee maal ontmoet. O remo e os dados são enviados para a área de mogelijkheid com um objetivo sobre a luta contra o beroemdheid.

O meu detetivebureau deixou o niet al te veel succes totdat hij in *Koekoeksjong* een ingewikkelde moord oplost, die zich afspeelt in de upper-class-wereld in Londen. Se você encontrar Robin Ellacott em Samenwerking, ou seja, se for secreto, ele deixou os homens, ou seja, se você tiver uma hulpspeurder.

Em *Zijderups* wordt opnieuw een raadselachtige verdwijning en moord opgelost, deze keer in de uitgeverswereld. Verder verdiept de relatie

141

tussen Strike en Robin, wat weer leidt tot problemen tussen Robin en haar verloofde.

Het derde deel in de reeks, *Career of Evil*, está em 2015 verschenen. Robin Ellacott não tem um pacote de um koerier em um dos mais importantes lugares do mundo, a Cormoran Strike. Todos os dados sobre o pacote de uma viagem podem ser usados para greve de pessoas ou para aferir o desempenho de um homem.

Destaques

- Após graduar-se na Universidade de Exeter em 1986, Rowling começou a trabalhar para a Anistia Internacional em Londres, onde começou a escrever as aventuras de Harry Potter.
- O primeiro livro da série Harry Potter, Harry Potter and the Philosopher's Stone (1997; também publicado como Harry Potter and the Sorcerer's Stone), foi lançado sob o nome de J.K. Rowling.
- Uma versão em livro do roteiro, que foi anunciada como a oitava história da série Harry Potter, foi publicada em 2016.
- Em maio de 2020, durante a pandemia da COVID-19, Rowling começou a publicar em série um novo livro infantil, O Ickabog, gratuitamente online; foi então publicado em novembro.

12. Margaret Atwood (nascida em 1939)

Escritor canadense

"Uma voz é um dom humano; deve ser acarinhada e usada, para proferir um discurso totalmente humano, tanto quanto possível. A impotência e o silêncio caminham juntos".

Margaret Eleanor Atwood OC (Ottawa, 18 de novembro de 1939) é uma das belangrijkste hedendaagse schrijvers do Canadá. Ze is dichteres, romanschrijfster, literair criticus, feministe en politiek activiste. O direito nacional e internacional é também internacional.

Leven

Margaret Atwood é geboren em Ottawa em Ontário, e é tweede van drie kinderen van Carl Atwood, een entomoloog, e Margaret Killiam, een diëtiste. Omdat haar vader veel onderzoek deed in de uitgestrekte bossen van Canada spendeerde ze veel van haar jonge jaren in afgelegen gebieden van Noord-Ontario, en pendelde heen en weer tussen Ottawa, Sault St. Marie en Toronto, en zat zo op veel verschillende scholen. O que é um entusiasta do lezer, e começa com o 16º ano de escolaridade.

Vanaf 1957 studeerde ze aan de Victoria Universiteit in Toronto, en behaalde haar Bachelor of Arts-graad in Engels, met als bijvakken filosofie en Frans. Em 1961 e no Radcliffe College te Harvard, conheceu um Woodrow Wilson-beurs nadat ze de E.J. Pratt-prijs tinha gewonnen voor haar poëziebundel met de titel *Double Persephone*. O haalde haar mastersgraad em 1962 e estudou em Harvard. A gaf daarna les aan verschillende universiteiten.

Jim Polk, um homem de esquema de trabalho, encontrou Graeme Gibson, encontrou Alliston e encontrou com ele, em 1976, um banco de sementes. Tegenwoordig não tinha Margaret Atwood, em Toronto, e op Pelee Island te Ontario.

Werk

Margaret Atwood heeft boeken geschreven met veel verschillende thema's en in verschillende genres en tradities. A palavra vaak beschreven als een feministisch schrijver, en seksevraagstukken komen prominent voor in haar werk. A pesquisa se concentrou na identificação do Canadá, das relações com o Canadá e de Verenigde Staten en Europa, dos homens, dos meios de comunicação, das vozes dos povos indígenas e das relações entre os povos indígenas e as mulheres.

Haar bekendste kritische werk is de gids *Survival: A Thematic Guide to Canadian Literature* (1972), waarvan wordt gezegd dat die een hernieuwde interest in Canadese literatuur teweeg zou hebben gebracht.

Atwood foi vice-presidente do Sindicato dos Escritores do Canadá e, de 1984 a 1986, da PEN International, um grupo de pressão internacional que também atua na política de governança corporativa. Em abril de 2006 foi realizado o Festival de Vozes Mundiais da PEN em Nova Iorque, a porta do salmão Rushdie, para o receptor da PEN America. Onder de genodigden waren behalve Atwood ook David Grossman, Toni Morrison, Jeanette Winterson, Anne Provoost en Orhan Pamuk.

Ze werd gekozen als Senior Fellow van Massey College aan de Universiteit van Toronto, en ze heeft vele eredoctoraten (o.a. van Oxford University, Cambridge University en de Sorbonne). Em 2001, o Canadá foi palco da Caminhada da Fama.

Em 2017 werden de Vredesprijs van de Duitse Boekhandel en de Tsjechische Frans Kafkaprijs aan haar toegekend.

Politiek

Atwood heeft zich verschillende keren uitgesproken voor feminisme en milieupolitiek. O melhor para um tegenstander é o Conservador de Canadese, que também é um *Conservador Vermelho*. A cultura dos boycots é a cultura de Israël.

Em 2018 beweerde Atwood dat de verantwoordelijken voor de aanslagen op 11 september 2001 geïnspireerd waren door Star Wars.

Destaques

- Nas primeiras coleções de poesia de Margaret Atwood, Double Persephone (1961), The Circle Game (1964, revisado em 1966), e The Animals in That Country (1968), Atwood pondera o comportamento humano, celebra o mundo natural, e condena o materialismo.
- Em 2019 The Testaments, uma seqüência de The Handmaid's Tale, foi publicada para aclamação da crítica e foi uma covarde (com Bernardine Evaristo's Girl, Woman, Other) do Booker Prize.
- Sua não-ficção inclui Negociar com os Mortos: Um Escritor sobre Escrita (2002), que surgiu de uma série de palestras que ela deu na Universidade de Cambridge; Payback (2008; filme 2012), um ensaio apaixonado que trata a dívida - tanto pessoal quanto governamental - como uma questão cultural e não como uma questão política ou econômica; e Em Outros Mundos: SF e a Imaginação Humana (2011), no qual ela iluminou sua relação com a ficção científica.
- Ela ganhou o prêmio PEN Pinter em 2016 pelo espírito de ativismo político que arremessou sua vida e suas obras.

13. Agatha Christie (1890-1976)
romancista e dramaturgo detetive inglês

*"O impossível não poderia ter acontecido, portanto o
impossível deve ser possível apesar das aparências".*

Dame Agatha Mary Clarissa Miller (Torquay, 15 de setembro de 1890 -
Wallingford, 12 de janeiro de 1976) foi uma inglesa, die uitgroeide tot een
van de meest succesvolle auteurs aller tijden. Haar era um dos mais bem
sucedidos autores do mundo, em dez minste 108 talen vertaald, waarvan
er wereldwijd ruim 3 miljard zijn verkocht.

Agatha Christies oeuvre omvat 66 detectiveromans, 20 toneelstukken, 4
non-fictiewerken, 6 romans onder het pseudoniem Mary Westmacott en
ongeveer 150 korte verhalen. Er zijn bijna 200 verfilmingen van en over

Christies werk en over het leven van de auteur op het witte doek en de beeldbuis verschenen.

Ze é geestelijk moeder van onder meer Hercule Poirot, Miss Marple, Tommy en Tuppence en Mr. Harley Quin.

Levensloop

Agatha Mary Clarissa Miller wordt op 15 september 1890 geboren in Torquay, een statige kustplaats in Devon (Zuidwest-Engeland). A cidade é de tweede dochter e o tipo de americaan Frederick Alvah Miller e de Britse Clarissa Boehmer. Tien en elf jaar eerder werden in het gezin nog zus Margaret (Madge) en broer Louis (Monty) geboren. Agatha's vader heeft zijn fortuin geërfd van zijn vader (een handelaar in kleding en houdbare levensmiddelen). Hij is vaak in de Verenigde Staten waar hij werkt als beurshandelaar. De "classe média-alta" -familie Miller bewoont de in 1881 gekochte villa genaamd Ashfield, aan de rand van Torquay. Er is een grote tuin waarin Agatha veel speelt en er zijn dienstmeisjes. Agatha geniet van een onbezorgde jeugd. É uma forma rústica e rápida de meisje de água. Haar zus en broer zijn veel ouder en in de buurt wonen weinig kinderen. O daarom veel alleen en is vaak samen met haar moeder, aan wie ze zich sterk hecht.

Escola Agatha gaat niet naar. Haar moeder vindt dat niet nodig. Zij en Madge geven Agatha thuisonderwijs en leren haar piano- en mandolinespelen. Lezen en schrijven zou Agatha pas vanaf haar achtste moeten leren vindt haar moeder, maar ze leert zich dit uit nieuwsgierigheid naar boeken al zelf als ze vier en vijf jaar oud is. Em 1896, o governador da Noruega de Gezondheid, Frederick naar Zuid-Frankrijk, escreveu Deze streek staat bekend om haar warme klimaat en zuivere lucht. De Millers blijven er zes maanden. Agatha leert hier een paar Franse woordjes. Em 1901, o caminhão de carga de esterft e uma longa duração aguda.

Na het overlijden van vader Frederick raakt het gezin steeds meer in financeële problemen. Zus Madge é inmiddels getrouwd en verhuisd en broer Monty dient in het leger in de VS. Op 12-jarige leeftijd schrijft Agatha haar eerste gedichten en korte verhalen. Enkele daarvan worden gepubliceerd in regionale bladen. In de winter van 1905 verhuurt haar moeder Ashfield om inkomsten te genereren en vertrekt met Agatha naar Parijs. Agatha krijgt daar les op een internaat. O país tem um grande potencial de crescimento em Torquay, onde a Agatha não tem dois anos de experiência em Parijs zal blijven. Em dez anos, a porta foi aberta como uma pianista e pianista profissional. Haar zus Madge, die ook schrijft, wedt dat het Agatha niet zal lukken om een volwaardige misdaadroman te schrijven. A Agatha zou de weddenschap jaren later uiteindelijk winnen.

O kampt moeder da Agatha conheceu os gezondheidsproblemen. Eind 1907 verhuurt zij Ashfield en ze reist met Agatha voor de winterperiode naar de destijds bij veel Britten populaire (en goedkope) vakantiebestemming Caïro. Het warme en zonnige klimaat doet Agatha's moeder goed. Na terugkomst in Torquay geniet Agatha van haar sociale leven: met vriendinnen uitgaan naar dansfeestjes, flaneren over de promenade langs het strand, rolschaatsen, amateurtheater, muziek maken. Tevens schrijft ze in deze jaren enkele korte verhalen. Os eventos são aleatórios.

Eerste huwelijk en debuut

Em 1912, a Agatha de ervaringen uit haar reis naar Caïro verwerkt in haar eerste roman - *Snow Upon the Desert* - en legt dit voor aan de bekende auteur Eden Phillpotts, die bij de Millers in de buurt woont. Phillpotts vindt dat Agatha 'talent voor dialoog' heeft, maar adviseert haar het werk opzij te leggen en vooral verder te gaan met schrijven. Em 1914, o governo de Archibald Christie ('Archie') e o seu primeiro canal de expressão. Archie doet haar na drie maanden al een huwelijksaanzoek, dat ze accepteert. De Eerste Wereldoorlog breekt kort daarna uit en Archie wordt in Frankrijk gestationeerd voor de RAF. Tijdens de kerstperiode is Archie even op verlof in Engeland en het stel maakt van deze gelegenheid gebruik om op Kerstavond snel te trouwen. Kort na Kerst vertrekt Archie weer naar Frankrijk. Agatha gaat eerst als verpleegster en later als apothekersassistente in een militair noodhospitaal in Torquay wereken. Hier maakt ze voor het eerst kennis met diverse soorten vergif.

Na de oorlog verhuizen Agatha en Archie naar Londen. Archie gaat daar in de financiële wereld wereld. Em 1919, Rosalind, a Agatha's eerste en enige kind, geboren. Drie gedichten - *World Hymn, Dark Sheila* en *A Passing* - zijn de eerste werken van Agatha die professioneel gepubliceerd worden. De gedichten vinden hun weg naar *The Poetry Review* en *Poetry of Today*.

Agatha leest graag detectiveromans en in het bijzonder Sherlock Holmes van Sir Arthur Conan Doyle, die samen met zijn vriend Watson misdaden oplost. Hieruit haalt Agatha veel inspiratie. Em 1916, o Hieruit haar eerste misdaadroman al geschreven, aangemoedigd door haar moeder: *O caso misterioso na Styles*. Hiermee wint ze de oude weddenschap met haar zus. Haar detetive Hercule Poirot wordt in dit verhaal geïntroduceerd. De gewonde Belgische soldaten die ze verpleegde en de vele Belgische vluchtelingen die in Torquay opgevangen werden gaven haar inspiratie om haar detective een Belg te maken. Naar analogie met Watson in de Sherlock Holmesverhalen verschijnt in haar roman de figuur van Hastings. O manuscrito que foi escrito em 1920 é um uitgever (The Bodley Head), ou seja, um dos mais conhecidos do mundo. De roman wordt goed ontvangen. Agatha tekent een contract voor nog vijf boeken.

Archie wordt in 1922 door een bekende van hem uit het leger (Ernest Belcher) gevraagd om voor de British Empire Exhibition een reis rond de wereld te maken en daarbij de Britse koloniën bezoeken. A exposição é uma forma de promover o desenvolvimento da cultura de grutas em 1924 e 1925, em Londen, e também uma forma de promover a cultura de grutas em 1924 e 1925. Agatha gaat mee met haar man en geniet van deze wereldreis. Na terugkomst wordt *The Road of Dreams* - een dichtbundel - uitgegeven door Geoffrey Bles. Het is het enige werk van Christies hand dat bij deze Londense uitgeverij wordt uitgegeven.

De Christies verhuizen naar Londen omdat Archie daar in de financiële wereld gaat wereld gaat werken. Ze wonen er in enkele appartementen en verhuizen vervolgens naar Sunningdale, bekend om zijn grote golfterrein. Ze noemen huning *Styles*, naar het landhuis dat centraal staat in Christies debuutroman. Het wereldschokkende *The Murder of Roger Ackroyd* verschijnt in 1926. Christie zou de lezer voor het spreekwoordelijke lapje gehouden hebben en de spanning in de schrijverswereld loopt zo hoog op, dat de auteur bijna geroyeerd wordt als lid van de prestigieuze *Detection Club*, een bolwerk van de crème de crème van de misdaadauteurs.

Verdwijning

Em abril de 1926, a Agatha foi atacada por um moedor de overlijdt. Vier maanden later laat Archie weten dat hij wil scheiden omdat hij verliefd is op Nancy Neele - een vriendin van Major Belcher. De dood van haar moeder en het slechte huwelijk met Archie leidden tot een mentale terugslag voor Christie. Op 8 de dezembro de 1926 veredicto entre os spoorloos. O transporte automático (com todos os Wat kleding e um rijbewijs erin) foi um sucesso e um sucesso de uma manga de salvação para o futuro do Guildford. Christie werd elf dagen later gevonden in een hotel in Harrogate, waar ze was ingecheckt onder de achternaam van de minnares van haar man. De politie en duizenden vrijwilligers hadden in het hele land gezocht naar de verdwenenen auteur. Christie wordt ondergebracht in de woning van haar zus, waar ze voorlopig geen enkel contact met de buitenwereld zal hebben. De achtergronden van deze verdwijning zijn altijd onbekend gebleven en geven nog altijd aanleiding tot complottheorieën en gissingen. Een publicitsstunt en geheugenverlies zijn enkele van de verklaringen die worden geopperd. A Christie zelf deixou a zich nooit over deze verdwijning uitgelaten. A família deixou vastos horizontes e teorias sobre as geoheugenverlies. O autor Jared Cade fez um estudo de um gedocumenteerdboek sobre dez anos de período. O dochter de Volgens Agatha foi dat boek bezijden de waarheid. O gênio do werk dan ook uit de boekhandels era. Enkele naaste betrokkenen van Agatha Christie hebben hebben echter verklaard zich te kunnen vinden in de bevindingen van Cades boek.

Tweede huwelijk

Agatha en Archie scheiden em 1928. Agatha houdt, op nadrukkelijk verzoek van haar uitgever, als schrijver de achternaam Christie aan. O *álibi* é a eerste toneelstuk dat op de planken gebracht wordt. Agatha realiseert zich dat ze nu wel moet schrijven om een inkomen te hebben - tijdens haar huwelijk schreef ze eigenlijk alleen omdat ze het leuk vond. Het schrijven valt zwaar en Agatha lijdt emotioneel nog onder de naweeën van het moeilijke jaar 1926. O projeto será reestruturado com um jantar de sugestão de um projeto em Bagdá e em uma das maiores cidades do mundo e do culto do meio ambiente. Faça o seu trabalho e volte a se encontrar com o Orient Express via Istambul naar Irak. Deixe o seu tempo livre na Ur de archeoloog Leonard Woolley. Deze nodigt haar uit om begin 1930 nog eens terug te komen om op de opgraving te verblijven. O novo projeto de dez anos e o início em fevereiro de 1930, Max Mallowan, um jonger jongere archeoloog die als assistent van Woolley werkt. Hij leidt Agatha en andere gasten langs bezienswaardheden in de omgeving. Er groeit een vriendschapsband. Mais tarde, no Engeland doet Max, um exemplo de como a Agatha aceitou. A partir de 11 de setembro de 1930.

Em 1931 koopt Agatha em Wallingford *Winterbrook House*. Dit ligt handig dichtbij Oxford - waar Max vaak werkt - en niet te ver van Londen. Ze vergezelt Max tijdens opgravingswerkzaamheden in Tell Arpachiyah bij Mosoel. Er worden in 1936 ruim 10.000 exemplaren verkocht van *Death in the Clouds*; Christie kan daarmee voor het eerst bestsellerauteur genoemd worden. Het jaar daarna schrijft ze het toneelstuk *Akhnaton*. Het stuk wordt echter nooit opgevoerd. Em 1973, no ano de 1930 e 1945, a Agatha deixou uma grande variedade de produtos e me ajudou a detectar mais sucessoras e mais eficientes em dez anos. O homem pôs em evidência os detectiverômanos em Midden-Oosten, zoals em Moord op de Nijl.

Haar geboortegrond in Torquay blijft trekken maar het gevoel dat ze er vroeger had is er niet meer. Torquay breidt uit en de sfeer is er veranderd. Agatha verkoopt haar geboortehuis Ashfield. Daarna koopt ze in 1938 Greenway House als buitenhuis en vakantiewoning. O que há no groen, uitkijkend over de Dart, tinha a bondade de gezien van afstand. Dochter Rosalind trouwt in de Tweede Wereldoorlog 1941 conheceu Hubert Pritchard. Max verhuist naar Caïro als Arabië-expert van het *British War Department*. Agatha zelf gaat weer aan de slag als vrijwilligster in het hospitalitaal.

Vermoedelijk deixou a Agatha em deze períodoe *Cortina: O último caso de Poirot* en *Sleeping Murder* (Miss Marples laatste) geschreven. Beide boeken worden in een kluis bewaard en mogen pas na de dood van de dood van de auteur gepubliceerd worden. Em 1943, o Wordt haar kleinzoon Mathew geboren. Onder het pseudoniem Mary Westmacott schrijft Agatha *Absent in the Spring*; dit in slechts drie dagen tijd en zonder enige rust. Agatha's schoonzoon - en dus vader van kleinzoon Mathew - sneuvelt in de oorlog. In mei keert Max terug naar Engeland. Het echtpaar neemt opnieuw zijn intrek in *Greenway House*. Koningin Mary verzoekt Agatha Christie - ter gelegenheid van haar verjaardag - een hoorspel voor *BBC Radio* te schrijven. *A Mousetrap* é o gevolg.

Agatha vergezelt Max naar Nimrud (Irak). Ze noemt haar geïmproviseerde onderkomen *Beit Agatha* (Agatha's huis). Dochter Rosalind trouwt conheceu Anthony Hicks. Een columnist van de *London Sunday Times* onthult de ware persoon achter het pseudoniem Mary Westmacott. Agatha treedt toe tot de *Royal Society of Literature*. Em 1950, o teatro Peter Saunders, no legt ze de eerste regels van haar autobiografie vast op papier. *A Mousetrap* wordt em 1952 voor de eerste maal ten tonele gebracht in Londen.

Erkenning

Agatha ganhou em 1954 o *Grande Prêmio Master* Van de *Mystery Writers of America*. Het jaar daarna wordt Agatha Christie Limited opgericht, e em 1956 krijgt ze de versierselen van een "Commander of the British Empire" opgespeld. O mag de letras "CBE" achter haar naam plaatsen.De auteur wordt ook benoemd tot voorzitter van *The Detection Club* (het orgaan waar ze eerder nog bijna geroyeerd werd na het beoogde valse spel in *The Murder of Roger Ackroyd*). Max rondt zijn opgravingen in Nimrud af. Ook Max wordt gedecoreerd en mag zich voortaan Max Mallowan CBE noemen.De universiteit van Exeter kent Agatha Christie een eredoctoraat in de letteren toe in 1961.

Em 1962 overlijdt ex-homem Archibald Christie.Agatha Christie rondt haar autobiografie af in 1965 en Max publiceert zijn standaardwerk *Nimrud and Its Remains.* Max wordt ook geridderd. Als zijn echtgenote é Agatha nu "Lady Mallowan". Agatha wordt op haar beurt dan weer bevorderd tot "Dame Commander of the British Empire". Ze mag zich Dame Agatha Mallowan, of Dame Agatha Christie, laten noemen en de letters "DBE" achter haar naam plaatsen.Madame Tussaud onthulde in 1972 een wassenbeeld van Agatha Christie.

Em 1974, verschijnt ze voor het laatst in het openbaar. Ze overlijdt op 12 januari 1976 in Wallingford, Oxfordshire.

Na haar dood

A autobiografia da Agatha verschijnt in de boekhandels. Ook *Mallowan's Memories* beltandt in menig boekenkast.Max Mallowan stierf em 1978. *Partners in Crime* (een tiendelige televisieserie) verschijnt op de beeldbuis. De eerste Joan Hickson vertolkingen als Miss Marple vinden hun wegen naar een breed publiek.David Suchet maakt in 1989 voor het eerst zijn opwachting als Hercule Poirot in de Poirot-televisiereeks. Agatha's 100e geboortedag, de *Agatha Christie Centennial*, wordt massaal luister bijgezet. De *Agatha Christie Society* wordt opgericht. Postuum verschijnen nog *Black Coffee* (bewerking van Charles Osborne uit 1997), en *Unexpected Guest* (Charles Osborne, 1999).

Stijl en verhaaltechnieken

Bijna alle boeken van Agatha Christie zijn whodunits, gesitueerd in de Britse midden- en bovenklasse. Gewoonlijk stoot de detective toevallig op de moord, of wordt erbij geroepen door een kennis die erbij betrokken is.

Geleidelijk ondervraagt de detective alle verdachten, en onderzoekt de plaats delict waarbij de lezer op alle clous gewezen wordt, zodat de lezer de zaak kan analyseren en het mysterie zelf proberen op te lossen. Meestal sterft er halfweg of tijdens de ontknoping een van de verdachten, dikwijls doordat deze de identiteit van de moordenaar achterhaald heeft en tot zwijgen gebracht moet worden. In enkele romans, waaronder *En het einde is de dood* en *Tien kleine negertjes*, zijn er meerdere slachtoffers. A organização de um detetive de um mesmo país encontrou todos os veredictos e palavras de dader bekendgemaakt, waarbij alle geheimen onthuld worden, soms over wel dertig pagina's of meer. De moorden zitten altijd ingenieus in elkaar, en er wordt meestal een vorm van misleiding gebruikt. De verhalen zijn bekend om hun strakke sfeer en sterke psychologische suspense. Twee keer is de moordenaar verrassend de onbetrouwbare verteller van het verhaal.

In vijf verhalen laat Christie de moordenaar ontsnappen aan de gerechtigheid (en in de laatste drie keurt ze de misdaad bijna impliciet goed): *Witness for the Prosecution, The Man in the Brown Suit, Murder on the Orient Express, Curtain* en *The Unexpected Guest*. In vele gevallen wordt de moordenaar niet voor het gerecht gebracht maar sterft (waarbij de dood een meer "sympathieke" uitkomst blijkt), bijvoorbeeld in *Death Comes as the End, And Then There Were None, Death on the Nile, Dumb Witness, The Murder of Roger Ackroyd, Crooked House, Appointment with Death, The Hollow, Nemesis*, en *The Secret Adversary*. In sommige gevallen speelt de detective hierbij een rol.

Destaques

- Agatha Christie, em plena Dama Agatha Mary Clarissa Christie, de solteira Miller, foi educada em casa por sua mãe.
- Christie começou a escrever ficção policial enquanto trabalhava como enfermeira durante a Primeira Guerra Mundial. Seu primeiro romance, The Mysterious Affair at Styles (1920), apresentou Hercule Poirot, seu excêntrico e egoísta detetive belga; Poirot reapareceu em cerca de 25 romances e muitos contos antes de retornar a Styles, onde, em Cortina (1975), morreu.
- O primeiro grande reconhecimento da Christie veio com O assassinato de Roger Ackroyd (1926), seguido por cerca de 75 romances que normalmente faziam listas de best-sellers e eram seriados em revistas populares na Inglaterra e nos Estados Unidos.

- Outras adaptações notáveis do filme incluíram E Então Não Havia Nenhum (1939; filme 1945), Assassinato no Expresso do Oriente (1933; filme 1974 e 2017), Morte no Nilo (1937; filme 1978), e O Rachadura no Espelho de Lado a Lado (1952; filme [The Mirror Crack'd] 1980).

14.   Alexandra Danilova (1903-1997)

Bailarina russa conhecida por sua vivacidade e talento teatral

Aleksandra Dionisievna Danilova (Russisch: Александра Дионисиевна Данилова) (Peterhof, 20 de novembro de 1903 - Nova Iorque, 13 de julho de 1997) foi uma bailarina e danspedagoge Russische Ballerina die later de Amerikaanse Nationaliteit aannam.

Leven

Danilova kreeg haar dansopleiding bij het Mariinskitheater te Sint-Petersburg. Em 1921, o comércio se concentrou no "corpo de balé" do Mariinskiballet. Samen met danser-choreograaf George Balanchine (met wie ze een jarenlange relatie had) verliet ze in 1924 Rusland en werd soliste in Sergej Diaghilevs Ballets Russes. Na Diaghilevs dood danste ze lange tijd in de Ballet Russe de Monte Carlo.

Danilova danste in haar carrière zo'n beetje alle grote klassieke balletrollen en werkte met grote choreografen als Marius Petipa en Michel Fokine. Venha geroemd ze om haar interpretatie van *Swanhilda* in Coppélia en *Odile* in het Zwanenmeer. Haar laatste optreden foi em 1951.

Na Carruagem como Ballet de Verenigde Staten en werkte ze als choreografe bij onder andere de Metropolitan Opera en als danspedagoge aan de School of American Ballet. Ook speelde ze af en toe nog in musicals en films, waaronder "The Turning Point" van Herbert Ross.

Danilova overleed in 1997 in New York, op 93-jarige leeftijd.

Destaques

- Alexandra Danilova freqüentou as escolas de Ballet Estatal Russo Imperial e Soviético em Leningrado, onde estudou na Agrippina Vaganova e se tornou solista no Teatro Mariinsky (antigo Kirov).
- Danilova apareceu como artista convidada com várias companhias de ballet, incluindo Sadler's Wells Ballet, e com sua própria companhia (Great Moments of Ballet, 1954-56) excursionou pelo Japão, Filipinas e África do Sul.
- Alexandra Danilova ganhou nota tanto por seu extenso repertório, variando de papéis românticos a abstratos de Balanchine, quanto pela individualidade de suas caracterizações, particularmente a bailarina de rua em Le Beau Danube, a vendedora de luvas em Gaîté Parisienne, Odette em Swan Lake, e Swanilda em Coppélia.
- Ela também apareceu na comédia musical (Oh Captain!, 1958), ensinou, e fez turnês de palestras.
- Alexandra Danilova desempenhou um papel pequeno mas significativo no filme "The Turning Point" (1977).

15.   Josephine Baker (1906 - 1975)

Dançarina francesa nascida nos Estados Unidos, famosa por suas apresentações teatrais

"Você deve receber uma educação. Você deve ir à escola, e deve aprender a se proteger. E você deve aprender a se proteger com a caneta, e não com a arma".

Josephine Baker de **Joséphine Baker**, artilharia van *Freda Josephine McDonald* (Saint Louis (Missouri), 3 de junho de 1906 - Parijs, 12 de abril de 1975) foi uma amerikaans-Franse danseres, zangeres e actrice.

Leven

Josephine Baker groeide op em armoede. Als kind was ze dienstmeid bij verschillende familias om vanaf haar twaalfde als dakloze te leven. A porta de cama op straat voorbijgangers te dansen. Op haar vijftiende trad ze op in het Vaudeville in Saint Louis. Olá, veja o que há de novo em Nova Iorque e comece a trabalhar na Broadway. Olá trad ze op in Europa en Zuid-Amerika, in Parijs voor het eerst in 1925, onder andere in de Folies

157

Bergère. Em dez anos, o país começou a se tornar um dos mais populares do pódio em 1925, e foi o primeiro país a ter banana-rockje en haar erotische dansen. O Vaak tinha um jachtluipaard em casa.

Em 1937, o nome de Franse nationaliteit aan door met de Fransman Jean Lion te trouwen en ging ze definitief in Frankrijk wonen. Tijdens de Tweede Wereldoorlog deed ze verzetswerk voor de Résistance door haar positie te gebruiken om inlichtingen te verkrijgen. Mais tarde, o Hiervoor foi recebido pelo Oorlogskruis, de Herinneringsmedaille voor de Vrijwilligers van het Vrije Frankrijk en de Verzetsmedaille. Haar werd in december 1957 ook het ridderkruis van het Legioen van Eer toegekend.

Baker zette zich na de oorlog in voor de rechten van Afro-Amerikanen. Zo weigerde ze zelf in gesegregeerde zalen op te treden. Em 1951, o clube foi criado em 1951 para um clube em Nova York. Grace Kelly, die wel binnengelaten was, besloot meot meteen het pand te verlaten met al haar vrienden en nooit meer terug te komen. Oierna werden Baker en Kelly goede vrienden. Em 1963, liep ze met Martin Luther King mee in de March on Washington waarbij ze de enige vrouwelijke vrouwelijke spreker was. Na de moord op Martin Luther King foi gevraagd om zijn plaats in te nemen. O banco de cama para a viagem, o que é bom para os jovens que se divertem com os caçadores.

Op 12 de abril de 1975, mais uma vez na abertura de uma estréia de sucesso de uma nova revista, foi a Baker dood in bed gevonden. Ele tinha uma festa de despedida dela. O ligt begraven em de Cimetière de Monaco, em Monte Carlo. Em Château des Milandes é uma exposição de wassen beelden, que se realiza em todo o mundo.

Privéleven

Em 1941, houve um miskraam, waarna haar baarmoeder verwijderd moest worden. Mais tarde, adotou o mesmo método de trabalho; ele foi adotado por todos os países da região; ele foi bem sucedido no seu gênero. E se você não se importava em conhecer o Castel des Milandes em Castelnaud-la-Chapelle, em Dordogne.

Joséphine Baker era biseksueel. Gehuwd conheceu meerdere mannen, onderhield zij haar hele volwassen leven ook relaties met vrouwen. Er is echter nooit publiekelijk aandacht besteed aan dit deel van haar persoonlijkheid. Haar beroemde geliefden waren onder anderen de
158

Franse schrijfster Colette en Frida Kahlo. Een van haar kinderen, Jean-Claude Baker, vermeldt in de biografie over zijn moeder nog vier van haar geliefden: Clara Smith, Evelyn Sheppard, Bessie Allison en Mildred Smallwood, die ze allemaal in het circuit ontmoette tijdens haar eerste jaren op het podium in de Verenigde Staten.

Ondanks haar eigen biseksualiteit en haar inzet tegen racisme (met name door haar deelname aan bepaalde acties van de Afro-Amerikaanse beweging van Amerikaanse burgerrechten), bleek ze zelf homofobische trekjes te hebben; ze stuurde bijvoorbeeld een van haar zoons, Jarry Bouillon Baker, naar zijn vader, omdat hij homoseksueel was. Os dados são muito úteis para os nossos brokers e para os nossos "amigos".

Destaques

- Entre 8 e 10 anos, Josephine Baker estava fora da escola, ajudando a sustentar sua família. Quando criança, Josephine Baker desenvolveu um gosto pelo flamboyant que mais tarde a tornaria famosa.
- Em 1923, Baker juntou-se ao refrão em uma companhia de estrada apresentando a comédia musical Shuffle Along e depois se mudou para Nova York, onde avançou constantemente através do show Chocolate Dandies na Broadway e do show de chão do Plantation Club.
- Em 1925, Baker foi a Paris para dançar no Théâtre des Champs-Élysées em La Revue Nègre e introduziu sua dança sauvage na França.
- Josephine Baker cantou profissionalmente pela primeira vez em 1930, fez sua estréia como cantora quatro anos depois em Zouzou, e fez vários outros filmes antes que a Segunda Guerra Mundial encurtasse sua carreira.
- Sua vida foi dramatizada no filme de televisão The Josephine Baker Story (1991) e foi exibida no documentário Joséphine Baker.

18 Lutadoras da Liberdade Feminina

1. Malala Yousafzai (nascido em 1997)

Defensor da educação paquistanesa

"Uma criança, um professor, um livro, uma caneta podem mudar o mundo".

Malala Yousafzai (Mingora, 12 de julho de 1997) é um kinderrechtenactiviste paquistanês. Em 2014 kreeg zij de Nobelprijs voor de Vrede, samen met Kailash Satyarthi.

Levensloop

Malala Yousafzai, dochter van een leraar, is bekend geworden vanwege haar strijd voor meisjes om naar school te mogen. Em 2009, o site da BBC foi publicado com o nome de *Gul Makai* (ou seja, um weblog bijhield op de website van de BBC. Em 2007, em um blog de uma escola de futebol sobre a porta do Talibã em Swatvallei, os alunos da escola e os homens da escola foram convidados a visitar o site do Talibã.

Para ter acesso ao 9 oktober de 2012 em ônibus da escola, pleiteie um Talibanstrijder een gerichte aanslag op haar, waarbij ze zwaargewond raakte door een kogel in haar hoofd en haar hals. As artes são muito úteis em um ziekenhuis em Rawalpindi de kogel haar hoofd. De Taliban dreigden haar alsnog te zullen ombrengen.

Op 15 oktober werd ze overgevlogen naar Engeland, waar ze een verdere specialistische behandeling kreeg in het Queen Elizabeth Hospital in Birmingham. Ook was ze hier beter beschermd tegen aanslagen van de Taliban. O que significa que o país tem uma grande vantagem em relação aos estrangeiros na região.

Em janeiro 2013, no início da década de 80, a cidade de Birmingham começou a trabalhar em fevereiro de 2009. Een deel van haar schedel werd gerepareerd met een prothese van titanium die met behulp van een 3D-techniek naar de vorm van haar hoofd was vervaardigd. Um exemplo de um implante de cóclea de cadeira de rodas para o transportador. Op 8 februari verliet ze het ziekenhuis.

Malala studeerde aan de Universiteit van Oxford.

Internacionale erkenning

Em 2011, o Malala genomineerd voor de *Internationale Kindervredesprijs*. Hetzelfde jaar werd ze door de Pakistaanse regering onderscheiden met de *Nationale Jeugdvredesprijs* (*Prêmio Nacional da Paz para a Juventude*). Deze prijs wered later ter ere van haar hernoemd naar de *Nationale Malala-Vredesprijs* (*Prêmio Nacional da Paz Malala*).

10 november 2012 werd door de Verenigde Naties uitgeroepen tot de *Dag van Malala*, waarmee de VN aandacht wil vragen voor de 32 miljoen meisjes en 29 miljoen jongens in de wereld die geen basisonderwijs krijgen. Een petitie op het internet waarin vanaf oktober 2012 werd opgeroepen haar in 2013 de Nobelprijs voor de Vrede toe te kennen, werd ondertekend door meer dan 250.000 menen.

In het nummer van *Time* dat op 29 april 2013 verscheen, werd Malala genoemd als een van de 100 invloedrijkste personen ter wereld. Haar foto stond op de omslag van het tijdschrift. Op 12 juli 2013, op haar zestiende verjaardag, sprak Malala 500 jongeren in de VN toe. Voor deze gelegenheid werd deze dag uitgeroepen tot "Malala-dag". Op 6 september 2013 werd in de Ridderzaal in Den Haag aan Malala de Internationale Kindervredesprijs 2013 uitgereikt. Op uitnodiging van de Nederlandse kinderrechtenorganisatie KidsRights kwam zij hiervoor naar Nederland. De winnares van de Nobelprijs voor de Vrede 2011, Tawakkul Karman, overhandigde de prijs namens KidsRights. Op 20 november 2013 kreeg Malala in Straatsburg van het Europees Parlement de *Sacharovprijs voor de Vrijheid van Meningsuiting.* O parlamento é de jongste winnares van deze prijs tot dan toe.

Op 24 mei 2014 que inclui o Prêmio de Liberdade para a Vrijwaring van vrees, uitgereikt door Blof in aanwezigheid van de familie Roosevelt en het koninklijk huisk. Op 10 oktober 2014 werd bekendgemaakt dat ze de Nobelprijs voor de Vrede 2014 kreeg. O 17º aniversário foi a vitória de um Prêmio Nobelprijs. Em julho 2014, em julho de 2014, a Nigéria, que se encontra em 200 escolas, morreu na porta de abril Boko Haram waren ontvoerd.

Em abril de 2015, a NASA deixou a organização de ruimtevaartorganisatie NASA um avião para negociar com Marte e Júpiter naar Malala vernoemd met de officiële naam '316201 Malala'. Deixou uma porta com mais de um quilômetro e um meio caminho para a cidade de Malala, e um baan om de zon.

Destaques

- Malala Yousafzai ganhou atenção global quando sobreviveu a uma tentativa de assassinato aos 15 anos de idade.
- Em outubro de 2011 ela foi nomeada pelo ativista de direitos humanos Desmond Tutu para o Prêmio Internacional da Paz para Crianças.
- Em 2014, Yousafzai e Kailash Satyarthi receberam conjuntamente o Prêmio Nobel da Paz em reconhecimento a seus esforços em prol dos direitos das crianças.
- Em julho de 2015, com o apoio do Fundo Malala, ela abriu uma escola de meninas no Líbano para refugiados da Guerra Civil síria.
- Ela discutiu seu trabalho com refugiados, assim como seu próprio deslocamento em We Are Displaced (2019).

2. Angela Davis (nascida em 1944)
Ativista político afro-americano e autor

"Em uma sociedade racista, não basta ser não-racista,
devemos ser anti-racistas".

Angela Yvonne Davis (Birmingham (Alabama), 26 de janeiro de 1944) é uma filosofa amerikaans feministisch, schrijver, ativista e professora. O doceert al verschillende decennia aan universiteiten overal in de Verenigde Staten, Europa, Afrika, de Caraïben en de voormalige Sovjet-Unie. A partir de agora, o professor deixou uma grande quantidade de artigos, ensaios e ensaios e até mesmo uma grande quantidade de artigos.

Persoonlijk

Angela Davis é geboren op 26 januari 1944, em Birmingham, Alabama. Haar moeder, Sallye Bell Davis, speelde een belangrijke rol binnen het Southern Negro Youth Congress, dat banden met de communistische partij van de USA had. Rond de tijd van Davis' geboorte en haar jeugd verkeerden haar ouders zich in communistische kringen, zij waren goed bevriend met zwarte leden van de Communistische Partij. O que aconteceu com o Davis Sterk foi uma das mais importantes notícias: ele

164

mesmo pode fazer com que ele se encontre com um amigo e não com uma relação de amizade que ele teve.

Davis zat op een gesegregeerde zwarte basisschool en ging naar een 'middle school' in Birmingham. Uiteindelijk ging ze in New York naar de progressieve Elisabeth Irwin High School , waar Davis zich naar eigen zeggen voor het Marxisme begon te interesseren.

Opgegroeid in een zuidelijke staat kreeg Davis al snel te maken met segregatie en racisme. Birmingham foi uma das mais importantes empresas de gestão da América Latina. Davis conheceu alguns amigos e corretores em uma loja de middenklasse, bem conhecida como "Dynamite Hill". A partir de agora, a América Afro passou a se encontrar com a Dynamite Hill e a porta de entrada da Ku Klux Klan, e também com a Bombingham. Davis deixou de ser discriminatie ondervonden, en kende de meisjes die slachtoffer waren van het kerkbombardement in Birmingham in 1963 door de Ku Klux Klan.

Angela Davis foi furgoneta de 1980 a 1983 e conheceu Hilton Braithwaite. Ze kwam em 1997 no tijdschrift *Out* uit de kast als lesbienne.

Loopbaan

Davis werkte in 1969 en 1970 als docente filosofie aan de Universiteit van Californië - Los Angeles, maar ze werd er ontslagen door haar associatie met de Communistische Partij van de Verenigde Staten en haar "opruiende taal".

Door haar banden met de Soledad Brothers wered Davis uiteindelijk beschuldigd van medeplichtigheid aan de ontvoering van en moord op rechter Harold Haley in 1970. Davis se reuniu com os irmãos Afro-Amerikaanse gevangenen (George Jackson, Fleeta Drumgo en John Clutchette) para a secagem de waarmee Afro-Amerikaanse gevangenen (George Jackson, Fleeta Drumgo en John Clutchette). Tijdens huntsnapping werd Haley vermoord. Davis daarvoor enige tijd gevangengezeten, maar is uiteindelijk vrijgesproken. Mogelijke motivatie voor Davis' medeplichtigheid waren haar connecties met een van de drie gevangenenen, George Jackson. Hij was de leider van de Black Panther Party, waar Davis een tijd woordvoerster van was.

Começar o frasco 80 doceerde Davis aan de San Francisco State University. Van 1991 tot 2008 foi o professor da Universiteit van Californië - Santa Cruz en Rutgers University. Em Santa Cruz diende een tijdlang als directeur van het departtement *Feminist Studies*. Een van haar specialismen is penitentiaire hervorming. O Instituto de Estudos Integrais da Califórnia, em 2016, é um centro de pesquisa do Instituto de Estudos Integrais da Califórnia.

Em 1980 e 1984 foi a zeladora para a vice-presidência do Verenigde Staten namens de Communistische Partij van de Verenigde Staten, como também a *companheira de direção* do Gus Hall. Het duo behaalde 0,05% (1980) en 0,04% (1984) van de stemmen. Behalve bij de communistische partij was Davis betrokken bij de strijd voor gelijke burgerrechten voor zwarten, bij de Black Panther Party, en bij de protesten tegen de Vietnamoorlog. Davis é uma das maiores empresas do Internationale Lenin-Vredesprijs van 1979, porta de entrada da Sovjet-Unie. Em 1991 verliet Davis de Communistische Partij en richtte ze de Committees of Correspondence for Democracy and Socialism op. Davis é nog altijd actief in communistisch en feministisch activisme.

Em setembro de 2018 werd haar door het Birmingham Civil Rights Institute de Fred L. Shuttlesworth Human Rights Award toegekend. Echter in januari 2019 werd bekend gemaakt dat de prijsuitreiking niet door kon gaan alsmede de gala-avond, omdat Davis bij nader inzien toch niet aan alle criteria voldeed. Burgemeester Randall Woodfin van Birmingham (Alabama) toonde zich ontzet over deze beslissing. Volgens hem era de oorzaak van een en ander gelegen in "de proteststemmen die uit de joodse gemeenschap en haar bondgenoten" hadden geklonken. Angela Davis está disposta a fazer uma ampla escolha para a reconstrução da Palestijênia e do BDS-beweging. Bij het Instituut werd geprotesteerd. Nog in november had de president van het BCRI, Andrea Taylor, gezegd "het geweldig te vinden om de prijs aan zo'n wereldbekende kampioene van de mensenrechten te kunnen uitreiken".

Feministisch activisme

Angela Davis deixou um groot gedeelte van haar werk gewijd aan het onderzoeken naar en het schrijven over vrouwen en feminisme, en dan vooral over de onderdrukking van zwarte vrouwen. O que está em jogo nos dados de guerra não é o Niet voor de rechten van de zwarte vrouw opkwam, maar ook dat de feministische beweging zich niet voor de zwarte vrouw inzette. Om deze reden sloot ze zich aan bij de Communistische Partij. In een interview daarover zei ze het volgende:*er waren ook zeer sterke seksistische neigingen in de zwarte beweging. No Comitê de Coordenação Não-Violenta dos Estudantes (SNCC), o Comitê de Coordenação não-Violenta (SNCC), que se reuniu com os membros do comitê de organização e organização da escola pública, foi responsável pela organização das conferências públicas e bijeenkomsten, dos homens de todas as idades e das crianças. Ouvimos dizer que o texto foi*

Samen conheceu Kimberly Crenshaw, die de termo intersectionaliteit em 1989 bedacht heeft , foi Davis een van de boegbeelden van zwart feminisme.

Davis schreef in 1981 *Women, Race and Class*, waarin ze de intersectie tussen de vrouwenbeweging, de zwarte bevrijdingsbeweging en de klassenstrijd behandelt. Este é um verzameling van dertien essays, die het ontstaan en de progressie van de Amerikaanse beweging van de bevrijding van vrouwen beschrijft. O esclavagista na América do Norte tem o nome de "behandeld". O que é a melhor maneira de Davis e uma interseção de análise da Marxistisch feminisme sobre o gênero, com base no sexo e no sexo. A Marxistisch feminisme é uma interseção entre as palavras do feminino e o gênero, que é o resultado de um sistema de governança, sistematização e desenvolvimento, na avaliação do Davis sobre o gênero, e também resulta de um sistema de governança e desenvolvimento.

O mesmo homem do gênero de fator, com um peso de alavancas de guerra, está em Davis, onde há uma belíssima variedade de palavras. Davis pode ser também um dos líderes da guerra feminina. O feminismo feminino é uma forma de expressão de valores que se encontram em um contexto teórico e prático, que se baseia em toneladas de dados, gestos e informações sobre os valores sociais. Dez tijde van de beginjaren van het zwarte feminisme werd aan zwarte vrouwen nog vaak gevraagd te kiezen tussen de zwarte beweging en de vrouwenbeweging en dit was volgens Davis verkeerd.

Angela Davis deixou o veel kritiek op het (witte) feminisme. O stelt dat wanneer er wordt gesproken over feminisme in de Verenigde Staten, men bijna altijd de neiging heeft om aan te nemen dat dit iets is wat door blanke vrouwen is gecreëerd. "Vrouwen als Ida B. Wells, vrouwen als Mary Church Terrell, vrouwen als Anna Julia Cooper, zijn verantwoordelijk voor de feministische aanpak die we tegenwoordig meestal interectionaliteit noemen". Tijdens een lezing in de Copley Library in 2019 stelde Davis al dat de witte suffragettes, ondanks dat ze inspiratie haalden uit het activisme van de anti-slavernij beweging, het niet toestonden dat zwarte suffragettes naast hen protesteerden, en toen witte vrouwen stemrecht kregen, stemden ze niet anders dan witte mannen.

Os dados para os problemas do racismo, seqüestro e massagem de veículos, assim como dez fatores que não são relevantes para o futuro, estão na melhor forma: as viagens de negócios são feitas com base em uma estratégia de negócios feminista, e em binnen de beweging voor zwarte vrouwen werd er gediscrimineerd op base van economische klasse.

"Elk feminisme dat ons zal helpen om de wereld van vandaag te transformeren, moet in staat zijn om perspectieven op te nemen die de witte suprematie uitdagen" (Davis, 2019).

Destaques

- Angela Davis, em plena Angela Yvonne Davis, (nascida em 26 de janeiro de 1944, Birmingham, Ala., EUA), ativista negra militante americana que ganhou reputação internacional durante sua prisão e julgamento sob acusações de conspiração em 1970-1972.
- Por causa de suas opiniões políticas e apesar de um excelente histórico como instrutora no campus da universidade de Los Angeles, o Conselho de Regentes da Califórnia em 1970 recusou-se a renovar sua nomeação como professora de filosofia.
- Em 1991, no entanto, Davis tornou-se professor no campo da história da consciência na Universidade da Califórnia, Santa Cruz.
- Em 1974 ela publicou Angela Davis: Uma Autobiografia (reimpressa em 1988).

3. Mae Jemison (nascida em 1956)

Médico americano e astronauta da NASA

"Nunca se limite por causa da imaginação limitada dos outros; nunca limite os outros por causa de sua própria imaginação limitada".

Mae Carol Jemison (Decatur, 17 de oktober de 1956) é uma amerikaans voormalig ruimtevaarder. Ze was de eerste Afro-Amerikaanse vrouw in de ruimte. Em 1993, a NASA e o astronauta encontraram-se com a Pensioen.

Jemison maakte deel uit van *NASA Astronaut Group 12*. Deze groep van 15 astronauten begon hun training in juni 1987 en werden in augustus 1988 astronaut. Jemisons eerste en enige ruimtevlucht was STS-47 met de spacehuttle Endeavour en vond plaats op 12 september 1992. Tijdens de missie werden verschillende experimenten uitgevoerd in de Spacelab module.

Na haar NASA-carrière foram os professores de Jemison milieustudies no Dartmouth College, waar ze onderzoek voerde naar de mogelijkheden en beperkingen van interstellaire ruimtevaart en ook aan het hoofd stond van het *Jemison Institute for Advancing Technology in Developing Countries.* O *Grupo Jemison* op, met de missie technologie in te zetten om gezondheidszorg in ontwikkelingslanden te verbeteren. O Jemison zet zich tevens actief in voor de rechten van vrouwen en minderheden. Em 1994, a Mae Jemison het *Earth We Share-programma* voor jongeren, waarin ze een sociaal-educatieve doelstelling verbindt met haar wetenschappelijke missie.

Persoonlijke info

Mae werd geboren op 17 oktober, em Decatur, Alabama, maar ze ziet Chicago, Illinois als haar geboortestad. O hobby de Haar é um hobby que se repete, grafische kunst, fotografie, naaien, skiën, het verzamelen van Afrikaanse kunst en ze heeft een extensieve dans en sport achtergrond. Charlie e Dorothy Jemison venceram em Chicago.

Opleiding

Ze studeerde em 1973 af aan de *Morgan Park High School* em Chicago. Em 1977, estudou na Universidade de Stanford e conheceu um *bacharelado* em wetenschap e um doutorado em medicina na Universidade de Cornell, em 1981.

Destaques

- Mae Jemison, em plena Mae Carol Jemison, (nascida em 17 de outubro de 1956, Decatur, Alabama, EUA), médica americana e a primeira mulher afro-americana a se tornar astronauta.
- Em 1977 Jemison ingressou na Faculdade de Medicina da Universidade Cornell em Ithaca, Nova York, onde buscou um interesse pela medicina internacional.
- Ela se formou na faculdade de medicina em 1981 e, após um curto período como médica geral com um grupo médico de Los Angeles, tornou-se oficial médica do Corpo da Paz na África Ocidental.

- Em 1992, ela passou mais de uma semana orbitando a Terra no ônibus espacial Endeavour. Na época, ela era a única mulher afro-americana astronauta.

4. Rosa L. Parks (1913-2005)

Ativista dos direitos civis afro-americanos

"Nunca se deve ter medo do que se está fazendo quando está certo".

Rosa Louise Parks-McCauley (Tuskegee (Alabama), 4 februari 1913 - Detroit (Michigan), 24 oktober 2005) foi uma amerikaans burgerrechtenactiviste. O seu nome é "vooral bekend geworden door haar verzetsdaad" em 1955 waarbij ze weigerde haar zitplaats in het voor zwarten gereserveerde deel achterin af te staan aan blanke passagiers. O que é preciso fazer para que o blanken gereserveerde voorste deel van de bus vol raakte.

Biografie

Os parques eram geboren em Tuskegee, Alabama. Ze werkte het grootste deel van haar leven als naaister. Comece o jarro 50 werd ze actief in de Afro-Amerikaanse burgerrechtenbeweging. O café da manhã como segredo para a NAACP em Montgomery. Op 1 december 1955 weigerde ze om haar zitplaats in het "zwarte gedeelte" van een bus af te staan aan blanke passagiers toen het "blanke gedeelte" vol raakte, zoals de wet in Alabama dat toen voorschreef. A política era de gastar muito dinheiro e os Parques de estacionamento custam uma quantia de $10 (mais $4 de

172

griffiekosten). Para que possamos nos certificar de que o dinheiro é gasto, se o equipamento foi guardado e em fevereiro de 1956 foi usado para armazenar a orde de openbare.

Martin Luther King lucht van de zaak, en begon de geweldloze "Montgomery-busboycot", waardoor het busbedrijf bijna failliet ging en uiteindelijk de scheiding van blanken en zwarten in zijn bussen moest afschaffen. O que é importante para mim é protestar contra a violência. Intussen was de rechtszaak van Rosa Parks bij het Amerikaanse Hooggerechtshof beland, dat haar in het gelijk stelde en de scheiding tussen blanken en zwarten ongrondwettig verklaarde.

Door haar actie werd ze ontslagen en ook met de dood bedreigd, waardoor ze start jaren 60 verhuisde naar Detroit, waar ze tot haar dood woonde. Tussen 1965 en 1968 werkte ze als staflid voor John Conyers, lid van het Huis van Afgevaardigden. Em 2004, foi lançado um relatório de dados medíocre Parks leed aan dementie. O resultado foi um ano mais tarde, em ruim 92-jarige leeftijd, em um desastre.

Destaques

- Quando ela tinha dois anos de idade, logo após o nascimento de seu irmão mais novo, Sylvester, seus pais optaram por se separar. Separados do pai a partir de então, os filhos se mudaram com a mãe para viver na fazenda de seus avós maternos em Pine Level, Alabama, nos arredores de Montgomery.
- Em 1932, aos 19 anos, Rosa casou-se com Raymond Parks, barbeiro e ativista dos direitos civis, que a incentivou a retornar ao ensino médio e a obter um diploma.
- Em 1987, ela cofundou o Rosa and Raymond Parks Institute for Self-Development para oferecer treinamento de carreira aos jovens e oferecer aos adolescentes a oportunidade de aprender sobre a história do movimento de direitos civis.

5. Nellie Bly (1867-1922)

Jornalista, industrial, inventor e trabalhador caritativo americano

*"A energia corretamente aplicada e dirigida realizará
qualquer coisa".*

Nellie Bly (Cochran's Mills, Pennsylvania, 5 mei 1864 - Nova York, 27
januari 1922) era a jornalista **Elizabeth Jane Cochrane**, pseudoniem van
de Amerikaanse. Ela era uma tradutora de vernissageefster die bekend
door werd door reis rond de wereld in 72 dagen (sneller dan de reis om de
wereld in tachtig dagen van de fictieve avonturier Phileas Fogg van Jules
Verne) e om een verslag waarvoor ze krankzinnigheid veinsde om een
psychiatrisch ziekenhuis van binnen te bestuderen. Foi um pioneiro em
terrein e ser um pioneiro no desenvolvimento de um pequeno jornalístico.
O primeiro jornalista a ser publicado foi um industrial e um jornalista de
liefdadigheid.

Jarro de Vroege

Ze werd geboren als **Elizabeth Jane Cochran** in Cochran's Mills, heden deel van de Pittsburghse voorstad Burrell Township in Armstrong County, Pennsylvania. Haar vader Michael Cochran foi um bescheiden arbeider en molenaar die met Mary Jane trouwde. Cochran leerde zijn jonge kinderen een dringende les over de deugden van hard werken en vastberadenheid door de aankoop van de nabijgelegen molen en het merendeel van het land dat om zijn familyieboerderij lag. Als jong meisje werd ze vaak 'Pinky' genoemd, omdat ze meestal roze kleding droeging. No entanto, o tempo de vida do homem é muito curto, o tempo de vida do homem é muito longo e o tempo de vida do homem é muito longo e **o tempo de vida do homem é muito longo.** A escola é uma escola de ensino, onde há um período de tempo em que as pessoas se encontram em contato com os geldgebrek.

Em 1880 verhuisde Elizabeth conheceu haar familie naar Pittsburgh. Een uiterst misogyne column, getiteld *What Girls Are Good For* (*Waar meisjes goed voor zijn*) in de *Pittsburgh Dispatch* zette haar ertoe aan om de hoofdredacteur een vurige repliek te schrijven onder het pseudoniem 'Lonely Orphan Girl' ('Eenzaam weesmeisje'). O especialista em cascos George Madden foi o autor de "indruk van haar oprechtheid en enthousiasme en plaatste een advertentie, waarin hij de auteur opriep zich te melden". Toen Elizabeth zich aan de hoofdredacteur voorstelde, bood hij haar aan een verhaal voor de krant te schrijven, opnieuw onder het pseudoniem 'Lonely Orphan Girl'. Na sua versão mais recente, "The Girl Puzzle" ("De meisjespuzzel"), a Madden tem uma carta volitiva para a *expedição*. Hij koos voor haar het pseudoniem 'Nellie Bly', afgeleid van de titelrol van het bekende liedje 'Nelly Bly' van Stephen Foster. Oorspronkelijk wilde ze dat haar pseudoniem ook als 'Nelly Bly' geschreven zou worden, maar haar hoofdredacteur spelde het per ongeluk als 'Nellie' en dat foutje is blijven steken.

Als schrijfster richtte Bly haar vroege werk bij de *Dispatch* op het lot van arbeidsters en schreef een reeks onderzoeksjournalistieke artikelen over vrouwelijke fabriekswerkers, maar door redactionele druk werd zij naar de zogenaamde vrouwenpagina's gedrongen om zich bezig te houden met mode, samenleving en tuinieren, typische onderwerpen die vrouwelijke journalisten destijds werden geacht te verslaan. Omdat ze ontevreden was met deze taken, nam ze het heft in eigen hand en reisde naar Mexico om als buitenlandse correspondent te werken. Hoewel ze pas 21 was, heeft ze bijna een half jaar lang verslag verslag uitgebracht over het dagelijks leven en de gebruiken van de Mexicanen. Haar reportages werden in

1888 uitgegegeven in boekvorm onder de titel *Six Months in Mexico*. Em één reportage protestteerde ze tegen de gevangenschap van een lokale journalist die kritiek had op de Mexicaanse regering, toen een dictatuur onder Porfirio Díaz. Toen de Mexicaanse autoriteiten van Bly's reportage hoorden, dwongen ze haar het land te verlaten. Eenmaal veilig thuis keurde ze Díaz af als een tirannieke tsaar die het Mexicaanse volk onderdrukte en de pers beheerste.

Tradução sobre um resumo

Nadat ze opnieuw met het verslaan van theater en kunst werd belast, verliet Bly de *Pittsburgh Dispatch* in 1887 en verhuisde naar New York. Toen haar geld na vier maanden op era vroeg ze om werk bij Joseph Pulitzers krant de *New York World*. O nome é uma lei secreta e oculta sobre o *Asilo Lunático para Mulheres* (Krankzinnigengesticht voor Vrouwen) na Blackwell's Island.

Bly oefende zich een avond lang voor de spiegel in het nadoen van gezichtsuitdrukkingen van psychiatrische patiënten. De volgende dag vond ze logies in een pension voor arbeiders. Ze weigerde daar naar bed te gaan en vertelde de pensionhouders dat zij bang voor hen was omdat ze er gestoord uitzagen. Deze waarschuwden de volgende ochtend de politie. Ze werd meegenomen en voorgeleid bij de rechtbank. A ação de lei também é feita por geheugenverlies leed. De rechter oordeelde dat ze gedrogeerd moest zijn.

Ze werd onderzocht door verschillende dokters, die allemaal verklaarden dat ze psychisch gestoord was. "Beslist dement", zei er één, "ik beschouw dit als een hopeloze zaak". Zij moet ergens worden ondergebracht waar iemand voor haar zorgt". Het hoofd van psychiatrische inrichting Bellevue Hospital beschreef haar als "ongetwijfeld gestoord". De zaak van het "knappe gekke meisje" trok de aandacht van de pers: "Wie is dat gestoorde meisje?" vroeg *The Sun* zich af. *The New York Times* schreef over de "geheimzinnige zwerfster" met een "wilde, gejaagde blik in haar ogen" en haar wanhopige geklaag: "Ik weet het niet meer, ik weet het niet meer".

Na haar opname als patiënt in het gesticht maakte Bly kennis met de dagelijkse levensomstandigheden daar. De maaltijden bestonden uit waterige pap, bedorven rundvlees, brood dat niet veel meer dan gedroogd deeg foi en vies ondrinkbaar water. Patiënten die een gevaar zouden

176

kunnen vormen, werden met touwen vastgebonden. De acordo com o que foi dito, o grupo de trabalho do banco de defesa foi criado em uma espécie de ruína. Rond de eettafels lag overal afval en in het gebouw waren ratten. Een bad bestond er uit dat emmers met koud water over de patiënt werden leeggegoten. De oppassers waren onaangenaam en beledigend, ze vertelden de patiënten hun mond te houden en sloegen hen als ze dat niet deden. Bly raakte er door contacten met andere patiënten van overtuigd dat sommigen geestelijk net zo gezond waren als zijzelf. Over haar ervaringen in het gesticht schreef ze:

Is er iets behalve marteling dat sneller gestoordheid zou voortbrengen dan deze behandeling? Mais uma palavra sobre um assunto que você deve abordar. Você pode encontrar informações sobre as artes de mesa e sobre os meus pais, sobre os fundos de caça que sobraram, sobre os homens e mulheres que se encontram em busca de caça, sobre os homens e mulheres, sobre os homens e mulheres que se encontram em busca de caça, sobre os homens e mulheres, sobre os homens e mulheres que se encontram em busca de ocres, sobre os homens e mulheres que se encontram em busca de aventuras, haar zouden verbieden te spreken of bewegen tijdens deze uren, haar niets te lezen zouden geven en haar niets laten weten over de wereld of wat daarin gebeurt, haar slecht eten en een wrede behandeling zouden geven, en dan zien hoelang het duurt voordat ze gek wordt. Twee maanden zouden haar een mentaal en psychisch wrak maken.

...Mijn tanden klapperden en mijn ledematen waren ...verdoofd door de kou. Plots kreeg ik drie emmers ijskoud water ...waarvan een in mijn ogen, neus en mond.

Na tien dagen foram Bly vrijgelaten na ingrijpen van *The World*. Haar verslag, gepubliceerd in boekvorm onder de titel *Ten Days in a Mad-House* (*Tien dagen in een gekkenhuis*), veroorzaakte veel sensatie en heeft haar blijvende roem verschaft. In verlegenheid gebrachte artsen en ander gestichtspersoneel probeerden omstandig uit te leggen hoe het kon dat zoveel deskundigen in de maling waren genomen. Een grand jury voerde een onderzoek uit naar de omstandigheden in het gesticht, waarbij Bly om advies werd gevraagd. No relatório do júri foram convidados a falar sobre a porta do jornalista. Het Departement voor Liefdadigheidsinstellingen en Penitentiaire Inrichtingen verhoogde haar budget voor de krankzinnigenzorg met $ 850.000. O orçamento para as inspeções do toekomstige é de US$ 850.000.

Wereldreis

Em 1888, o stelde Bly haar hoofdredacteur bij de *New York World* voor dat ze een reis rond de wereld zou maken om te proberen de fictieve *Reis om de wereld in tachtig dagen* voor het eerst tot een feit te maken. Mais tarde, em 14 de novembro de 1889, às 9h40m, um estojo da Linha Hamburgo-América, e um caminhão de 40.071 quilômetros.

O júri também tinha ensacado a mochila, uma esteva, uma escuna de agulha e uma chave de mão com uma máquina de lavar louça. O dinheiro foi gasto (em 200 libras esterlinas, em inglês bankbilbiljetten e em voz alta, com a mesma qualidade do Amerikaanse Valuta) em um pacote de ervas daninhas.

De New Yorkse krant *Cosmopolitan* sponsorde haar eigen verslaggeefster Elizabeth Bisland, om zowel de tijd van Phileas Fogg als die van Bly te verslaan. Bisland zou in tegengestelde richting om de wereld reizen. Om de interesse in het verhaal vast te houden, organizerde *The World* een "Nellie Bly-Gokwedstrijd", waarbij lezers werd gevraagd om Bly's aankomsttijd tot op de seconde nauwkeurig te schatten. De hoofddprijs was aanvankelijk een gratis reis naar Europa, maar dit werd gewijzigd in geld om tijdens die reis uit te geven.

Tijdens haar wereldreis kwam Bly door Engeland, Frankrijk (waar ze Jules Verne in Amiens ontmoette), Brindisi, het Suezkanaal, Colombo (Ceilão), de Straits Settlements van Penang en Singapore, Hongkong en Japan. A eficiência da rede de distribuição de alimentos em eletrificação e telegrafia eletrônica é uma realidade que se encontra em um estado de alerta para as consequências de uma viagem, uma vez que a rede de distribuição de alimentos é regulada por um regulamento.

Bly reisde met stoomschepen en het bestaande spoorwegennet, hetgeen af en toe veroorzaakte, vooral in het Aziatische deel van haar reis. A China tem dez anos de história e uma longa história em Singapura.

Vanwege zwaar weer tijdens haar Pacifische overtocht kwam ze pas op 21 januari aan in San Francisco op het White Star Line-schip *Oceanic*, twee dagen achter op schema. Maar *The World-eigenaar* Pulitzer charterde een privétrein, omgedoopt tot de *Miss Nellie Bly Special*, om haar thuis te brengen en ze kwam terug in New Jersey op 25 januari 1890 om 15:51 uur.

"Tweeënzeventig dagen, zes uur, elf minuten en veertien seconden na haar vertrek uit Hoboken" foi Bly terug em Nova York. Ze had de aarde bijna zonder begeleiding rondgereisd. Bisland foi op dat ogenblik nog steeds de Atlantische Oceaan aan het oversteken en kwam vierenhalve dag later in New York aan. Net als Bly tinha um gemist aansluiting e humest aan boord gaan van een langzaam, oud schip (de *Bothnia*) in plaats van een snel schip (*Etruria*). O reis de Bly foi um wereldrecord, hoewel het enkele maanden later wered verbeterd door George Francis Train, die de reis in 67 dagen voltooide. Tegen 1913 hadden Andre Jaeger-Schmidt, Henry Frederick en John Henry Mears het record overtroffen, waarbij de laatste de reis binnen 36 dagen volbracht.

Latere jaren

Em 1895, Nellie Bly de miljonair-fabrikant Robert Seaman, die 40 jaar ouder foi. O trok zich terug uit de journalistiek en werd de directrice van de *Iron Clad Manufacturing Co.* , die stalen containers maakte, zoals melkbussen en cv-ketels. Em 1904 overleed haar man. Na hetzelfde jaar begon *Iron Clad* met de productie van het stalen vat dat modelo stond voor het olievat van 55 gallon, zoals dat nog steeds veel gebruikt wordt in de Verenigde Staten. Hoewel er soms wordt beweerd, dat Nellie Bly het vat heeft uitgevonden, neemt men aan dat de eigenlijke uitvinder Henry Wehrhahn is geweest, die waarschijnlijk zijn uitvinding aan haar heeft toegeschreven (US Patents 808.327 en 808.413). Nellie Bly foi até mesmo recusada uma licença, com a patente americana 697.553 para um novo melkbus e a patente americana 703.711 para um afvalopslagbus, que é uma das mais importantes do mundo. Een tijdlang foi uma das principais empresas de toonaangevende fabricadas em Verenigde Staten, que se dedicam a fabricar porta de embarque de mercadorias.

A tradução em inglês do Oostfront tijdens de Eerste Wereldoorlog de 1913. O documento foi "Suffragists Are Men's Superiors" ("Suffragettes Staan Boven Mannen") e foi publicado em 1913.

Em 1916, foi criado um carrinho de bebê e um carrinho de bebê com portas e portas que foram adotadas. O tipo de tetinho era onechtelijk e moeilijk te plaatsen omdat hij half-Japans era. Hij heeft de volgende zes jaar doorgebracht in een weeshuis dat werd gedreven door de *Church For All Nations* in Manhattan.

Toen Bly aan het einde van haar leven ziek werd, vroeg ze haar nichtje Beatrice Brown om voor het jongetje - en nog enkele andere baby's die haar interesse hadden gewekt - te zorgen. O interesse em weeshuizen kan onderdeel zijn geweest van haar voortdurende inspanningen om de sociale organisaties van haar tijd te verbeteren.

Bly overleed in 1922 op 57-jarige leeftijd aan een longontsteking in het St. Mark's Hospital in New York. A partir de 1922, um bescheiden graf op het Woodlawn Cemetery, no Bronx.

Destaques

- Nellie Bly, pseudônimo de Elizabeth Cochrane, começou sua carreira em 1885 em sua Pensilvânia natal como repórter do Despacho de Pittsburgh, para o qual ela havia enviado uma carta irritada ao editor em resposta a um artigo que o jornal havia impresso intitulado "Para que servem as garotas" (não muito, de acordo com o artigo).
- Seus primeiros artigos, sobre as condições entre as meninas trabalhadoras em Pittsburgh, a vida nas favelas e outros tópicos semelhantes, a marcaram como repórter de engenhosidade e preocupação.
- O Livro de Nellie Bly: Around the World in Seventy-two Days (1890) foi um grande sucesso popular, e o nome Nellie Bly tornou-se sinônimo de uma repórter estrelada.

6. Marie Curie (1867-1934)

A primeira mulher a ganhar um Prêmio Nobel

"Nada na vida é para ser temido, é apenas para ser compreendido". Agora é o momento de entender mais, para que possamos temer menos".

Maria Salomea (Marie) Skłodowska-Curie (Warschau, 7 de novembro de 1867 - Passy, 4 de julho de 1934) foi um esquema de Pools-Frans- en natuurkundige. Zij foi um pioneiro na atividade radioativa, tendo dois prêmios Nobelprijzen e dois prêmios de elementos: polônio e rádio. No país de origem, Frankrijk é o primeiro a ser reconhecido como Marie Curie e o segundo como Madame Curie, a palavra "Madame Curie" é a porta de entrada da biografia do país.

Levensloop

Maria Skłodowska werd op 7 november 1867 geboren in het door Rusland bezette deel van Polen. Ze was de jongste van vijf kinderen van Władysław Skłodowski (1832-1902) en Bronisława Boguska (1836-1878).

Beide ouders waren afkomstig uit verarmde families die behoorden tot de lagere landadel. Haar jeugd werd getypeerd door het overlijden in 1876 van haar zus Zofia aan vlektyfus en twee jaar later dat van haar moeder aan tuberculose.

Als 15-jarige haalde ze cum laude het examen van de middelbare school, maar kort daarna kreeg ze last van depressie en werd ze door haar vader naar familie op het platteland gestuurd waar ze een jaar met plezier verbleef. Vanwege Russische maatregelen na de mislukte Januariopstand in 1863 werd het onderwijs in Polen 'gerussificeerd'. Op universiteiten werd de voertaal Russisch, werd het Pools verboden en werd vrouwen de toegang ontzegd. Hierdoor werd Maria Skłodowska em 1883 niet toegelaten tot de (toen nog Koninklijke) Universiteit van Warschau. Om bij te dragen in de kosten van levensonderhoud van het gezin (nadat hun vader zijn baan had verloren) werkte ze als lerares. Na vanguarda das faculdades e do clandestien Vliegende Universiteit van Warschau, um grupo de estudantes universitários que trabalham em conjunto na porta de entrada da Rusland, a Rusland criou a Universidade de Warschau.

Parijs

Met haar oudere zus Bronisława (Bronia) sloot Maria een overeenkomst: Bronia zou naar Parijs gaan om medicijnen te studeren, terwijl Maria werk zou zoeken als lerares. A Bronia tem uma grande variedade de medicamentos para estudantes, mas também para leitores. Wanneer Bronia eenmaal arts zou zijn, zou Maria op haar beurt naar Parijs komen en zou haar zuster haar helpen om haar studie te bekostigen. Van 1886 tot 1889 werkte Maria als gouvernante bij de familie Żorawski waar ze verliefd werd op de oudste zoon Kazimierz Żorawski. De rijke familie voelde niets voor een verbintenis van hun zoon met een meisje zonder geld. O chão tem uma base como garantia para um andere betrekking vond bij de familie Fuchs in Sopot, aan de Oostzeekust.

Em 1891, o Conselho de Ministros de 1891, em 1891, escreveu sobre os esquemas, o natuurkunde en wiskunde te studeren aan de Sorbonne bij Gabriel Lippmann en de wiskundige Paul Appell. In de zomer van 1893 slaagde Maria Skłodowska als beste van haar jaar voor haar licentiaat natuurkunde en het jaar daarop behaalde ze het licentiaat in de wiskunde. Op voorspraak van natuurkundedocent Lippmann mocht ze begin 1894 voor de *Société d'encouragement pour l'industrie nationale* (Genootschap ter bevordering van de nationale industrie) onderzoek doen naar de

magnetische eigenschappen van gehard staal. Para isso, o professor Józef Kowalski entrou em contato com Pierre Curie e com a École de Physique et Chimie onderzoek deed naar magnetisme. A partir de 26 de julho de 1895, o grupo de trabalho se reuniu com Elkaar (na promoção de Pierre Curie).

Radioativit

Em 1897 rondde Marie Curie haar onderzoek naar de magnetisering van gehard staal af. Voor haar promotie begon ze onderzoek teen doen naar het door Becquerel ontdekte verschijnsel van uraniumstralen. Mais tarde, a Marie também se encarregou de desenvolver um projeto de pesquisa sobre a radioatividade do atoomkern e da radioatividade.

Op 25 juni 1903 verdedigde ze aan de Sorbonne haar proefschrift *Recherches sur les Substances Radioactives*, het eerste proefschrift in de natuurkunde geschreven door een vrouw. Os médicos da Sorbonne haar doctorsgraad met de kwalificatie *très honorable*. Em datzelfde jaar ontvingen Marie en Pierre Curie een deel van de Nobelprijs voor Natuurkunde "voor hun onderzoek naar de stralingsfenomenen ontdekt door Henri Becquerel". Becquerel kreeg het andere deel van die prijs. No toekennen van de Nobelprijs foi Pierre Curie benoemd tot hoofd van het natuurkundig laboratorium van de Sorbonne.

Hoewel Marie Curie nu bij de meeste academici toch als toonaangevend wetenschapster werd erkend en gewaardeerd, was nog niet iedereen overtuigd van de waarde van haar ontdekkingen. Vooral de eminente fysicus Lord Kelvin, canaviais lang een vriend van Pierre Curie, betwijfelde publiekelijk haar theorie van de radioactiviteit. Em um resumo aberto de 9 de agosto de 1906 e no *The London Times*, dez onrechte, zo zou mais tarde blijken, o elemento dat radium geen era o maar eerder een verbinding van lood en helium. Geprikkeld door deze kritiek zou Curie met de hulp van haar bevriende collega André-Louis Debierne na jaren naarstig onderzoek er in 1910 toch in slagen om radium als (apart) element in de Tabel van Mendelejev te plaatsen.

Na overlijden van haar echtgenoot Pierre Curie kende de faculteitsraad van de Sorbonne op 11 mei 1906 unaniem zijn leerstoel toe aan Marie Curie. Tevens werd ze benoemd tot lector. Hiermee foi um dos melhores caminhos para a Sorbonne. Em 1910, a "Schreef Curie de tweedelige *Traité de Radioactivité* (Verhandeling over radioactiviteit) waarin ze al haar

183

kennis optekende die ze had verworven over radioactiviteit. Em datzelfde jaar·slaagde ze erin radium te isoleren. A maioria das pessoas que não tem o direito de se submeter a um regime deheid para radioativismo, de curie; dez anos atrás, o homem Pierre Genoemd.

Langevin-affaire

Ondanks haar faam werd ze in 1911 bij de verkiezingen voor de Franse Académie des sciences niet verkozen tot nieuw lid. Em um felle campagne voorafgaand aan de verkiezingen hadden conservatieven en katholieken de vrijzinnige Curie afgeschilderd als een losbandige atheïste die door haar Poolse afkomst geen echte Française kon zijn. A Curie Joods foi uma das mais importantes empresas do mundo. Em algumas placas, era Édouard Branly, natuurkundige e um pioneiro em telegrafia de draadloze, gekozen. Pas 50 anos mais tarde foi uma aluna da Curie, Marguerite Perey, e também uma aluna da Académie.

O efeito doel doel do haar bezoek foi o melhor da radioatividade. Het radiumpreparaat dat ze hierbij meenam is nog steeds in het bezit van Rijksmuseum Boerhaave. Em data zelfde jaar neemt ze samen met de Franse natuurkundige Paul Langevin deel aan de Eerste Solvay Conferentie in Brussel. Haar relatie met de feitelijk gescheiden maar wettelijk nog steeds gehuwde Langevin zorgde voor een groot schandaal in de door de pers opgehitste publieke opinie. Bij haar thuiskomst in Parijs stond een woedende menigte haar op te wachten. Om aan de verbale en fysieke agressie te ontkomen zocht ze samen met haar dochters bescherming bij de bevriende schrijfster Camille Marbo en haar echtgenoot, de wiskundige Émile Borel die haar mear meteen onderdak boden. Ze sukkelde eens te meer in een depressie en liet zich voortaan weer Skłodowska noemen. Na Holanda, Albert Einstein tem uma breve declaração de intenções sobre as melhores práticas de waarop zij em Frankrijk behandeld, onde se encontra Paul Langevin.

Oorlogsjaren

Na uitbreken van de Eerste Wereldoorlog, trok Curie in het najaar van 1914 op verzoek van de Vlaamse bataljonarts Frans Daels en onder bescherming van haar voormalige advocaat, de Franse minister van Oorlog Alexandre Millerand naar het oorlogsfront in de Westhoek. O objetivo deste trabalho é a criação de "ambulâncias radiológicas" (auto-ônibusibusibus para um dínamo e um röntgenapparaat; mais tarde, "les
184

petites Curies" genoemd), a primeira vez que a Curie se encontrou com o médico Irène, e a segunda vez que o Franse Rode Kruis, de gewonde foi vendido em langs de frontlinie de veldhospitalen.

Hoewel rond 1930 de dagelijkse leiding van het Radiuminstituut werd overgenomen door haar dochter Irène bleef Curie tot haar dood directeur. Em 1934, no sanatório Franse Sancellemoz op 66-jarige leeftijd aan leukemie, vrijwel zeker ontstaan doordat zij door haar werk aan een enorme stralingsdosis was blootgesteld. O homem que estava naast haar man em Sceaux begraven. Em 1995, o Panthéon foi superado em 1995.

Werk

Aanvankelijk bestudeerde Maria Skłodowska staal voor een metaalbedrijf, haar enige onderzoek waar radioactiviteit geen roll bij speelde. Em dezembro de 1895, o verschoof haar aandacht toen Wilhelm Röntgen de röntgenstraling ontdekte. Kort daarna ontdekte de Fransman Henri Becquerel dat mineralen die uranium bevatten ook een onbekende straling afgaven. Om te onderzoeken of andere materialen dezelfde eigenschap bezaten testte Marie allerlei mogelijke stoffen die ze kon verkrijgen. Ze vond dat thorium, na uranium het zwaarste element, eveneens stralingsactief was.

Ze bestudeerde radioactieve materialen, met name uraniumerts, ook wel uraniniet of pekblende genoemd. Pekblende bleek sterker radioactief te zijn dan het uranium en thorium dat eruit werd gewonnen, terwijl er geen andere radioactieve elementen bekend waren. De logische verklaring hiervan was dat pekblende sporen van een andere, onbekende, radioactieve stof moest bevatten, die veel meer straling produceerde dan uranium. Echter, de stralingsactieve substantie in pekblende was zó gering dat die zich aan iedere chemische analyse onttrok en alleen aantoonbaar was dankzij de gevoelige elektrometer van Pierre Curie.

Van de hogeschool kreeg Marie toestemming om achter de school in een oude, onverwarmde schuur een primitief laboratorium in te richten. Pierre e Marie Curie pasten verschillende chemische scheidingstechnieken toe op het pekblende en gingen alleen verder met het residu dat de sterkste stralingsactiviteit vertoonde. A porta do porta é um jarro de madeira com um elemento de esquema.

O elemento foi usado em polônio naar Maries vaderland en het tweede radium, vanwege de intense radioactiviteit van het element. Marie heeft het achteraf betreurd dat polonium veel minder toegepast werd dan radium. Het echtpaar ontving in 1903 de Davy-medaille en in 1904 de Matteucci Medal. Speciaal voor haar werk kwam in 1914 het Institut du Radium te Parijs gereed.

Nobelprijzen

Samen se encontrou com Becquerel em 1903 com o Nobelprijs voor de Natuurkunde. Door de zwakke gezondheidstoestand van Marie konden Marie en Pierre Curie de prijs niet persoonlijk in ontvangst nemen.

Acht jaar mais tarde, com Marie Curie opnieuw de Nobelprijs voor de Scheikunde, deze keer ongedeeld, "als erkenning voor haar diensten ter bevordering van de scheikunde door de ontdekking van de elementen radium en polonium, door de isolatie van radium en de studie van de aard en samenstelling van dit opmerkelijke element".

Marie Curie foi uma das pioneiras no Nobelprijs e uma das duas mulheres que ganharam o Nobelprijzen (Linus Pauling, John Bardeen e Frederick Sanger) e uma das duas mulheres que ganharam o Nobelprijzen em duas disciplinas (Linus Pauling foi de andere).

Pós-produto erkenning

Curie foi em 1995 de eerste vrouw die op grond van haar eigen verdiensten werd bijgezet in het Panthéon te Parijs. Tijdens een periode van hyperinflatie stond haar beeltenis op de Poolse bankbilbiljetten van 20.000 złoty. Em 1997, um grupo de 500 francos franceses foi criado com o objetivo de fazer com que as 500 francos franceses fossem utilizados para a construção de uma fábrica e, em 1997, um grupo de 500 francos franceses foi criado com o objetivo de fazer com que as 500 francos franceses fossem utilizados para a construção de uma fábrica e, em 1997, um grupo de 226,0 francos franceses foi criado com o objetivo de fazer com que as 500 francos franceses fossem utilizados para a construção de uma fábrica e, em 1997, um grupo de 22688Ra. Op deze isotoop é um projeto doheid para radioativismo, de curie gebaseerd. Tegenwoordig wordt de eenheid curie nauwelijks nog door fysici gehanteerd, maar gebruikt men de becquerel. Ook het element curium (Cm) is genoemd naar het echtpaar.

186

Rond 1995 wered het archief met alle notities en geschriften van Marie en Pierre Curie door hun nazaten aan de *Bibliothèque nationale* in Parijs geschonken. Aangezien deze documenten vrijwel continu in contact stonden met de radioactieve materialen in het laboratorium van Curie, dienden zij eerst grondig schoongemaakt te worden. É importante não deixar de procurar dados de radioatividade para evitar um problema; os pesquisadores devem procurar um papel que os capacite a procurar dados de radioatividade para evitar que eles se tornem mais exigentes.

Destaques

- Marie Curie foi uma física francesa nascida na Polônia, famosa por seu trabalho sobre radioatividade e duas vezes ganhadora do Prêmio Nobel.
- Com Henri Becquerel e seu marido, Pierre Curie, ela recebeu o Prêmio Nobel de Física de 1903.
- Ela foi a única ganhadora do Prêmio Nobel de Química de 1911.
- Marie Curie foi a primeira mulher a ganhar um Prêmio Nobel, e é a única mulher a ganhar o prêmio em dois campos diferentes.

7. Sacagawea (1788?-1812?)
Intérprete e guia indígena americano

"Incríveis as coisas que você encontra quando se preocupa em procurá-las".

Sacagawea (Condado de Lemhi, cerca de 1788 - Forte Lisa (Nebraska), dezembro de 1812), ook *Sacajawea* e *Sakakawea* genoemd, foi um vrouw indiaanse uit de Shoshone-stam. Haar man en zij werden vanuit Fort Mandan gerekruteerd voor de expeditie van Lewis en Clark. A expedição de mercadorias como portagem e pedágio é uma das mais importantes do mundo da aviação civil. A revista Staten foi um simbolismo para o desenvolvimento de uma carreira emancipatória e uma campanha de vacinação em 2000, por meio de um instrumento de atualização do dólar americano.

Biografie

Sacagawea werd geboren als Shoshone. Toen ze ongeveer twaalf jaar wasd ze ontvoerd door leden van de naburige Hidatsa-stam. Mais tarde, o grupo se encontrou com Franse ontdekkingsreiziger Toussaint Charbonneau. Haar man wered in 1804 als tolk aangenomen door

Meriwether Lewis en William Clark voor hun expeditie, waarmee Sacagawea ook meeging. Eind 1805 bereikte men de Grote Oceaan. Em setembro de 1806 kwam de expeditie in Saint Louis ten einde.

Na afloop van de expeditie woonde Sacagawea met haar man drie jaar bij de Hidatsa. Hierna vestigden ze zich bij de kolonisten. A empresa foi criada em 1812 em Fort Lisa (Nebraska) e no Missouri e difterie gestorven toen ze ongeveer 25 jaar oud was. A partir de 1884, a empresa passou a ser uma das mais importantes na região de Shoshone no Wind River-reservaat, em 1884.

Destaques

- Sacagawea, também soletrado Sacajawea, traduz-se em "Mulher Pássaro".
- Escravizada e levada para seus vilarejos de terra do Rio Knife perto da atual Bismarck, Dakota do Norte, ela foi comprada pelo comerciante de peles francês canadense Toussaint Charbonneau e tornou-se uma de suas esposas no plural por volta de 1804.
- Sacagawea não foi o guia da expedição, como alguns a retrataram erroneamente; no entanto, ela reconheceu marcos no sudoeste de Montana e informou Clark que o Bozeman Pass era a melhor rota entre os rios Missouri e Yellowstone em sua viagem de retorno.

8. Ruby Bridges (nascido em 1954)

Ativista dos direitos civis americanos

"O racismo é uma doença dos adultos, e devemos parar de usar nossos filhos para disseminá-la".

Ruby Nell Bridges (8 de setembro de 1954) foi também a primeira escola pública de William Frantz em Nova Orleans, uma escola de base que se encontrava com uma escola de ensino médio.

Biografie

Ruby Nell Bridges werd geboren in Tylertown, Mississippi, als eerste dochter van Aborn en Lucille Bridges. Toen Ruby vier jaar foi verhuisde het gezin naar New Orleans, Louisiana. Para além da escória e da escória, em uma estação de benzinestação, o homem estava sempre em busca de família e de família em hun onderhoud.

Einde van de segregatie in het Zuiden

Op gerechtelijk bevel werden de scholen van New Orleans in 1960 verplicht zwarte leerlingen toe te laten. Hiermee wilde men de integratie van zwarte kinderen in blanke scholen bevorderen. Een test bepaalde of zwarte kinderen al dan niet werden toegelaten. Ruby slaagde voor deze test, samen met nog vijf andere kinderen.Van de zes kinderen bleven er twee op hun oude school, drie gingen naar Mc Donaugh, Ruby ging als enige naar William Frantz Public School.De vader van Ruby twijfelde om zijn dochter naar de school te sturen, haar moeder zag het als een grote stap vooruit voor alle zwarte kinderen en kon haar man overtuigen.

Eerste schooldag

Er werd geprobeerd het gerechtelijk bevel op alle mogelijke manieren tegen te houden. Hierdoor miste Ruby de start van het schooljaar in haar nieuwe school. Pas op 14 november 1960 ruilde ze haar oude school in voor de William Frantz Public School.Op die dag stapte Ruby samen met haar moeder, onder escorte van US-marshalls, voor het eerst naar William Frantz. Aan de schoolpoort werden ze opgewacht door een woedende menigte, mensen schreeuwden racistische slogans. Ruby zei later dat de volkstoeloop en het rumoer haar deden denken aan Mardi Gras.Door alle commotie die door haar aankomst werd veroorzaakt, geraakte Ruby niet tot aan haar leslokaal. Samen met haar moeder bleef ze de hele dag in het bureau van de schooldirecteur.

Vanaf het moment dat Ruby leerling werd aan de William Frantz basisschool haalden blanke ouders hun kinderen massaal van school. Todos os chucrutes são muito difíceis de serem alcançados e um pouco de guerra, veja Barbara Henry (afkomstig uit Boston, Massachusetts). Vanaf de tweede dag gaf zij les aan Ruby, die gedurende dat jaar haar enige leerling zal zijn.

Protesto em protesto de gevolgen

Het imenso protesto bleef niet bij het scanderen aan de schoolpoort. Een vrouw dreigde ermee Ruby te vergiftigen, hierdoor mocht ze niet naar de schoolkantine en kon ze alleen zaken eten die ze van thuis had meegebracht. Os homens que se encontram em perigo escoltam os marechais dos EUA.

De gevolgen voor de familie bleven niet lang uit. Ruby's vader werd ontslagen. De kruidenier waar de familie hun inkopen deed wilde niet langer dat ze bij hen hun boodschappen deden. Haar grootouders, die al 25 jaar deelpachter waren op een boerderij in Mississippi, werd verzocht te verhuizen.

Os jovens da terra estudam a terra da família e se divertem com os presentes. Een buur gaf Ruby's vader een baan als huisschilder. Eram passados a gentileza da família de herrieschoppers em seu trabalho. O Kinderpsychiater Robert Coles begeleidde Ruby gedurende haar eerste jaar in William Frantz. Elke week bracht hij Ruby thuis een bezoek en spraken ze over hoe het op school ging. Você pode ler um boek om kinderen het verhaal van Ruby te leren kennen: "A história de Ruby Bridges".Bij het einde van het schooljaar was het grotendeels uitgedoofd en in september van het nieuwe schooljaar was het helemaal verdwenenen. Ruby zat dan samen met andere kinderen in de klas, onder hen zelfs enkele zwarte kinderen. O alho-porro do período de integração escolar do tipo de guerra era o alho-porro do período de integração escolar do tipo de guerra.

Gezin

Ruby trouwde em 1984 conheceu Malcolm Hall en ze kregen vier zonen. Ruby werkte vijftien jaar als reisagente maar na de geboorte van haar kinderen werd ze fulltime huismoeder.in 2005 verloor Ruby Bridges haar huis bij de doortocht van orkaan Katrina.

William Frantz

Toen Ruby em 1993 até mesmo de zorg voor de dochters van haar overleden broer op zich nam en hen naar school bracht, keerden de herinneringen bij haar terug. Ze besloot vrijwilliger te worden in de school. As pessoas que se comunicam com a escola via de comunicação com os colegas de escola, Barbara Henry Ruby, por meio do spoor. Na véle jaren namen ze opnieuw contact op. Nadien gingen ze samen langs scholen om hun verhaal te doen.De William Frantz Public School werd grotendeels verwoest door orkaan Katrina in 2005. A Escola Ruby Bridges School of Community Services & Social Justice (Escola Ruby Pontes de Serviços Comunitários e Justiça Social) foi uma escola de heropbouw van de school en zal focussen op rechtvaardig onderwijs waar culturele verschillen als een verrijking worden gezien.

A Fundação Ruby Pontes

Deze stichting werd in 1999 door Ruby opgericht. De missie van de stichting is blijvend de aandacht vestigen op tolerantie en respect voor al wie anders is. Zelf zegt ze het volgende: "racisme is een ziekte van volwassenenen en we moeten ermee ophouden onze kinderen te gebruiken om ze te verspreiden".

Destaques

- Ruby Bridges, em plena Ruby Nell Bridges, era a mais velha de oito crianças, nascida na pobreza no estado do Mississippi.
- Dos seis estudantes afro-americanos designados para integrar a escola, Bridges foi o único a se matricular.
- Em 14 de novembro de 1960, seu primeiro dia, ela foi escoltada à escola por quatro marechais federais.
- Pontes passaram o dia inteiro no escritório do diretor enquanto os pais irados marchavam até a escola para remover seus filhos.

9. Greta Thunberg (nascida em 2003)

Ativista climático sueco

"Eu aprendi que você nunca é pequeno demais para fazer a diferença".

Greta Thunberg (Estocolmo, 3 de janeiro de 2003) é uma klimaatactiviste de Zweedse.

A raakte bekend toen ze besloot om na de zomervakantie tot de Zweedse parlementsverkiezingen op 9 september 2018 elke schooldag te staken en met een protestbord buiten het Zweeds parlement post te vatten om aandacht te vragen voor de dreigende klimaatverandering. Na hora de verkiezingen staakte ze iedere vrijdag. Em novembro de 2018, o *Guardião disse em* uma opinião no *The Guardian* dit te zullen blijven doen totdat de politici het akkoord van Parijs zouden naleven.

Inspiração

Em uma entrevista com Amy Goodman van *Democracy Now!* e, mais tarde, op opere Facebookpagina zei Thunberg dat het idee van een schoolstaking voor het eerst bij haar opkwam na de Schietpartij op Stoneman Douglas High School op 14 februari 2018, toen een aantal jongeren weigerde nog naar school te gaan. Em 2018, um aluno da

Svenska Dagbladet tinha uma escola, a qual foi aberta pelo Bo Thorén van de milieugroep *Fossil Free Dalsland* de mogelijkheid van een schooltaking als actiemiddel. Greta vond dit een prima idee, maar kreeg weinig steun van andere leden van de milieugroep, en al evenmin van haar ouders. Para isso, é preciso fazer um trabalho de estaqueamento do terreno.

Greta Thunberg werd reeds op 20 augustus 2018, de eerste dag van haar protesto, ontdekt door *We Don't Have Time*, een Zweedse tech-start-up onder leiding van CEO Ingmar Rentzhog, een kennis van haar moeder Malena Ernman. De stichting/onderneming zet zich in om via de sociale media ondersteuning te bieden voor ingrijpende klimaatinvesteringen (Green New Deal). Greta Thunberg é um "korte tijd als speciale jeugdadviseur toegetreden tot het bestuur van de stichting. Em februari 2019 gaf de organisatie *We Don't Have Time* toe dat ze zonder medeweten van Greta Thunberg en haar familie haar naam gebruikt hadden.

Activisme

Greta Thunberg kwam geregeld in de pers vanwege haar scherpe uitspraken op klimaatbijeenkomsten. Uma ação de hambúrgueres e burgueses em busca do regime de apartheid para o Parlamento Britânico op 31 oktober 2018, georganiseerd door *Extinction Rebellion*, teve Thunberg a mais de "uma crise de uitzonderlijke e dringende die nooit als zodanig is erkend, en onze leiders handelen allemaal als kleine kinderen". Op de TED-conferentie van 24 november 2018 in Stockholm stelde Thunberg "we hebben al dertig jaar pep-talk en positieve praatjes gehoord". En sorry, maar het is nutteloos. Had het geholpen, dan waren de emissies nu al gezakt - en dat is niet het geval".

Op de Klimaatconferentie van Katowice 2018 sprak Thunberg meermaals de aanwezigen toe, en verweet ze de huidige wereldleiders "de toekomst [van hun kinderen] te stelen waar ze bij staan" en "jullie zijn niet volwassen genoeg om de waarheid te vertellen. Zelfs die last laten jullie aan ons, kinderen, over".

Op 23 december 2018 werd zij geïnterviewd door Fareed Zakaria in het CNN-programma *GPS*, waarin normaliter politici, regeringsautoriteiten en diplomaten aan het woord komen. Op 23 januari 2019 arriveerde ze in Davos, waar ze was uitgenodigd om te spreken op het World Economic

Forum. Terwijl Thunberg koos voor een 32 uur durende treinreis, kwamen 1500 deelnemers hiernaartoe met privévliegtuigen.

Greta Thunberg fungeerde ook als rolmodel voor de klimaatacties van scholieren (Spijbelen voor het klimaat) in België, Duitsland en Zwitserland, in januari 2019.

Op 21 februari 2019 kwam Greta Thunberg naar Brussel om samen met Anuna De Wever, Kyra Gantois en Adélaïde Charlier, de Belgische boegbeelden van *Youth for Climate,* vooraan mee te lopen in de zevende klimaatmars op donderdag. Door de massale persbelangstelling moest de politie ingrijpen om de jongeren te beschermen. In de voormiddag sprak Thunberg in Brussel de Europese Commissie met voorzitter Jean-Claude Juncker toe. Op vrijdag 22 februari 2019 was Thunberg samen met onder anderen Anuna De Wever, Kyra Gantois en Adélaïde Charlier aanwezig bij de klimaatmars in Parijs en werd ze nadien samen met de Belgische en Duitse delegaties ontvangen door de Franse president Emmanuel Macron. Thunberg deed deed tijdens een week schoolvakantie in Zweden mee aan de klimaatmarsen in Antwerpen op 28 februari 2019 en Hamburg op 1 maart 2019. Omdat Thunberg em Berlijn uitgenodigd foi para a *Goldene Kamera-gala*, foi o primeiro dia de trabalho das *sextas-feiras para o Protesto do Futuro*, com cerca de 20.000 alunos.

Op dinsdag 16 april 2019 sprak Thunberg de milieucommissie van het Europees Parlement in Straatsburg toe. Em Vlierwijk, no centro de Brussel, havia um filme muurschildering gemaakt van Thunberg, door kunstenaar Encq, ook gekend als Henk De Ruddere. A partir de 17 de abril de 2019, Thunberg teve a Thunberg em Roma, um encontro com os Franciscanos para discutir a porta de sua casa. O objetivo era que Thunberg se encontrasse com Thunberg e organizasse a coleta de lixo (o.a. Anuna De Wever) para o Parlamento Italiano e, em Roma, se encontrasse com escolas de coleta de lixo, para a Praça do Povo de 25.000 habitantes. Vervolgens reisde Thunberg verder met de trein naar Londen, waar ze op zondag 21 april de actievoerders van de Extinction Rebellion-beweging toesprak die al acht dagen actie voerden in Londen. Op 23 april 2019 gaf Thunberg um discurso no parlamento britânico.

Em Zomer van 2019 kondigde Thunberg aan dat ze een jaar vrij zou nemen van school (in Zweden is de schoolplicht tot zestien jaar) en in augustus 2019 zeilde Thunberg over de Atlantische Oceaan vanaf de Engelse havenstad Plymouth naar New York in de Malizia II, een achttien meter lang zeiljacht, type IMOCA 60-enkelrompsschip dat is uitgerust met zonnepanelen en onderwaterturbines. A empresa foi criada como um CO_2-neutrale trans-Atlantische oversteek als een demonstratie van de overtuigingen van Thunberg over het belang van het verminderen van emissies. Er kwam echter kritiek, omdat de reis uiteindelijk wel CO_2-uitstoot veroorzaakte: om de boot terug te laten keren, werden bemanningsleden uit Europa overgevlogen; die vluchten werden overigens wel CO_2-gecompenseerd. De reis duurde 15 dagen, van 14 tot 28 augustus 2019. Thunberg woonde de VN-klimaattop in New York op 23 september 2019 bij en zal ook spreken op de COP 25-klimaatconferentie in Santiago (Chili) (2-13 december 2019). Bij haar aankomst in New York werd ze opgewacht door honderden fans en klimaatactivisten waaronder de veertienjarige Alexandria Villaseñor (medeoprichter van *US Youth Climate Strike* en oprichter van *Earth Uprising*) en de zeventienjarige Xiye Bastida (een van de organisatoren van de *sextidays for Future New York City*). Gedurende enkele weken was de reis en de discussie eromheen dagelijks in het nieuws. Op vrijdag 30 augustus en vrijdag 6 september was ze van de partij op de schoolstakingen in New York voor het klimaat. O dia 13 de setembro foi o dia em que Thunberg se encontrou com o ativista Thunberg e com o ativista de escolas em Washington para o Witte Huis no dia 14 de setembro foi a porta de entrada de Trevor Noah no The Daily Show.

Op 23 september 2019 riep Thunberg op de klimaattop in New York direct na secretaris-generaal António Guterres de Algemene Vergadering van de Verenigde Naties de wereldwijd heersende bestuurders en volksvertegenwoordigers op scherpe toon ter verantwoording voor hun nalatigheid inzake daadkrachtig handelen tegen de klimaatcrisisis. Se você não se importou com a porta de entrada de um banco de dados e política, você pode fazer um orçamento para o futuro.

Em um resumo aberto, a Samen conheceu Adélaïde Charlier e Anuna De Wever op 1 december 2019, kondigen ze aan dat verdere acties ondernomen zullen worden om de politici te overtuigen om in te gaan op de duidelijke vragen vanuit de wetenschappelijke wereld.

Na het tussenjaar é Thunberg van plan om in het schooljaar 2020-2021 weer naar school te gaan.

Erkenning en prijzen

Thunberg começou maart 2019 em Zweden uitgeroepen tot "vrouw van het jaar", na een enquête, uitgevoerd in opdracht van de Zweedse krant *Aftonbladet*. *Expressen*, een andere Zweedse krant, riep Thunberg eerder ook al tot vrouw van het jaar uit. Op 13 maart 2019 werd Greta Thunberg genomineerd voor de Nobelprijs voor de Vrede door drie Noorse parlementsleden, Freddy André Øvstegård en twee andere leden van de Socialistische Linkse Partij nadat ze begin februari ook al was genomineerd door de Duitse politica Lisa Badum. Op 30 maart 2019 kreeg Thunberg in Berlijn tijdens het *Goldene Kamera-gala* de *Sonderpreis Klimaschutz* en dezelfde dag werd ze door de *Swedish Women's Educational Association* (ofwel SWEA International, Inc.) gehuldigd als Zweedse vrouw van het jaar.

Op 2 april 2019 werd bekendgemaakt dat Thunberg de winnaar werd van de *Prix Liberté* van de Franse regio Normandië, een prijs uitgereikt aan jongeren die zich inzetten voor vrijheid en vrede. Op 12 de abril venceu o Thunberg Samen met de Noorse Milieuvereniging *Natur og Ungdom* de Noorse Fritt Ords Pris.

Woensdag 17 de abril de 2019 ontmoette ze paus Franciscus op het Sint-Pietersplein. Zij nodigde hem uit "to join the Climate Strike" geschreven op een bord van de Laudato Si-generatie. Hij moedigde haar aan door te gaan met haar actie. Ook sprak zij in de senaat in Rome en deed mee aan een klimaatmars daar.

Em agosto de 2019 kreeg Thunberg de *Game Changer Of The Year-award* van het Britse tijdschrift GQ. Op 16 september ontving Thunberg (samen met met met met *sexta-feira for Future*) in Washington de prijs 'Ambassadeurs van het Geweten' (*Ambassadeurs* van het Geweten) van Amnesty International uit handen van Kumi Naidoo, secretaris-generaal van de mensenrechtenorganisatie.Tevens wered in 2019 de Right Livelihood Award aan haar toegekend.

Em 2019, um dos maiores genocídios do mundo, o de *Nelloptodes gretae*. Em 2020, um ano de um ano de um ano de um ano de um ano de Thunberg na Alemanha: *Craspedotropis gretathunbergae*.

Ze kreeg in 2019 ook de jaarlijkse milieuprijs van de Nordic Council, die samenwerking tussen de Deense, Finse en Zweedse parlementen promoot. Ze weigerde de geldprijs van 350.000 Deense kronen (zo'n

46.800 euro) en gaf daarbij meteen aan dat de noordse regio, ondanks goede inspanningen voor klimaat en milieu, energieverslindend is.

Op 20 november 2019 kreeg Thunberg samen met Divina Maloum de Internationale Kindervredesprijs. O próprio país não é um inimigo no mundo inteiro, mas sim um país que foi um dos maiores exportadores de Verenigde Staten naar Europa por cada país que se tornou um país de referência em Madrid em 2019.

Op 11 december 2019 werd Thunberg door het tijdschrift Time uitgeroepen tot *Persoon van het Jaar 2019.*

Em 2020, em 2020, a Thunberg recebeu um prêmio de um milhão de euros da Calouste Gulbenkian Stichting em Lissabon e, em breve, terá uma reunião com 100.000 pessoas e um grupo de amigos e amigos da Amazônia, *que* se reunirão às *sextas-feiras para o futuro.*

Em 2021, Bracht de Zweedse postou um postzegel uit met Thunberg op, binnen een reeks over het milieu.

Filme

Em 2020 kwam *eu sou Greta* in de bioscopen, um documentairefilm. A palavra gevolgd vanaf haar eerste schoolstakingsdag tot en met het moment dat zij als wereldberoemd milieuactiviste met haar vader per racezeiljacht de Atlantische Oceaan oversteekt. Na cidade de Nova Iorque, a onda de Assemblee van de Verenigde Naties toe. De film won de wetenschappelijke prijs tijdens het Zürich Film Festival 2020.

Familie- en privéleven

Thunbergs moeder é a Malena Ernman, uma das maiores operadoras de zweedse e deelneemster aan het Eurovisiesongfestival 2009. Haar vader é Svante Thunberg, um amador, um genoemd naar Svante Arrhenius, um neef van zijn overgrootmoeder. Arrhenius ganhou em 1903 o Nobelprijs voor Scheikunde voor zijn theorie over elektrolytische dissociatie.

Greta Thunberg era a geïnteresseerd al vroeg sterk em meio a um ambiente em wetenschap. Om de koolstofvoetafdruk te verminderen, overtuigde ze haar gezinsleden om veganistisch te eten, te consuminderen en niet meer te reizen met het vliegtuig.

Tijdens de TEDx Conferentie in Stockholm in november 2018 verklaarde ze te zijn gediagnosticeerd met obsessieve-compulsieve stoornis, seletief mutisme en het syndroom van Asperger. Zij verklaart de verbetenheid van haar engagement ten dele vanuit haar autisme.

Destaques

- Greta Thunberg, em plena Greta Tintin Eleonora Ernman Thunberg, foi diagnosticada com síndrome de Asperger, que agora é considerada uma desordem do espectro do autismo (ASD).
- Além de seu trabalho ambiental, Thunberg foi creditado a Thunberg pela conscientização sobre a Asperger e por inspirar aqueles que tinham o distúrbio.
- Embora reconhecendo que a Asperger a havia prejudicado de alguma forma, ela também notou suas vantagens, em certo ponto tweetando: "Eu tenho Aspergers e isso significa que às vezes sou um pouco diferente da norma". E - dadas as circunstâncias certas - ser diferente é uma superpotência".
- No One Is Too Small to Make a Difference (2019) é uma coleção de seus discursos.
- O documentário I Am Greta apareceu em 2020.

10.   Jane Goodall (nascida em 1934)
primatologista, etólogo e antropólogo britânico

"O mínimo que posso fazer é falar por aqueles que não podem falar por si mesmos".

Valerie Jane Morris-Goodall (Londen, 3 de abril de 1934) é uma inglesa antropóloga e bióloga, especialista em etologia e primatologia. É o bekendst van haar zestigjarige studie van het sociale en familiale leven van de chimpansee, die zij bestudeerde in het Gombe Stream National Park in Tanzania. O presidente do Jane Goodall Institute en het jongerenprogramma Roots & Shoots.

Levensloop

Goodall era o tipo eerste van Mortimer Herbert Morris-Goodall en Margaret Myfanwe 'Vanne' Joseph. Haar zus Judy werd geboren em 1938. Na de scheiding van haar ouders woonden de beide zussen bij hun moeder em Bournemouth, em Engeland.

Goodall foi al sinds haar jeugd geïnteresseerd in dieren. Na een secretariële opleiding werkte zij als secretaresse voor de antropoloog Louis Leakey in Kenia in 1957 en 1958. Wegens haar voorliefde voor dieren vroeg Leakey haar om bij te dragen aan zijn onderzoek naar menselijke evolutie. Dit heeft ertoe geleid dat Goodall de chimpansees van Gombe Stream National Park vanaf juli 1960 is gaan bestuderen.

Deze studie werd zestig jaar voortgezet en is inmiddels de langstlopende studie naar wilde chimpansees ter wereld.

Leakey zorgde er ook voor dat Goodall terugkeerde naar het Verenigd Koninkrijk, waar ze in 1965 haar doctoraat in de ethologie aan Newnham College van de Universiteit van Cambridge haalde. O seu trabalho é muito importante para o seu trabalho.

Goodall trouwde twee keer: de eerste keer in 1964 met de wildlifotograaf Hugo van Lawick. Zij scheidden em 1974. Hun zoon Grub werd geboren em 1967. Daarna trouwde Goodall conheceu Derek Bryceson, um líder do Parlamento da Tanzânia. Bryceson foi o diretor da Tanzânia em 1980.

Wetenschappelijke bijdrage

Een van de grootste bijdragen van Goodall era de ontdekking dat chimpansees werktuigen maken én gebruiken. Os chimpanzés de Sommige tomavam em duas ou três térmitas para se divertirem. De twijgjes worden in gaten gestoken waar zich termieten bevinden. Het twijgje wordt vervolgens met termieten bedekt, en teruggetrokken en leeggegeten door de chimpansee. Tot deze ontdekking werd gedacht dat alleen mensen werktuigen gebruikten.

Verder ontdekte ze dat chimpansees soms vlees vlees eten, gemeenschappelijk op jacht gaan en oorlog voeren met andere apensoorten en groepen chimpansees.

Em tegenstelling tot de toen gangbare praktijk van het toekennen van nummers, gaf Goodall namen aan dieren. Deze vermenselijking betekende een breuk met de toenmalige wetenschappelijke traditie, die erg argwanend stond tegen beschrijvingen van chimpanseegedrag in termen van menselijke drijfveren en emoties. Haar benadering bleek echter zeer vruchtbaar en wordt door ethologen tegenwoordig vrij algemeen toegepast.

Jane Goodall zet zich in voor de mensapen en het behoud van de mensapen (o projeto zogenaamde Great Ape Project). Ze is ambassadeur voor de Verenigde Naties sinds 2002. A Orde van het Britse Rijk (DBE) realizou uma cerimônia no Palácio de Buckingham em 2004. Em januari 2006, o Goodall voor haar inspanningen UNESCO's zestigste verjaardagsmedaille.

Films en vele documentaires zijn over haar en haar werk gemaakt. Er is ook een orquidee naar haar genoemd: *Dendrobium goodallianum.*

Jane Goodall Instituut

Em 1977 richtte Goodall het Jane Goodall Instituut op. Het instituut bestaat inmiddels in meer dan 30 landen en zet zich in voor de duurzame bescherming van chimpansees en hun leefgebieden. Het Jane Goodall Instituut werkt hierbij altijd samen met lokale gemeenschappen in Afrika.

Publiek optou por

Jane Goodall hield op de TED-bijeenkomst van maart 2007 een presentatie over de grote gelijkenissen en kleine verschillen tussen mensen en mensapen. TED é uma das bijeenkomsten waar Goodall veel waarde aan hecht. Haar publieke lezingen houdt ze ook op vele andere plaatsen en tijden, zoals op de Commonwealth Club, op verschillende (internationale) universiteiten, natuurreservaten en uiteraard haar eigen Jane Goodall Institute.

Goodall laat zich ook geregeld uit over de negatieve impact van de mens op de natuur en het klimaat. Haar eigen instituut zet zich in voor een duurzaam samenleven van mens en natuur.

Destaques

- Jane Goodall, em plena Dama Jane Goodall, estava interessada no comportamento animal desde cedo, deixou a escola aos 18 anos de idade.
- Ela trabalhou como secretária e como assistente de produção cinematográfica até conseguir passagem para a África. Uma vez lá, Goodall começou a ajudar o paleontólogo e antropólogo Louis Leakey.
- A Universidade de Cambridge em 1965 concedeu a Goodall um Ph.D. em etologia; ela foi uma das poucas candidatas a receber um Ph.D. sem ter antes possuído um diploma de A.B.
- Goodall escreveu vários livros e artigos sobre vários aspectos de seu trabalho, notadamente In the Shadow of Man (1971).

- Goodall continuou a escrever e dar palestras sobre questões ambientais e de conservação no início do século 21.

11.   Mary Seacole (1805-1881)

Enfermeira e uma heroína da Guerra da Crimeia

"A menos que me seja permitido contar a história de minha vida à minha maneira, não posso contá-la de forma alguma".

Mary Jane Seacole (Kingston, 1805 - Londen, 14 mei 1881) foi uma schrijfster jamaicanaanse e verpleegkundige tijdens de Krimoorlog.

Leven in de Caraïben

Mary Jane Seacole esteve em Kingston geboren als de dochter van de Schotse militair James Grant en een vrije Jamaicaanse vrouw. Haar moeder foi um genezeres die bekend foi met de Caribische en Afrikaanse geneesmethodes. O país foi um dos países mais ricos do mundo. Em 1821, o país foi criado em 1821, com o objetivo de criar um ambiente de trabalho mais seguro e mais seguro para todos os habitantes da Jamaica. Em 1836, conheci Edwin Horatio Hamilton Seacole, diretor de biografia de Mary Seacole, Jane Robinson, era um tipo de pessoa do tipo Horatio Nelson.

Em 1851 reisde Mary Seacole naar Panamá, destijds deel van Nieuw-Granada, waar haar meiobroer woonde. Kort na haar aankomst werd de plaats waar haar broer woonde getroffen door een epidemie van cholera. A primeira vez que o país se encontrou com sucesso de sucesso, ele se tornou um país com muitas verborreias na Jamaica e também com muitos problemas na Jamaica e no Panamá. Para que você possa ver as novidades sobre os Krimoorlogs quebrados e para que você possa ver o que está sendo feito, como também para que você possa ver o que está sendo feito.

Krimoorlog

Met behulp van haar eigen fondsen reisde ze af naar de Krim. Em Londen vormde ze een partnerschap met Thomas Day, kochten ze aldaar benodigdheden en reisden ze naar Constantinopel. Tijdens een tussenstop op het eiland Malta ontmoette Seacole een dokter die net terugkwam van het front en deze schreef voor haar een aanbevelingsbrief voor Florence Nightingale. A porta de entrada é a porta de entrada para o Balaklava.

Met behulp van drijfhout en ijzeren platen bouwde ze te Kadikoi, op vijf kilometer afstand van Sebastopol, haar British Hotel. Vanuit deze plek behandelde Seacole haar patiënten. Ook trok ze er vaak op uit naar het front als marketentster om spullen aan de soldaten te verkopen. Ook na de val van Sebastopol ging ze verder met haar werkzaamheden. Toen de Vrede van Parijs em 1856 werd getekend en de troepen het schiereiland verlieten era Mary Seacole de laatste die de regio verliet. Ze had gedurende haar periode op de Krim veel van haar financiële middelen verbruikt.

Latere leven

Na de oorlog keerde ze terug naar Londen waar ze in augustus 1856 failliet werd verklaard. Er werd vervolgens een fonds voor haar opgezet waarop velen doneerden ook werd er een groot festival in de Royal Surrey Gardens gehouden om geld op te halen. Em 1860, Mary Seacole foi a primeira a ser batizada como católica e a terug naar Jamaica. Mais tarde, o casal de cascos do Reino Unido foi obrigado a fazer uma pesquisa na Jamaica. Em 1872, a massagista de 1872, Alexandra van Denemarken, morreu e morreu e reapareceu em 1872. Seacole overleed in 1881 in haar woning aan apoplexie en werd begraven op het kerkhof van St Mary's Catholic Cemetery in Kensal Green.

Destaques

- Em 1836 Mary Grant casou-se com Edwin Horatio Seacole, e durante suas viagens às Bahamas, Haiti e Cuba, ela aumentou seus conhecimentos sobre medicamentos e tratamentos locais.
- Após a morte de seu marido em 1844, ela adquiriu mais experiência de enfermagem durante uma epidemia de cólera no Panamá e, após retornar à Jamaica, cuidou das vítimas da febre amarela, muitas das quais eram soldados britânicos.
- Apesar de sua experiência, suas ofertas para servir como enfermeira do exército foram recusadas, e ela atribuiu sua rejeição ao preconceito racial.
- Em 1855, com a ajuda de um parente de seu marido, ela foi para Crimea como sutler, montando o Hotel Britânico para vender alimentos, suprimentos e remédios para as tropas.

12.   Jane Austen (1775-1817)
romancista inglês

"Devo aprender a me contentar em ser mais feliz do que mereço".

Jane Austen (Steventon, 16 de dezembro de 1775 - Winchester, 18 de julho de 1817) foi uma prominente Engelse romanschrijfster van wie het werk nu deel uitmaakt van de westerse literaire canon. De forma dramática e dramática, um contraste estéril com os dados do passado em Würkijkheid leidde.

Haar realisme, bijtend sociaal commentaar en haar gebruik van de vrije indirecte rede, een tot dan toe weinig gebruikte stijlfiguur, hebben ervoor gezorgd dat ze een van de meest gelezen en meest geliefde schrijvers in de Engelse literatuur is geworden.

Levensloop

Austen groeide op in een hecht gezin in de lagere regionen van de Engelse adel. O que se pode dizer é que a porta foi aberta para os corretores. Ook leerde ze veel door veel te lezen. De onwrikbare steun van haar familie era van cruciaal belang voor de ontwikkeling van Austen als professioneel schrijver. Austen bleef zich als schrijfster artistiek ontwikkelen tot ze ongeveer vijfendertig jaar oud was. Al die tijd experimententeerde ze met verschillende literaire vormen, waaronder ook de briefroman, hoewel ze die vorm weer vrij snel terzijde schoof. De enige briefroman die ze schreef era *Lady Susan*. O schreef (e o dela) drie grote romans en begon aan een vierde. Van 1811 tot 1816 bereikte ze succes als schrijfster met de romans *Sense and Sensibility* (1811), *Pride and Prejudice* (1813), *Mansfield Park* (1814) en *Emma* (1816). Ze schreef nog twee romans, *Northanger Abbey* en *Persuasion*; deze werden postuum gepubliceerd in 1818. Eén roman bleef onvoltooid omdat ze stierf voordat ze deze kon afronden; deze laatste kreeg uiteindelijk de titel *Sanditon*.

Austens were vormenen een kritische reactie op de *sentimentele romans*, een literair genre dat in de tweede helft van de achttiende eeuw erg populair was. A maioria das pessoas se preocupa com o fato de não ter que lidar com a realidade. Austens (in essentie komische) plotlijnen wijzen op de sterke mate waarin vrouwen toentertijd afhankelijk waren van het huwelijk om sociale status en economische veiligheid te garanderen. A rede de boeken gaan uitgebreid in op toen actuele morele kwesties, net als die van Samuel Johnson, een van de sterkste invloeden op haar werk.

Omdat Austen ervoor gekozen had om anoniem te publiceren, bracht haar werk haar tijdens haar leven weinig persoonlijke roem en slechts enkele positieve kritieken. Pas na de publicatie van haar neef James Edward Austen-Leighs boek *Memoir of Jane Austen* in 1869 veranderde dat. O casal foi criado em 1869 por Austen eeuw em meados de 1869, como um "groot Engels Schrijver". In de tweede helft van de twintigste eeuw groeide de kennis over Austens leven en ontstond er een schare fans die zichzelf "Janeites" noemen. Haar leven werd beschreven en verfilmd, in onder meer de film *Becoming Jane* meet Anne Hathaway in de hoofdrol. No filme *Miss Austen lamenta* ter conhecido Olivia Williams em de hoofdrol staat haar eigen liefdesleven (de watdaarover bekend era) centraal. Haar boeken werden in veel talen vertaald, maar de televisiebewerkingen en verfilmingen waren de belangrijkste oorzaak van haar populariteit. In *Love Finds You in Charm (Ohio)* uit 2015 leest het Amish meisje Emma Miller Austen-boeken.

Brieven

Er é weinig informatie over het leven van Jane Austen overgeleverd. Slechts enkele persoonlijke brieven en brieven van haar familie zijn bewaard gebleven (naar schatting slechts 160 van de 3000 brieven). A Cassandra, uma das mais brilhantes e brilhantes portas de ferro, é o grootste deel van Janes brieven en censureerde het kleine aantal dat wel bewaard bleef.Andere brieven werden vernietigd door de erfgenamen van Admiraal Francis Austen, Janes broer. A maioria dos dados biográficos e materiais em todas as áreas de trabalho foram enviados para as famílias de origem e de destino, mas não para as famílias de destino. Onderzoekers hebben echter weinig andere informatie kunnen vinden.

Família

De ouders van Jane Austen, William George Austen (1731-1805) en zijn vrouw Cassandra (1739-1827), stamden uit adellijke families met aanzien. George foi afkomstig uit een familie van wolfabrikanten die door hun beroep was opgeklommen tot de lagere rangen van de landadel. Cassandra era uma tampa de família prominente Leigh, um baronete da família Stoneleigh. A partir de 26 de abril de 1764, a Cassandra passou por Bath. Van 1765 tot 1801, dus gedurende een groot deel van Janes leven, diende vader George als predikant in de anglicaanse parochies van Steventon, Hampshire, en een nabijgelegen dorp. Van 1773 tot 1796 vulde hij zijn inkomsten aan door landbouw en door steeds drie à vier jongens tegelijk te onderwijzen en in de kost te nemen.

Austens naaste familie era vrij groot: zes broers (James (1765-1819), George (1766-1838), Edward (1767-1852), Henry Thomas (1771-1850), Francis William (Frank) (1774-1865), Charles John (1779-1852)) e een zus, Cassandra Elizabeth (1773-1845), die net als Jane ongehuwd bleef. Cassandra foi Janes beste vriendin e vertrouwelinge gedurende haar leven. Van haar zes broers had Jane de beste band met Henry, die later bankier werd en, nadat zijn bank failliet ging, anglicaans predikant. Henry era ook de literair agent van zijn zuster. Henry era o agente de literair dos seus amigos e amigos, e também o seu amigo Londen bevonden, que se dedicava aos bankiers, handelaars, uitgevers, schilders e acteurs, e também o seu amigo Jane optava por gerir um projeto em um social de omgeving die normaliter voor haar onzichtbaar zou zijn gebleven vanuit het landelijke Hampshire. Janes broer George ging al op jonge leeftijd het huis uit en woonde bij een plaatselijke familie, omdat, zoals biograaf Le

Faye beschrijft, George "geestelijk abnormaal" was en "onderhevig aanvallen". Hij era mogelijk ook doof. Charles en Frank dienden bij de marine en bereikten beiden de rang van admiraal. Edward foi geadopteerd door zijn neef Thomas Knight; hij erfde diens landgoed en nam em 1812 ook zijn naam aan.

Destaques

- O primeiro de seus romances publicados durante sua vida, Sentido e Sensibilidade, foi iniciado por volta de 1795 como um romance em letras chamado "Elinor e Marianne", depois de suas heroínas. Enquanto isso, em 1811 Austen tinha começado Mansfield Park, que foi terminado em 1813 e publicado em 1814.
- De todos os romances de Austen, Emma é o mais consistente em tom cômico.
- A popularidade duradoura dos livros de Austen pode ser vista nas inúmeras adaptações cinematográficas e televisivas de seu trabalho.
- Orgulho e Preconceito foi notavelmente adaptado em um filme de 1940 estrelado por Greer Garson e Laurence Olivier, uma minissérie (1995) com Jennifer Ehle e Colin Firth, e um filme (2005) com Keira Knightley e Matthew Macfadyen.

13.   Coco Chanel (1883-1971)
Designer de moda francês

"O ato mais corajoso ainda é pensar por si mesmo". Em voz alta".

Coco Chanel (werkelijk naam **Gabrielle Chasnel**) (Saumur, 19 de agosto de 1883 - Parijs, 10 de janeiro de 1971) foi uma Frans ontwerpster van damesmode en de oprichter van het merk Chanel. Na Eerste Wereldoorlog, Chanel er samen met enkele tijdgenoten, zoals Paul Poiret, voor dat de sterk gekorsetteerde figuur van de toenmalige mode werd ingewisseld voor meer casual, sportieve dameskleding. Chanel wordt beschouwd als de belangrijkste modeontwerper ooit. Ze maakte niet alleen naam met haar kledingontwerpen maar ontwierp ook juwelen, handtassen en parfums. Haar succesvolle parfum Chanel Nº5 werd een iconisch product. Chanel prijkte als enige modeontwerper op de lijst van invloedrijkste personen van de 20e eeuw, opgesteld door *Time*.

Levenstijd

Tijdens de roerige jaren twintig stond Chanel bekend als de 'Koningin van de Mode'. "Elegant zijn is geen kwestie van een nieuwe jurk aantrekken". Je bent elegante, omdat je elegante bent". Em 1918, o júri de 'Koningin van de Mode' foi criado na *Rua Cambon, em* Parijs, em 1918. Em 1921, o opende zij haar eerste "modeboetiek" e verkocht hier kleding, hoeden en accessoires. Tussen 1921 e 1926 teve Chanel een relatie met de dichter Pierre Reverdy. Em 1927, a revista "Gebouwen aan de Rue Cambon", com o número 23 tot 31. Zij foi degene die de *Garçonne-stijl* bedacht: ze trok vrouwen truien en plooirokken met verlaagde taille aan en versierde de haren met clochehoeden en haarbanden.

Haar grote rivaal Paul Poiret, die voor haar furore maakte met felgekleurde creaties, noemde Chanels stijl *misérable de luxe*. A partir do momento em que a Chanel se encontra com uma pequena quantidade de mulheres, um dos melhores restaurantes da Chanel.

Chanel bracht in mei 1921 haar parfum Chanel N°5 uit, een van de meest verkochte parfums en indertijd het eerste kunstmatige parfum dat vrouwen niet naar bloemen deed ruiken. Chanel zei daarover: "Een vrouw moet ruiken als een vrouw en niet als een roos".

In de jaren '50 introduceerde ze het deux-pièce, bekend geworden als het chanelpakje, en de handtas met schouderriem 2.55 (naar de introductie in februari 1955). Ze era toen al over de zeventig.

Haar stijl foi telkens afwijkend van de andere grote namen in de modewereld, zoals haar tijdgenote Elsa Schiaparelli met wie ze voortdurend in de clinch lag.

Chanel overleed op 87-jarige leeftijd in een suite van het Hôtel Ritz te Parijs. Chanels kijk op mode werd ook na haar overlijden doorgegeven middels haar mode-imperium Chanel, dankzij de couturier Karl Lagerfeld (1933-2019).

Colaboração

Chanel zou tijdens de Duitse bezetting van Frankrijk een relatie hebben gehad met Walter Schellenberg, generaal-majoor van het Reichssicherheitshauptamt. Hal Vaughan schreef in zijn biografie *Sleeping with the Enemy: Coco Chanel's Secret War* (2011) dat Chanel collaboreerde met de Duitse bezetter en dat ze een verhouding had met baron Hans Günther von Dincklage, een Duits officier die "in groot aanzien stond bij Adolf Hitler en Joseph Goebbels". Volgens de estudo de Franck Ferrand, die meewerkte aan de Franse documentairereeks *L'ombre d'un doute*, zou een document van het Franse Ministerie van Defensie bewijzen dat Chanel, onder codenaam *Westminster*, spioneerde voor de Abwehr, de Duitse Militaire Inlichtingendienst. Aanvankelijk zou Chanel, volgens Vaughan, dat hebben gedaan om haar neef André Palasse uit krijgsgevangenschap te halen. Mais tarde, em 1924, a família Wertheimer, que se tornou uma família de Joodse, foi fundada em 1924.

Chanel werd in september 1944 aangehouden, maar werd al na en en enkele uren weer vrijgelaten. Volgens haar door tussenkomst van "haar vriend Winston Churchill". Ze vluchtte met von Dincklage naar Zwitserland, vanwaar ze pas in 1953 of 1954terugkeerde naar Parijs.

Em filme

De film *Coco avant Chanel* (2009) vertelt het leven van Chanel voor ze bekend werd als modeontwerpster. Ze wordt gespeeld porta Audrey Tautou. No filme *Coco Chanel & Igor Stravinsky*, naar het boek *Coco & Igor* van Chris Greenhalgh. Deze overlapt verhaaltechnisch gedeeltelijk met *Coco avant Chanel* en gaat gedeeltelijk verder waar dat ophield. Chanel wordt hierin gespeeld door Anna Mouglalis.

Destaques

- Coco Chanel nasceu na pobreza no campo francês; sua mãe morreu, e seu pai a abandonou em um orfanato.
- Os desenhos elegantemente casuais da Coco Chanel inspiraram as mulheres da moda a abandonar as roupas complicadas e desconfortáveis - como anáguas e espartilhos - que prevaleciam no vestuário do século XIX.
- Após sua morte em 1971, a casa de alta costura de Chanel foi liderada por uma série de designers, sendo o mandato de Karl Lagerfeld (1983-2019) o mais longo e influente.
- A sagaz compreensão de Chanel sobre as necessidades da moda feminina, sua ambição empreendedora, e os aspectos românticos de sua vida - ela se eleva de trapos para riquezas e seus sensacionais casos amorosos - continua a inspirar numerosos livros biográficos, filmes e peças de teatro, incluindo o musical Coco da Broadway de 1970 estrelado por Katharine Hepburn.

14.   Frida Kahlo (1907-1954)
Pintor mexicano

"Eu não pinto sonhos ou pesadelos, eu pinto minha
própria realidade".

Magdalena Carmen Frida Kahlo y Calderón (Coyoacán, 6 juli 1907 -
aldaar, 13 juli 1954) foi uma mexicana surrealista.

Biografie

Kahlo foi geboren em Coyoacán, um dos maiores fabricantes do México-
Stad. Haar moeder era de katholieke Matilde Calderón. Haar vader
Guillermo (Wilhelm) Kahlo era um protestante da Duitse. Kahlo era um
Duitstalige Jood van Hongaarse afkomst, mas não se tratava de um
verzinsel. Tivemos muito prazer em conhecer María Cardena. Se você
também fotografou, voou para a Arquitetura e meteu mãos à obra para
registrar o Porfirio Díaz, waarbij hij goed de kost verdiende. Na Revolução
Mexicana, o governo mexicano tinha uma página sobre o que fazer e o
que fazer para abrir a porta.

Em 1913, Frida op zesjarige leeftijd getroffen door kinderverlamming aan
haar rechterbeen. Foi de bron van een aantal complexen die ze haar hele

leven zou meedragen. O que não é mais do que uma data de 1930 e não é mais do que um estojo, mas sim um armazém, um armazém de carga, um handicap niet opvalt. Het is geschilderd door haar echtgenoot Diego Rivera.

Toen haar vader haar in 1922 inschreef in de prestigieuze Nationale Voorbereidende School, hoopte ze later medicijnen te kunnen studeren. De acordo com as normas de cultura européia, uma nova cultura mexicana opta por um padrão de cultura européia, que se encontra em um contexto cultuado e um meer autenticado "Mexicanisme". A última palavra foi para que todos os alunos conhecessem uma escola de educação infantil.

Op 17 september 1925 werd de bus waarin de dan achttienjarige Kahlo met haar liefje Alejandro Gómes door Mexico-Stad reed, aangereden door een tram. Een stuk stalen leuning drong haar lichaam binnen door haar linkerzij en kwam er langs haar vagina weer uit. O transporte de ribben e heup waren gebroken, o transporte de slechte foi op elf plaatsen gebroken, o transporte de ruggengraat foi op diverse plaatsen gebroken, e o transporte de voet foi verbrijzeld. Maandenlang moest ze in bed blijven, ingekapseld in pleisters en verband, vechtend tegen de pijn. Ze besloot om te gaan schilderen. Kahlo's moeder liet spiegels aan haar ziekbed vastmaken zodat Kahlo zichzelf kon schilderen. Ondanks de hinder van korsetten en krukken kwam ze na haar herstel weer buiten en zocht ze vrienden op. O portão de dados do sistema de freios, com o qual você pode contar com a ajuda de um amigo. Een zwangerschap resultteerde in een pijnlijke miskraam.

Em 1928, a Kahlo lid van de Mexicaanse Communistische Partij (PCM) era a Kahlo lid van de Mexicaanse Communistische Partij (PCM).

Op 21 augustus 1929 trouwde ze met de 21 jaar oudere Diego Rivera, eveneens communist en op dat moment al een beroemde muurschilder. Diens ex-vrouw, Lupe Marin, trachtte het trouwfeest te verstoren. Kahlo's zus Cristina bekende in de zomer van 1934 dat ze een verhouding had met Diego Rivera. Kahlo verliet daarop Diego, maar het echtpaar hertrouwde na een heftige strijd alsnog op 8 december 1940. No mesmo ano, o contrato foi assinado por Kahlo geen seksuele omgang meer hoefde te hebben met haar man.

Em 1951, o mundo era o pastor de ovelhas em novembro do México: "Ik heb twee zware ongelukken doorstaan in mijn leven; een waarin een tram me aanreed... het andere ongeluk is Diego".

Em 1930, em Detroit, o tipo verloor ze haar ongeboren, waar Diego een fresco schilderde voor het Detroit Institute of Arts. Em setembro, overleed haar moeder. No zomer van 1932, um tweede miskraam hebben.

Kahlo en Rivera hadden veelvuldige buitenechtelijke affaires; Kahlo zowel met mannen als met vrouwen. Tot haar minnaars behoorden de Japans-Amerikaanse landschapskunstenaar Isamu Noguchi, de in 1937 vanuit de Sovjet-Unie naar Mexico gevluchte Russische revolutionair Leon Trotski, en de Hongaars-New Yorkse fotograaf Nickolas Muray (1892-1965), die een reeks indrukwekkende photo's van haar maakte.

Het paar era zeer actief in de communistische partij. Nadat zij echter Trotski in huis opvingen, werden beiden uit de partij gezet. A política de segurança social é uma atividade; não há um paizinho que não seja um candidato a um cargo de responsabilidade e uma demonstração de como a América do Norte está se empenhando na Guatemala.

Kahlo overleed em 1954, uma semana na haar 47e verjaardag. A briefje achter met de tekst 'Ik hoop dat het einde vrolijk is en hoop nooit meer terug te keren'.

Werk

Het werk van Frida Kahlo karakteriseert zich door de vrolijke kleuren, die echter in contrast staan met een vervreemdende sfeer. O que não é controverso. Em uma escola de vela e de atriz Dorothy Hale, a senhora Dorothy Hale, que se dedica ao momento em que o homem se sente realizado e se torna um verdadeiro "pastor". In haar zelfportretten vallen vooral de doorgegroeide wenkbrauwen op. Zij schildert vanuit haar angst en eenzaamheid om haar pijn te overmeesteren. Kahlo heeft 143 schilderijen nagelaten, waarvan 55 zelfportretten.

O que não é verdade é que o governo de Nova York não tem uma visão clara sobre a situação de Diego Rivera; em novembro de 1938, em Nova York, em Galerij van kunsthandelaar Julien Levy, o "kreeg ze haar eerste solotentoonstelling". Em 1953 teve a exposição ze haar eerste no México dankzij Cola Alvarez Bravo.

217

De classificatie als surrealiste is afkomstig van André Breton, stichter van de surrealistische beweging in de kunst. Zelf verwierp Kahlo dit etiket, zeggende dat ze nooit haar dromen geschilderd heeft, maar haar eigen realiteit. Em januari 1939, a empresa reisde ze op uitnodiging van Breton naar Parijs om haar werk te exposeren. O Niet van het surrealistische milieu in die stad, dat ze opgeblazen en onecht vond. Para encontrar o casco de Marcel Duchamp, o navio de pesca Duchamp abriu a porta em 10 metros, e ganhou o concurso de Wassily Kandinsky em Pablo Picasso. Het Louvre kocht haar zelfportret *Autorretrato - El marco* ("het kader") en het tijdschrift Vogue plaatste haar hand (met juwelen) op de omslag.

De volgende lijst omvat de belangrijkste schilderwerken van Frida Kahlo. Het bevat geen tekeningen, studies en waterverfwerken.

Nagedachtenis en invloed

In het grote huis te Mexico-Stad waar Kahlo geboren werd en overleed, dat het 'blauwe huis' wordt genoemd, is sinds 1959 het Frida Kahlomuseum gevestigd. Het kwam er op initiatief van de in 1957 overleden Diego Rivera.

In de jaren 1960 foi de belangstelling voor het blauwe huis vanwege buitenlandse toeristen beperkt. Em 1982, a empresa internacional de consultoria de beleza de jarro de 1980, conheceu como belangrijke doorbraak um tentoonstelling em Whitechapel-galerij te Londen, gewijd aan Kahlo en aan de fotografe Tina Modotti. Em 1974, 1983 e 2004, a organização mexicana do apartheid se reuniu paralelamente em Verenigde Staten, Japão, no Verenigd Koninkrijk e Spanje; a organização de grootste e o povo se reuniram em 2007.

Over het leven van Frida Kahlo is in 2002 de film *Frida* gemaakt met Salma Hayek in de hoofdrol.

Frida Kahlo wordt vandaag nog steeds gezien als een symbool voor het feminisme. Haar vrijgevochten geest foi um toonbeeld voor vrouwen wereldwijd. Zo weigerde Kahlo pertinent om haar lichaams- en gezichtshaar te scheren.

Tijdens haar leven stond Frida grotendeels in de schaduw van haar echtgenoot. In februari 1933 noemde het Detroit News haar nog de "vrouw van de meester-muurschilder [die] zich amuseert met kunstwerken". De hoogste prijs die ze ooit bij leven voor een schilderij kreeg, kwam overeen met 400 Amerikaanse dollars. Vandaag é Diego Rivera vooral bekend als de man van Frida Kahlo. Haar werken zijn begeerd en worden voor miljoenen dollars verhandeld.

Destaques

- Frida Kahlo, em plena Frida Kahlo de Rivera, nasceu de um pai alemão de ascendência húngara e de uma mãe mexicana de ascendência espanhola e indígena americana.
- Após sofrer um aborto espontâneo em Detroit e mais tarde a morte de sua mãe, Kahlo pintou algumas de suas obras mais crescentes.
- Em 1943 ela foi nomeada professora de pintura na La Esmeralda, a Escola de Belas Artes do Ministério da Educação.
- O Museu Frida Kahlo foi aberto ao público em 1958, um ano após a morte de Rivera.

15. Mary Anning (1799-1847)

Colector, comerciante e paleontólogo britânico de fósseis

"É grande e pesado, mas... é o primeiro e único descoberto na Europa".

Mary Anning (Lyme Regis (Dorset), 21 mei 1799 - aldaar, 9 maart 1847) foi uma Engelse fossielenverzamelaarster en paleontologe, onder andere bekend geworden met ontdekkingen van *Ichthyosaurus* en *Plesiosaurus.* O projeto foi realizado na Costa Jurássica, em uma região de grande importância para o desenvolvimento do turismo.

Fossielen zoeken als werk

Anunciar foram geborem em uma família straatarme. Richard foi um homem do tempo que morreu com a água que você precisava para se ver e para se ver e ouvir. Em 1811, o casal Richard foi um homem de tempo integral que se dedicava à pesquisa de tuberculose em 1811. No início do ano de 19 eeuw kwam het verzamelen van fossielen in zwang, toen steeds duidelijker werd dat fossielen een belangrijke bijdrage konden

220

leveren aan de biologie en geologie. Hoewel Anning in de eerste plaats geld probeerde te verdienenen, kwam ze in aanraking met bekende wetenschappers uit die tijd, die de fossielen van haar kochten.

Anúncios vondsten

Anunciando vestígios para a construção de um barco em Zich, em 1811, conheceu um *Ictiossauro* completo, um pai pai maanden na super-liberdade de um barco. Se o tempo era curto, uma tempestade era o tempo de descanso da floração das flores e do florescimento das ligaduras. Estava na página niet de eerste ichthyosauriër die ooit was ontdekt, er zijn beschrijvingen van een vondst in Wales in 1699. Desondanks era um dos mais belos bancos do País de Gales, e foi eleito em *Transações Filosóficas* da Royal Society. Anunciando mais tarde a nog twee andere soorten ichthyosauriërs vinden.

Em 1823 foi Anning de ontdekster van een fossiel van een *Plesiosaurus*, dat door William Conybeare werd benoemd als *Plesiosaurus dolichodeirus*, maar niet het holotype van het taxon *Plesiosaurus* is. Ook vond ze een gaaf fossiel van *Diapedium politum*, een straalvinvis, die in 1828 beschreven werd. Em datzelfde jaar vond ze de eerste pterosauriër buiten Duitsland (*Pterodactylus macronyx*, later door Richard Owen hernoemd tot *Dimorphodon macronyx*), dit fossiel was waarschijnlijk de eerste vrij complete pterosauriër die ooit gevonden wasd in Engeland. A partir de então, o seu nome foi escrito em inglês.

Betekenis voor de wetenschap en erkenning

Hoewel Anning haar fossielen zocht om te verkopen, wist ze er veel van af en besefte ze de wetenschappelijke waarde van haar fossielen goed. O autodidata foi um instrumento que foi usado em grande escala. Ele foi um dos mais importantes e mais importantes anúncios de biología de dados, um veículo de transporte de animais de estimação, além de uma enxada geológica de animais de estimação. O mesmo se aplica ao lamarckisme en uiteindelijk tot de evolutietheorie.

Anning werd tijdens haar leven erkend als een autoriteit in de paleontologie. Os membros da Associação Britânica para o Progresso da Ciência foram beneméritos em relação à Sociedade de Geologia e criaram uma anuidade da Associação Britânica para o Progresso da

Ciência. A tampa de uma sociedade era para o desenvolvimento de uma nova geração de geólogos.

Mary Anning stierf op 47-jarige leeftijd aan borstkanker.

Destaques

- As notícias das escavações fósseis de Anning fizeram dela uma celebridade e fizeram com que paleontólogos, colecionadores e turistas descessem em Lyme Regis para comprar dela.
- Mary Anning descobriu um pterossauro em 1828, que ficou conhecido como Pterodactylus (ou Dimorphodon) macronyx. Foi o primeiro espécime de pterossauro encontrado fora da Alemanha.
- Em 1829 ela escavou o esqueleto de Squaloraja, um peixe fóssil pensado como membro de um grupo de transição entre tubarões e arraias.
- Suas escavações ajudaram a carreira de muitos cientistas britânicos, fornecendo-lhes espécimes para estudar e emoldurar uma parte significativa da história geológica da Terra.

16. Amelia Earhart (1897-1937)
Aviador americano

---

*"As mulheres devem tentar fazer as coisas como os
homens tentaram fazer". Quando elas falham, seu
fracasso não deve ser senão um desafio para os outros".*

Amelia Earhart (Atchison, 24 juli 1897 - Grote Oceaan?, vermist sinds 2
juli 1937, doodverklaard op 5 januari 1939) foi um beroemde Amerikaanse
vliegenierster.

Em Januari 1935, em 1935, o vôo solo de Grote Oceaan foi um overvloog,
e em 1932, o vôo vooral foi um overvloog de eerste vrouw, como piloto de
Atlantische Oceaan. Die tocht legde ze eveneens solo af. Em 1928, o
Oceano foi ultrapassado como um corredor. Ook daarin foi o primeiro vôo.
A partir de julho de 1937, o navegador Fred Noonan e o mar de langste
vlucht ter foram raramente abordados. De eindbestemming van de 47.000
kilometros lange vlucht werd echter nooit bereikt. Wat er zich precies heeft
afgespeeld, is tot op heden onbekend.

No Sint-Denijs-Westrem é um genoemd naar haar straat naar haar.

Biografie

Earhart werd geboren als dochter van de jurist Edwart Earhart en Amelia Otis. Amelia era um *garoto-tomem*; o homem e a mulher se encontraram com um garoto-tomem. Ook verzamelde ze krantenartikelen over vrouwen in mannenberoepen. Em 1915, o voltoide ze de middelbare school en vanaf 1917 werkte ze als verpleegster van militairen en als sociaal werkster in Boston. Em 1919, conheceu um estudioso de medicina e um hospital em Columbia-universiteit, em Nova Iorque, e encontrou uma escola de saúde em Los Angeles.

Começar van haar carrière

Em 1920, o mocht ze voor het eerst meevliegen in een vliegtuig. Vanaf dat moment wilde ze nog maar één ding: zelf vliegen. O primeiro dia de trabalho foi em 1921, em Los Angeles, para a sua morte em 1921, com o nome Van Neta Snook. Mais tarde, o país se encontrou com o Brasil e, em seguida, com o Reino Unido, um Kinner Airster, um Kinner Airster e um Hoogterecord para os vestígios de viagens. Em 1924, ouders de transporte de mercadorias. O controle de tráfego encontrou um alçapão para oostkust e um alçapão para a coleta de dados e a coleta de dados em placas, um sportwagen aan. Mais tarde, mais tarde, um avro aviário e uma frota de veículos de transporte de passageiros e uma frota de veículos intercontinentais. A inauguração do Hotel Stevens em Chicago, em 2 de outubro de 1927, foi um dos maiores eventos de férias e, portanto, tem uma grande utilidade. Vanaf die tijd bleef ze haar eigen snelheids- en afstandsrecords verbeteren, in wedstrijden en in persoonlijke stunts die werden gepromoot door uitgever en publicist George Palmer Putnam met wie ze in 1931 trouwde.

Eerste trans-Atlantische exagerado

Nadat Charles Lindbergh um solovlucht over de Atlantische Oceaan maakte in 1927 toonde Amy Phipps Guest (1873-1959) belangstelling om als eerste vrouw over de Atlantische Oceaan te vliegen of gevlogen te worden. A conclusão foi a conclusão de que as mulheres têm dados de super-estudo para que possam ser encontradas e patrocinadas como patrocinadoras ou como porta de entrada. Foi o Kapitein Hilton H. Railey que morreu em abril de 1928, Earhart op haar werk belde en vroeg of ze degene wilde zijn.

De projectcoördinatoren, onder wie George Palmer Putnam, vroegen haar om piloot Wilmer Stultz en copiloot/mechanicus Louis Gordon als passagiere te vergezellen. O caminho para a chegada do piloto é o caminho para a chegada do piloto. O trio vertrok op 17 juni 1928 vanaf Trepassey Harbour (aan de zuidkust van Newfoundland) in een Fokker F.VIIb/3m en landde exact 20 uur en 40 minuten later op Burry Port, nabij Llanelli in Wales. Over de vlucht zei ze: "Stulz deed al het vliegwerk, hij moest wel. Ik was slechts bagage, net een zak aardappelen", e voegde daaraan toe: "... misschien zal ik ooit proberen om het in mijn eentje te vliegen".

Em New York kregen Earhart, Stulz en Gordon een ticker-tape parade aangeboden en werden ze ontvangen door president Calvin Coolidge in het Witte Huis.

Solovlucht Atlantische Oceaan

Haar naam werd meer bekend in 1932, toen ze de eerste vrouw en de tweede persoon was die solo de Atlantische Oceaan overstak, precies vijf jaar na Lindbergh. O navio foi inaugurado na Lockheed Vega van Harbor Grace em Newfoundland naar Londonderry em Noord-Ierland.

Op 11 januari 1935 werd ze de eerste persoon die solo de Stille Oceaan overvloog, van Honolulu (Hawaï) naar Oakland (Californië). Mais tarde, em hetzelfde jaar vloog ze solo van Los Angeles naar Mexico-Stad en terug naar Newark. Em julio de 1936, foi inaugurado um Lockheed 10E 'Electra', a porta de Purdue-universiteit, e a porta de entrada para o Brasil.

> *"Begrijp alsjeblieft dat ik me heel goed bewust ben van de risico's".*
> *Ik wil het doen omdat ik het wil doen. Vrouwen moeten dingen*
> *proberen, zoals mannen dingen hebben geprobeerd. Als ze falen,*
> *is hun mislukking alleen maar een uitdaging voor anderen".* (Amelia
> Earhart, 1937)

Earharts vlucht zou niet de eerste vlucht om de wereld zijn, maar wel de langste: 47.000 km, op een route rond de evenaar. Op 17 maart 1937 vloog ze het eerste gedeelte van haar vlucht, van Oakland naar Honolulu. Para fazer o transporte de mercadorias secas mais tarde, faça uma viagem de barco e comece uma banda de lekke, faça uma viagem de barco com um grondzwaai maakte. O toestel foi criado e construído por uma californié na Califórnia, com a finalidade de gerar o bem-estar, o bem-estar e o bem-estar de todos. Earhart waagde een tweede poging vanuit Miami; ze zou deze keer van west naar oost vliegen. Fred Noonan, um ex-Pan Ampiloot, um ex-Pan Ampiloot, um navegador e um navegador e um ex-Pan Gezelschap. A partir de 1 de junho e em uma parada em Zuid-Amerika, Afrika, Midden-Oosten e Zuidoost-Azië, a partir de 29 de junho em Nieuw-Guinea aan. Ze hadden ongeveer 35.000 km afgelegd. De resterende 12.000 liep geheel over de Grote Oceaan.

Laatste vlucht

Op 2 juli 1937 steeg Earhart samen conheceu o navegador Fred Noonan op. Hun reisdoel foi Howland, um klein eiland conheceu um lengte van enkele quilômetros, 6 metros boven de zeespiegel. Speciaal voor de recorddvlucht was op dit eiland een landingsbaan aangelegd. Het eiland lag op 4110 km vliegen. Hun laatste positiemelding en visueel contact was na 1300 km, toen ze over de Nikumaroro-eilanden vlogen. Een schip van de Amerikaanse kustwacht, de kotter *Itasca*, lag vlak vlak bij Howland om Earharts vliegtuig naar het eiland te loodsen.

Het werd al snel duidelijk dat Earhart en Noonan weinig praktijkervaring hadden met het gebruik van radionavigatie. De frequenties die Earhart gebruikte, waren niet zo geschikt voor het bepalen van de juiste richting en de ontvangst van de berichten die ze verzond, was erg slecht. De laagfrequente zend- en ontvangstapparatuur waarmee de *Itasca* het vliegtuig had kunnen lokaliseren, had Earhart in Nieuw-Guinea achtergelaten. O nosso contato com uma pinça de ligação por radiocomunicação, no chão de *Itasca,* é o contato radiocomunicador. Een gezamenlijke zoektocht door marine en kustwacht leverde geen spoor van de vliegeniers of hun toestel op. Earharts en Noonans lot is sindsdien het onderwerp van veel geruchten en speculaties.

A recente pesquisa de dados recentes Earhart no passeren van de Nukumanu-eilanden van haar koers is afgeweken en zonder het te beseffen naar een punt op 160 km ten noordnoordwesten van Howland vloog. Onderzoekers veronderstellen over het algemeen dat het toestel door brandstofgebrek in zee is gestort. Een onderzoeksgroep van *The International Group for Historic Aircraft Recovery* (TIGHAR) stelt echter dat het toestel een noodlanding heeft gemaakt op het eiland Nikumaroro (in het tegenwoordige Kiribati) en dat Earhart en Noonan daar ten slotte zijn omgekomen. Onderzoek op het onbewoonde eiland heeft aanwijzingen opgeleverd die deze theorie ondersteunen.

Een andere theorie stelt dat Earhart en Noonan werden gevangengenomen door de Japanners toen ze op het eiland Saipan, dat deel uitmaakt van de Marianen een noodlanding maakten. As vervolgens de verdenking van spionage zijn geëxecuteerd.

Verborgen tijdfout

Een nieuwe, kwantitatieve theorie die gebruikmaakt van de theorie en de praktijk van de navigatiewetenschap in de jaren dertig, leidt tot de conclusie dat navigator Noonan op het traject van Gagan op Buka naar de Nukumanu-eilanden zijn positie bepaald heeft op de ondergaande zon en dat hij daarvoor de luchtbelsextant gebruikt heeft in combintie met voorberekening uit *H.O. Pub. no. 208, Navigation Tables for Mariners and Aviators*, die hij vanaf het verschijnen van de eerste editie uit 1928 op al zijn reizen meenam. Toen hij in de ochtend van 2 juli 1937 bij zonsopgang in westerlengte wederom positie bepaalde, alvorens aan de naderingsvlucht voor Howland te beginnen, introduceerde hij waarschijnlijk met het gebruik van de zeemanssextant een verborgen tijdfout, niet van de chronometers en het horloge, maar van plaatselijke uurhoek van de zon. De oorzaak foi o verschil in referentielijn: voor een luchtbelsextant is dat de kunstmatige horizonte op het middelpunt van de ware zon; voor een zeemanssextant is het de horizon de bovenrand [bij zonsopgang] van de zichtbare zon. De afwijking van de geografische lengte die aan de hand van de waarneming werd berekend, bedroeg ten opzichte van de ware lengte 16 km.

De koersverlegging voor de naderingsvlucht tinha daardoor drie minuten en vijftig seconden te vroeg plaats en toen men meende Howland recht vooruit in zicht te moeten krijgen, was de ware positie van het eiland 26 km aan bakboord. Daardoor kwam het vliegtuig niet binnen de zichtbaarheidscirkel en vooral door gebrekkkige radiocommunicatie en het mislukken van radiografisch richting zoeken door niet aansluitende apparatuur aan boord van het vliegtuig en op en bij het eiland werd het aan te vliegen doel gemist. Om circa 20.17 uur GMT meldde Earhart dat ze (op een hoogte van 1000 voet) over "de" positielijn van Howland - 26 km te westelilijk - heen en weer vloog. Se aangekondigde vervolg van het radiobericht werd niet ontvangen, zodat moet worden aangenomen dat toen wegens brandstofgebrek op zee geland moest worden. Een overeenkomstig tijdstip volgt uit een onderzoek naar de brandstofvoorraad aan boord en de brandstofhuishouding. O modelo de navegação para a teoria geotécnica é, em combinação com uma radiobjetiva de pesquisa de opgetekende, uma placa de aterrissagem de 203 km noordelijk van de evenaar e 300 km oostelijk van de antimeridiaan van Greenwich, 177 minuten graden 19 minuten westerlengte e 1 graad 49 minuten noorderbreedte, 137 km noordnoordwestelijk van de ware positie van Howland.

Em um artigo no *European Journal of Navigation* van december 2011 werd aangetoond dat het vliegbereik maximaal 4410 km wasd aangetoond dat het vliegbereik maximaal 4410 km wasd. Ele é daardoor onmogelijk dat eere eilanden dan Howland en Baker konden worden bereikt. De laatst naberekende landingszone ligt bij 117-10-W / 01-31-N, 100 km NW van Howland, kompas 323 grad.

Zoektochten naar Amelia Earhart

Em 2018, Richard Jantz, dat de eerder in 1940 reeds gevonden en onderzochte botten die op Nikumaroro waren aangetroffen, aan de hand van de door hem in de computer ingebrachte gegevens uit de aantekeningen van de arts die destijds de botten had opgemeten en de daaruit volgende uitslag, voor 99% zeker die van Amelia Earhart moesten zijn.
 Em juli 2019, Robert Ballard foi convidado por Robert Ballard para uma expedição sobre o seu trabalho. In augustus van datzelfde jaar begon de zoektocht daadwerkelijk.

Destaques

- Determinada a justificar a fama que sua travessia de 1928 a havia trazido, Earhart cruzou o Atlântico sozinha em 20-21 de maio de 1932.
- Seu vôo em seu Lockheed Vega de Harbour Grace, Newfoundland, para Londonderry, Irlanda do Norte, foi completado em um tempo recorde de 14 horas e 56 minutos, apesar de uma série de problemas.
- O desaparecimento de Amelia Earhart durante um vôo ao redor do mundo em 1937 tornou-se um mistério duradouro, alimentando muita especulação. Notavelmente, alguns acreditavam que ela e Noonan haviam caído em uma ilha diferente depois de não

conseguirem localizar Howland, e outros afirmavam que haviam sido capturados pelos japoneses.

- A maioria dos especialistas acredita que o avião de Earhart caiu no Pacífico, perto de Howland, após ficar sem combustível.

17.   Emmeline Pankhurst (1858-1928)
Ativista político britânico

"Prefiro ser um rebelde do que um escravo".

Emmeline Pankhurst (geboren Emmeline Goulden), (Moss Side (Manchester), 14 juli 1858 - Londen, 14 juni 1928) foi uma van de oprichters van de Britse suffragettebeweging. Haar naam is meer dan enige andere verbonden met de strijd voor het vrouwenkiesrecht in Groot-Brittannië, met name omdat ze een aantal organisaties oprichtte die zich ten doel stelden het stemrecht voor vrouwen te bepleiten. Pankhurst foi fundado com Richard Marsden Pankhurst (1834-1898), die haar werk voluit steunde.

Mrs. Pankhurst werd in 1894 aangesteld als "Poor Law Guardian", een soort onbezoldigd maatschappelijk werker. Haar omgang met de armen versterkte haar overtuiging, dat vrouwenkiesrecht onmisbaar was in de strijd voor sociale verbeteringen. Em 1903, richtte ze de *Woman's Social and Political Union* op. De beweging, waar ook haar dochters Christabel en Sylvia aan deelnamen, werd bekend vanwege haar militante acties. Pankhursts tactieken om de aandacht van het publiek te trekken brachten haar vaak in de gevangenis, maar ze kreeg een betandeling dan de meeste andere gevangenenen omwille van haar hoge status. A empresa foi obrigada a procurar uma pessoa para obter um status de membro da família.

Toen in 1914 de Eerste Wereldoorlog uitbrak werden de activiteiten voor het vrouwenkiesrecht opgeschort omdat Pankhurst van mening was dat niets de overwinning van haar land mocht tegenhouden. O início do século XX foi uma jornada de manufatura de placas de madeira em locais fechados, com dez anos de antecedência e frente a frente. Na terra do hele, faça os seus discursos. Medestanders van de beweging deelden witte veren - een symbool van lafheid - uit aan alle mannen die in burgerkledij passerden. Em 1914, a Richtte ze ook de internationale vredesbeweging voor vrouwen op.

Em maart 1918 begon de Britse regering vrouwenstemrecht (actief kiesrecht) toe te kennen in het Verenigd Koninkrijk van Groot-Brittannië en Ierland. Hoewel de *Representation of the People Act* van 1918 enkel stemrecht gaf aan vrouwen boven de 30, en dan nog enkel met een vereiste van eigendom , terwijl alle mannen boven de 21 waren opgenomen, zagen de suffragettes dit niettemin als een grote overwinning. Em novembro de 1918, o grupo de 21 pessoas que se reunia em 21 países (passief kiesrecht), viu-se na Lagerhuis konden zetelen zonder zonder zelf te mogen stemmen. Em 1928, o verwierven vrouwen in het Verenigd Koninkrijk uiteindelijk dezelfde stemrechten als mannen.

Emmeline Pankhurst stierf op 14 juni 1928 op 69-jarige leeftijd, enkele weken voordat op 2 juli 1928 haar vurig bevochten doel was bereikt. Ze is begraven op Brompton Cemetery, Londres.

Destaques

- Em 1879 Emmeline Goulden casou-se com Richard Marsden Pankhurst, advogado, amigo de John Stuart Mill, e autor da primeira lei de sufrágio feminino na Grã-Bretanha (final dos anos 1860) e dos atos de propriedade das mulheres casadas (1870, 1882).
- Ela fundou a Liga das Mulheres Franqueadas, que garantiu (1894) às mulheres casadas o direito de voto nas eleições para os cargos locais (não para a Câmara dos Comuns).
- A partir de 1895 ela ocupou uma sucessão de escritórios municipais em Manchester, mas suas energias eram cada vez mais procuradas pela União Social e Política das Mulheres (WSPU), que ela fundou em 1903 em Manchester.

- Em 1926, ao retornar à Inglaterra, ela foi escolhida como candidata conservadora para um círculo eleitoral do leste de Londres, mas sua saúde falhou antes que ela pudesse ser eleita.
- A autobiografia de Pankhurst, My Own Story, apareceu em 1914.

18.   Anne Frank (1929-1945)
Diarista germano-holandês

"Como é maravilhoso que ninguém precise esperar um único momento antes de começar a melhorar o mundo".

Annelies Marie (Anne) Frank (Frankfurt am Main, 12 juni 1929 - Bergen-Belsen, februari 1945) foi um Duits en later statenloos Joods meisje dat wereldberoemd is geworden door het dagboek dat ze schreef tijdens de Tweede Wereldoorlog, toen ze ondergedoken zat in het achterhuis aan de Prinsengracht in Amsterdam. O livro "Zij stierf vermoedelijk in februari 1945 aan vlektyfus in het concentratiekamp Bergen-Belsen". Haar officiële sterfdatum is echter vastgesteld op 31 maart 1945. Haar dagboek é postuum gepubliceerd en is een van de meest gelezen boeken ter wereld. A porta de entrada é Anne Frank internationaal uma palavra simbólica do Holocausto, de acordo com os milhares de Joden tijdens de Tweede Wereldoorlog.

Eerste levensjaren

Anne Frank werd op 12 juni 1929 in Frankfurt am Main (Duitsland) geboren als tweede dochter van Otto Frank en Edith Frank-Holländer.

233

Haar zus Margot foi op dat moment ruim drie jaar oud. De familie Frank foi liberaal joods en woonde in een ruime huurwoning aan de Marbachweg 307, gelegen aan de rand van de stad. Terwijl Otto werkte voor het familiebedrijf, de Michael Frank Bank, speelden Margot en Anne met de kinderen in de buurt. Sommigen waren katholiek, anderen protestants of joods. Os jovens guerreiros naar elkaars feesten. Margot werd uitgenodigd op het communiefeest van een haar vriendinnetjes en als de familie Frank Chanoeka vierde mochten de buurtkinderen soms meedoen.

Annes ouders waren gealarmeerd toen in de zomer van 1932 groepen van de Sturmabteilung, getooid met hakenkruizen door de straten van Frankfurt am Main marcheerden. Luidkeels zongen ze: "Als het Jodenbloed van het mes af spat, dan gaat het eens zo goed" De Nationaal Socialistische Duitse Arbeiders Partij (NSDAP) van Adolf Hitler was de grootste partij van Duitsland en behaalde bij de verkiezingen van juli 1932 ruim 37% van de stemmen. Een half jaar later kwam Adolf Hitler in Duitsland aan de macht. Het echtpaar Frank besloot te emigreren.

Van Duitsland naar Amsterdam

Annes vader Otto verhuisde in juli 1933 van het Duitse Frankfurt am Main naar Amsterdam om aan toenemende anti-Joodse maatregelen van de nazi's te ontkomen. Dat het door de economische crisis slecht ging met de bank van de familie Frank was een extra motief. No centro da cidade de Amsterdã, o Otto, um banco de família, Opekta Genaamd, uma filial do banco em 1928 em Keulen gestichte moederbedrijf Opekta GmbH. A editora Edith Frank e a Margot Margot Kwamen eind 1933 em Amsterdã, e Anne Zelf volgde in februari 1934 em uma das duas empresas de Grootmoeder Rosa Holländer-Stern, em Aken. Em uma Amsterdamse nieuwbouwwwijk, a porta de saída de crise econômica foi aberta com um veel huurhuizen leeg stonden e waar zich veel andere Duits-Joodse vluchtelingen vestigden. (Woningcorporatie Ymere kocht de woning in 2004 en restaureerde die in samenwerking met de Anne Frank Stichting. Em 2016 é o appartement van de Anne Frank Stichting).

Een onbezorgde jeugd

Margot ging naar de Jekerschool (Jekerstraat 84), Anne naar de Montessorischool (Niersstraat 41), waar ze begon in de kleuterklas. De zusjes leerden Nederlands en pasten zich snel aan hun nieuwe leven aan. Anne tinha, net als haar zus, al snel een kring van vrienden en
234

vriendinnen, onder wie bijvoorbeeld Hanneli Goslar en Sanne Ledermann, die net als Anne Frank met hun familie vanuit Duitsland naar Nederland gevlucht waren. Anne Frank Groeide op in een liberaal joods gezin. De Franks hechtten waarde aan joodse tradities en feestdagen, maar volgden niet alle religieuze voorschriften. Op vrijdagavond werd de familie Frank vaak uitgenodigd bij de Goslars en dan aten ze samen. Anuncia os amigos que se reuniram em um grote zorgen over de ontwikkelingen em nazi-Duitsland, e que se juntaram a hun dochters. Anne kende onbezorgde jaren. O projeto encontrou amigos e amigas, e os zumbis geraram uma família de amigos e amigas em Zwitserland, e no inverno, em Schaatste ze graag.

Toch merkte Anne op dat haar moeder em novembro de 1938 erg somber foi. Em Nacht van 9 op 10 november 1938 teve em Duitsland de Kristallnacht plaatsgevonden, uma porta de nazi's georganiseerde pogrom. No salto Duitsland werden Joden aangevallen, sinagogen in brand gestoken, zo'n 7000 Joodse winkels geplunderd en tal van joodse bezittingen beklad. Twee ooms van moederskant wisten uiteindelijk naar de Verenigde Staten te ontkomen, terwijl Annes oma Rosa Holländer zich in maart 1939 bij de familie Frank op het Merwedeplein voegde. Ze overleed overleed começa 1942 em Amsterdam.

Luneta holandesa

Nadat in mei 1940 het Duitse leger Nederland tinha bezet, volgde de een na de andere anti-Joodse maatregel. Zo mochten vanaf januari 1941 de door de nazi's als Joden aangemerkte personen bijvoorbeeld geen bioscopen meer bezoeken. Na de zomervakantie van 1941 stroomde Anne van de lagere school door naar de eerste klas van het Joods Lyceum. Vanaf dat moment was het voor Joden verboden om naar niet-Joodse scholen te gaan. Ook haar zus kwam daardoor op het Joods Lyceum terecht.

Duitse-Joodse vluchtelingen, onder wie ook Anne Frank en haar familie, werden op 25 november 1941 met de inwerkingtreding van het nieuwe *Reichsbürgergesetz* hun Duitse nationaliteit ontnomen die ze nog hadden. De familie werd op dat momento staatloos. De Nederlandse nationaliteit is haar nooit verleend, daar die alleen aan levende personen wordt toegekend. Haar vader weigerde na de oorlog de Duitse nationaliteit en naturaliseerde in 1949 tot Nederlander.

Joden werden steeds meer uit het openbare leven verbannen. Veja a Anne Frank, net als andere Joden in Nederland vanaf 1 mei 1942 een gele ster dragen.

Op 12 juni 1942 werd Anne Frank dertien jaar. O projeto foi um exemplo de como um gerúteo, um exemplo de como um homem pode ser usado em schreef: "Eu faço o melhor para todos os homens, zoológicos e econômicos para todos os homens". Drie weken later, op 6 juli 1942 dook Anne met haar familie onder in Het Achterhuis, nadat haar zus de dag ervoor een oproep had ontvangen om in Duitsland 'te gaan werken'. Het Achterhuis foi um dos líderes da empresa *Opekta* van haar vader Otto Frank aan de Prinsengracht 263. Deur tussen voorhuis en achterhuis zat verstopt achter een boekenkast. Na revista "Wagner Personeel", a revista "Waarvan slechts enkelen op de hoogte waren van de onderduikers": de vier helpers, Miep Gies, Bep Voskuijl, Johannes Kleiman, Victor Kugler e de vader van Bep Voskuijl die de boekenkast tinha gemaakt.

Ondergedoken in het Achterhuis

De acordo com a pesquisa e a pesquisa do mercado de grachtenpand em Amsterdã, o "Het Achterhuis" foi o genoemd, e mais tarde ook de titel zou worden van haar postuum gepubliceerd dagboek. Anne Frank schuilde daar met haar ouders en zus van 6 juli 1942 tot 4 augustus 1944. A partir de 1944, a família Frank, Hermann van Pels, Auguste van Pels e hun zoon Peter van Pels (die model stonden voor de familie Van Daan in het dagboek) e naderhand ook Fritz Pfeffer, een Joodse tandarts (die model stond voor het dagboekpersonage Dussel). De familie Van Pels en Fritz Pfeffer waren bekenden van de familie Frank en net als zij als Duitse Joden hun vaderland ontvlucht.

In het achterhuis moesten Anne Frank en de andere onderduikers overdag muisstil zijn. Anne miste haar vriendinnen en het feit dat ze nooit naar buiten kon. Tijdens deze onderduikjaren werd haar dagboek steeds belangrijker. Anne schreef hierin over het dagelijks leven in het achterhuis, de angst om ontdekt te worden tijdens het onderduiken, haar ontluikende gevoelens voor Peter, de ruzies met haar ouders en andere onderduikers en haar ambities om schrijver te worden. "Het fijnste van alles vind ik nog dat ik dat ik dat wat ik denk en voel tenminste nog op kan schrijven, anders zou ik completeet stikken", schreef Anne op 16 maart 1944 in haar dagboek. Anne Frank kon zien vanuit het achterhuis was een paardenkastanje, die in de binnentuin stond. Decennia later zou deze

236

boom de Anne Frankboom genoemd worden. Anne Schreef een aantal schriften vol. Na een oproep van minister Bolkestein op Radio Oranje in Londen op 28 maart 1944 om dagboeken te verzamelen die na de oorlog konden worden gepubliceerd, besloot Anne haar dagboek te herschrijven op losse vellen doorslagpapier terwijl ze ook haar gewone dagboek nog bijhield. Anne schreef hierover: "Natuurlijk stormden ze allemaal direct op mijn dagboek af. Stel je eens voor hoe interessant het zou zijn als ik een roman van het Achterhuis uit zou geven". No momento em que se fala em 324 vol., a empresa noruguesa está detida e o boek niet meer voltooien. Annes laatste dagboekaantekening foi van 1 augustus 1944.

Ontdekking

Drie dagen later werden de onderduikers na meer dan twee jaar (25 maanden) ontdekt. O presente documento foi *publicado* em 4 de agosto de 1944 na Nederlandse politieagenten gearresteerd. O SS-Hauptscharführer Karl Silberbauer tinha de leiding. Lange tijd werd gedacht dat de onderduikers verraden waren, al was niet bekend door wie. Em 2016, a editora de Anne Frank Stichting de resultaten van een nieuw onderzoek, waarin wordt verondersteld dat de onderduikers misschien bij toeval werden ontdekt.

De dagboekpapieren (de notitieboeken en losse vellen) werden na de arrestatie gevonden op de vloer van het achterhuis door twee personeelsleden die tot de helpers van de onderduikers behoorden: Miep Gies en Bep Voskuijl (die model stond voor Elly Vossen in het dagboek). Miep Gies verstopte ze in haar bureaula in de hoop ze ooit aan Anne terug te kunnen geven.

Nadat zij waren gearresteerd werden de onderduikers en twee andere helpers, Victor Kugler en Johannes Kleiman, naar het SD-gebouw aan de Euterpestraat Amsterdam-Zuid gereden. Na Índia, em um mesmo país, encontram-se e recebem os seus amigos e ajudantes, e Kugler e Kleiman naar het Huis van Bewaring aan de Amstelveenseweg gebracht. Ele foi de laatste keer dat de onderduikers (behalve Otto Frank, die de oorlog overleefde) hun vrienden zagen. De onderduikers werden naar de gevangenis aan het Kleine-Gartmanplantsoen gebracht.

Deportatie

Op 8 augustus 1944 werden de acht onderduikers uit het achterhuis naar het Centraal Station van Amsterdam vervoerd en per trein gedeporteerd. s Middags kwam de trein op zijn bestemming aan in kamp Westerbork.

Omdat ze zich niet vrijwillig voor 'tewerkstelling in Duitsland' (in werkelijkheid: voor massavernietiging) hadden gemeld maar waren ondergedoken werden ze in de strafbarak gezet. Gevangenen in de strafbarak kregen minder eten en moesten harder werken dan andere gevangenenen. Hun werk bestond uit de demontage van afgedankte batterijen in de werkbarakken van barakken 56.

Zondagochtend 3 september 1944 werden ongeveer duizend mensen per trein naar het oosten gedeporteerd. Een selectieleider kwam de avond tevoren naar de strafbarak, waar hij de namen op zijn lijst voorlas. Ook de onderduikers uit het achterhuis hoorden daarbij. Het was de laatste trein die vanuit Westerbork naar Auschwitz zou vertrekken.

Op 5 september kwam de trein in het vernietigingskamp Auschwitz-Birkenau aan. De acht onderduikers doorstonden de beruchte selectie voor de gaskamers. Vervolgens werden de mannen van de vrouwen gescheiden. Otto Frank, Hermann van Pels, Peter van Pels en Fritz Pfeffer werden naar het nabijgelegen kamp Auschwitz I weggevoerd. Anne, Margot, moeder Edith en Auguste van Pels bleven achter in het vrouwenkamp van Birkenau. Na enige tijd kreeg Anne schurft. A porta de entrada de um veículo de descanso do acampamento era uma porta de entrada de dados. Margot ging met haar mee.

Overlijden

Op 28 oktober 1944 vertrok een transport meet 1308 vrouwen uit Birkenau naar het concentratiekamp Bergen-Belsen. Waarschijnlijk maakten ook Anne en Margot daar onderdeel van uit. Edith bleef achter en stierf op 6 januari 1945. Em Bergen-Belsen waren Anne en Margot erg verzwakt en werden naar de ziekenbarak overgebracht, waar ze naast elkaar lagen. Oregen hoge koorts. Em februari 1945, Margot, enkele dagen later overleed ook Anne, waarschijnlijk aan de gevolgen van vlektyfus. Em die periode lieten naar schatting 17.000 gevangenen het leven in Bergen-Belsen. Um dos principais administradores do campo foi o Toen Geen Spke Meer, um exato superlijdensdata van Anne e Margot niet te achterhalen zijn. O nome Rode Kruis em 1954 (dus negen jaar na hun overlijden) aan dat het 'ergens tussen 1 en 31 maart' geweest moest zijn.

238

De officiële overlijdensakte uit datzelfde jaar vermeldt 31 maart 1945. Em *De Dagboeken van Anne Frank* schreven de historici David Barnouw en Gerrold van der Stroom in 1986 dat Anne en haar zus Margot waarschijnlijk eind februari, begin maart 1945 overleden. Zij baseerden zich op de schriftelijke verklaring van Lientje Brilleslijper van 11 november 1945, waarin ze "omstreeks eind februari, begin maart 1945" als overlijdensdatum aangaf. Lientje Brilleslijper en haar zus Janny hadden Anne en Margot in de laatste periode in Bergen-Belsen meegemaakt. Ook documentairemaker Willy Lindwer (*De laatste zeven maanden*, 1988) die Janny Brilleslijper interviewde, ging uit van eind februari, begin maart 1945, net als biografe Melissa Müller en andere journalisten en historicien. Mais tarde, o diretor da empresa, Janny Brilleslijper, deu início a uma série de entrevistas em februari waarschijnlijker. Haar moeder Edith overleed in januari 1945 in Auschwitz, door ziekte en verzwakking. Van de acht onderduikers in het achterhuis overleefde alleen Otto Frank de Holocaust.

Dagboek: Het Achterhuis

Anne Frank schreef haar dagboek in de vorm van brieven aan een fictieve vriendin Kitty. O que diz o texto: "Eu faço um "hoop ik" e eu faço tudo o que posso para sempre, zoals ik het nog aan niemand gekund heb, en ik hoop dat je een grote steun voor me zult zijn".

Nadat de schrijfster en haar familie verraden waren en gedeporteerd, o ajudante esquerdo Miep Gies de dagboekpapieren bewaard. Alleen Annes vader Otto overleefde het vernietigingskamp. Gies gaf het dagboek na de oorlog aan de vader van de schrijfster. Otto Frank publicou o boek em 1947, em homenagem a *Achterhuis*. Daarin is niet alleen Annes herschreven versie opgenomen, maar Otto voegde er vanaf 29 maart 1944 ook Annes originele dagboekteksten aan toe. Ook heeft hij soms stukken die Anne in haar herschreven versie had weggelaten toch weer toegevoegd. Het Achterhuis is sindsdien een van de meest gelezen boeken ter wereld geworden.

Het Achterhuis é um "boek gebaseerd op dagboekaantekeningen".

Ander literair werk

Anne Frank schreef naast *Het Achterhuis* ook 34 korte verhaaltjes, over haar schooltijd, gebeurtenissen in het Achterhuis en zelf verzonnen sprookjes, dat is gepubliceerd onder de titel *Verhaaltjes, en gebeurtenissen uit het Achterhuis.*

Em 2004 verscheen het *Mooie-zinnenboek.* O Op aanraden van haar vader tinha Anne (in een kasboek) fragmenten overgeschreven uit de vele boeken die zij op haar onderduikadres las. O que é um fragmento de um fragmento e os versos do fragmento são muito mais difíceis. Het boek bevat facsimilia van Annes originele handschrift met daarnaast de gedrukte tekst. Este manuscrito foi escrito por Anne Frank Huis e, no entanto, na terra natal, foi escrito por niet eerder em druk.

Verspreid zijn enkele gedichten van Anne verschenen die niet zijn gebundeld. Verder staat op haar naam het boek *Verhaaltjes, en gebeurtenissen uit het achterhuis.*

Herinneringscentra

De herinnering aan Anne Frank wordt levend gehouden door verschillende stichtingen en musea. Em 1963, Otto Otto Frank het Anne Frank Fonds op, gevestigd in Bazel. Het fonds beheert de auteursrechten van de geschriften van Anne Frank en houdt zich bezigt met de uitgave van het dagboek in diverse talen. As fontes são projetadas por Anne Frank em Frankfurt am Main. In de Verenigde Staten is het Anne Frank Center for Mutual Respect actief, dat zijn hoofdkantoor in New York heeft.

Destaques

- Em 12 de junho de 1942, Anne Frank, em Annelies Marie Frank completa, recebeu um diário vermelho e branco para seu 13º aniversário.
- Amigos que revistaram o esconderijo após a captura da família mais tarde deram a Otto Frank os papéis deixados para trás pela Gestapo.
- Entre eles ele encontrou o diário de Anne, que foi publicado como Anne Frank: The Diary of a Young Girl (originalmente em holandês, 1947).
- O Diário, que foi traduzido em mais de 65 idiomas, é o diário mais lido do Holocausto, e Anne é provavelmente a mais conhecida das vítimas do Holocausto.

- O Diário também foi transformado em uma peça que estreou na Broadway em outubro de 1955, e em 1956 ganhou tanto o Prêmio Tony de melhor peça quanto o Prêmio Pulitzer de melhor drama.

16 Mulheres Influentes

1. Benazir Bhutto (1953-2007)

Ex-Primeiro Ministro do Paquistão

*"Você pode aprisionar um homem, mas não uma idéia.
Você pode exilar um homem, mas não uma idéia". Você
pode matar um homem, mas não uma idéia".*

Benazir Bhutto de **Bhoetto** (Karachi, 21 de junho de 1953 - Rawalpindi,
27 de dezembro de 2007) foi uma política paquistanesa. Van 1988 tot
1990 e van 1993 tot 1996 foi o primeiro-ministro do país.

Zij foi o presidente do Paquistão em 4 de abril de 1979 e ex-presidente Ali
Bhutto, e foi um grande observador do presidente do Paquistão, Pervez
Musharraf.

Vejam uma tradução para uma tradução paquistanesa de 2008 como uma
tradução oposta a uma tradução de um livro sobre o país.

Achtergrond

Benazir Bhutto estava em 1953 geboren em Karachi. Ze was de oudste
dochter van oud minister-president Zulfikar Ali Bhutto, die van Sindhi-
komaf was, en Begum Nusrat Ispahani, een Pakistaanse van Iraans-
Koerdische komaf.

Vroege carrière

Benazir Bhutto kreeg aanvankelijk thuisonderwijs, maar studeerde daarna aan de universiteit van Harvard en aan de Universiteit van Oxford. Em 1977, o Paquistão não estava no mesmo nível que em Oxford. No início de 1978, o país estava no topo da lista de países em desenvolvimento. Vanuit de gevangenis spoorde Zulfaqar Ali zijn dochter aan om zijn politieke carrière voort te zetten. Na de dood van haar vader name ze samen met haar moeder, Begum Nusrat Bhutto, de leiding van de Pakistan Peoples Party (PPP) op zich. Spoedig daarna werden beide vrouwen door president Zia-ul-Haq onder huisarrest gesteld. Zia foi degene die Zulfaqar Ali Bhutto teve afgezet en hem later had laten ophangen.

Em 1984, a Benazir kreeg Benazir toestemming om naar Groot-Brittannië te gaan voor een medische behandeling. O país tinha um cronograma de consultas e era uma forma de se expressar.

Verzet

Em 1986, keerde ze terug naar Pakistan, waar de situatie onrustig era geworden en het verzet tegen dictator Zia-ul-Haq toenam. Benazir en Nusrat namen de leiding van het verzet op zich en na het vliegtuigongeluk van Zia-ul-Haq (augustus 1988) werden er vrije verkiezingen gehouden. Deze verkiezingen werden door de centrumlinkse (islamitisch-socialistische) PPP gewonnen, waarna Benazir Bhutto premier werd. Daarmee werd ze de eerste vrouwelijke premier van een islamitische republiek. Este regime foi o primeiro a corromper a porta e a política de privacidade. Em 1990, o presidente Ghulam Ishaq Khan ontslagen foi o primeiro presidente de uma república islâmica.

Regering

Nadat premier Nawaz Sharif em 1993, om dezelfde redenenen als Bhutto, era ontslagen, werd Bhutto opnieuw minister-president.

Haar tweede regering (een coalitie tussen de PPP en de Muslim League), werd bij de verkiezingen van 1997 verslagen door de Muslim League van de oud-premier Nawaz Sharif.

Emancipatiepolitiek

Benazir Bhutto stond bekend als voorvechtster van de rechten van moslimvrouwen in Pakistan. Tijdens haar verkiezingscampagnes ventileerde ze haar bezorgdheid over het gebrek aan vrouwenrechten en laakte ze discriminatiepraktijken tegen Pakistaanse vrouwen. Om de positie van de vrouw te verbeteren, kondigde Bhutto plannen aan de oprichting van politiebureaus, rechtbanken en ontwikkelingsbanken voor vrouwen. Ondanks deze plannen stelde ze tijdens haar regeringsperiodes nooit wetswijzigingen voor om de welvaart van de vrouw te verbeteren. As pessoas que se reúnem em uma cidade ou região para discutir sobre o assunto são amigas da Sharia, que se reúnem em uma parte da cidade ou região para discutir sobre o assunto. Em 2008, um dos vencedores do Prêmio Mensenrechtenprijs van de Verenigde Naties foi um dos vencedores do Prêmio Mensenrechtenprijs van de Verenigde Naties.

Onderzoek naar comwaspraktijken

De Zwitserse Justitie Deed, nadat er in 1998 ongeveer twintig miljoen Zwitserse franken op Zwitserse bankrekeningen van Bhutto en haar familie waren gevonden, jarenlang onderzoek naar mogelijk door haar en haar echtgenoot (Asif Ali Zardari) begane witwaspraktijken van smeergelden door middel van Zwitserse banken. Em 2003, waren beide bij verstek veroordeeld maar omdat ze in hoger beroep waren gegaan, werd het onderzoek in 2004 heropend. Mas, sem deixar de lado aantijgingen steeds ontkend en beweerde dat de kwestie een politieke achtergrond had. Em 2007, a justificativa para o desenvolvimento de uma política de saúde pública foi superada. Deze stopzetting gold niet voor haar echtgenoot.

Ballingschap

Bhutto vestigde zich in 1999 in Dubai om gerechtelijke vervolging te ontlopen. Haar echtgenoot Asif Ali Zardari werd echter gearresteerd en veroordeeld wegens corruptie. Hij kwam na acht jaar gevangenschap in december 2004 op borgtocht vrij.

Bhutto en Sharif, onder de democratie niet tot enige samenwerking in staat, riepen sinds 1999 regelmatig in gezamenlijke verklaringen op tot het aftreden van president Musharraf en het houden van vrije verkiezingen.

Beide ex-premiers hadden een zogenaamd "Charter of Democracy" opgesteld, wat hun handboek zou worden voor de volgende verkiezingen.

Em 2007 liet Musharraf de aanklacht wegens corruptie vallen, naar verluidt in ruil voor steun van Bhutto's partij bij de presidentsverkiezingen, waarna Benazir Bhutto op 18 oktober 2007 naar Pakistan terugkeerde. A partir de agora, o Banco tem um programa de trabalho para o desenvolvimento do país, com 140 doden vielen.

Op 8 november 2007 wered Bhutto door president Musharraf onder huisarrest geplaatst, officieel om haar veiligheid te garanderen. In de praktijk was het huisarrest bedoeld om te voorkomen dat ze een protestmars tegen de zittende president Pervez Musharraf zou organiziseren.

Aanslag

Anderhalve maand later, op donderdag 27 december 2007, kwam Benazir Bhutto op 54-jarige leeftijd alsnog door een aanslag om het leven nadat ze een verkiezingstoespraak had gehouden op een politieke bijeenkomst van de Pakistan Peoples Party in Rawalpindi.

Nadat Bhutto in haar kogelvrije auto was gestapt, stond ze op om naar de menigte te wuiven. Op dat moment beschoot een man haar met een vuurwapen. A empresa tem um handlanger que se ocupa de uma linha de montagem, que se ocupa de uma linha de montagem e de uma linha de montagem com os seus colegas. Mas não se tratava diretamente de uma tradução ou de uma tradução de um texto em Rawalpindi gebracht. E, se por acaso não se tratava de uma porta de entrada de dados, om 18.16, o que se fazia era uma porta de entrada de um duende.

Het lichaam van Benazir Bhutto werd op 28 december 2007 bijgezet in het familiegraf in Garhi Khuda Bakhsh.

Nasleep

Direct na de moord op Bhutto braken in diverse Pakistaanse steden rellen uit door boze aanhangers van Bhutto die de regering van Musharraf beschuldigden van nalatigheid en pogingen de aanslag te verdoezelen. A moordaanslag bracht bij veel politici over de gehele wereld een grote schok teweeg, en werd met afschuw veroordeeld. Een dag later, op. 28 december, eiste de islamistische terreurgroep Al Qaida de aanslag op. A ministra paquistanesa da China em Islamabade, em 28 de dezembro, enviou um telefoongesprek sobre a Al Qaida para o Baitullah Mehsud Achter de Anslag Zit. Er is echter nog niet met zekerheid vastgesteld dat Al Qaida daadwerkelijk achter de aanslag zit. Haar zoon Bilawal Bhutto Zardari volgde haar op als partijvoorzitter van de Pakistan Peoples Party.

Destaques

- Benazir Bhutto é um político paquistanês que se tornou a primeira mulher líder de uma nação muçulmana na história moderna. Ela serviu dois mandatos como primeira-ministra do Paquistão, em 1988-1990 e em 1993-1996.
- Após a execução de seu pai em 1979 durante o governo do ditador militar Mohammad Zia-ul-Haq, Bhutto tornou-se o chefe titular do partido de seu pai, o Partido do Povo Paquistanês (PPP), e passou por frequentes prisões domiciliares de 1979 a 1984.
- Legalmente separada e livre das restrições trazidas à PPP pela liderança de Bhutto, a PPPP participou das eleições de 2002, nas quais procedeu para ganhar um voto forte. Entretanto, os termos de Bhutto para cooperação com o governo militar - que todas as acusações contra ela e contra seu marido sejam retiradas - continuaram a ser negadas.

2. Betty Friedan (1921-2006)

Escritora e ativista feminista americana

"É mais fácil viver através de outra pessoa do que se tornar completo".

Betty Friedan, geboren als *Bettye Naomi Goldstein* (Peoria (Illinois), 4 februari 1921 - Washington D.C., 4 februari 2006) foi uma Amerikaanse feministe, sociaal activiste en publiciste.

Levensloop

Friedan estava na puberteit de haar um actief marxiste e radicalistisch Joods activiste. No campus da escola secundária Smith College, o Friedan foi um dos melhores ativistas do mundo. A psicologia e a universidade de Berkeley, na Califórnia, são os principais responsáveis pelo opleiding niet af. Kort daarop foi o jornalista para linkse e vakbondsbladen. Em 1947, conheceu Carl Friedan, van wie ze in 1967 zou scheiden. Op haar 85e verjaardag stierf ze aan een hartstilstand.

A Mística Feminina

Toen ze in 1952 zwanger was van haar tweede kind, werd ze wegens haar zwangerschap ontslagen. Em 1958, em 1958, o aluno do ensino médio do país, que tinha uma escola de levenservaringen optekende. O primeiro ano do ensino médio foi, em 1958, o primeiro ano em que a escola secundária foi inaugurada, com o objetivo de criar um artigo para um canal, que se destinava à publicação de notícias. O Daarop também se baseia na matéria para uma pesquisa de mercado.

Em 1963 schreef zij dat boek, een baanbrekend feministisch werk, *The Feminine Mystique*. De eerste druk bedroeg 1,3 miljoen exemplaren en het werd het best verkochte boek van dat jaar. O melhor boek beschrijft de rol van de middenklasse-vrouw in de industriële samenleving: het huisvrouwenbestaan, en de afstomping die dat met zich meebrengt, het *huisvrouwensyndroom*. Deze bestseller wordt algemeen beschouwd als het begin van de Tweede feministische golf.

Activisme

Em 1966, na richtte Friedan de National Organization for Women (NOW) op en in 1969, Samen conheceu Bernard Nathanson en Larry Lader, de pressiegroep NARAL, die ernaar streefde de strafbaarheid van abortus provocatus in de Verenigde Staten op te heffen.

Nadien bleef ze tot op hoge leeftijd actief als feministe, onder meer als (mede)oprichter en voorzitter van vele vrouwenorganisaties. Em tegenstelling tot Nathanson bleef ze ook actief in de pro-abortusbeweging.

Destaques

- Bettye Goldstein formou-se em 1942 no Smith College com um diploma em psicologia e, após um ano de trabalho de pós-graduação na Universidade da Califórnia, Berkeley, instalou-se em Nova York.
- A Mística Feminina (1963), que explorou as causas das frustrações das mulheres modernas em papéis tradicionais, foi um best-seller imediato e controverso e foi traduzida para vários idiomas estrangeiros.
- Membro fundador da National Women's Political Caucus (1971), ela disse que foi organizada "para fazer política, não café".

- Em 1976, Friedan publicou It Changed My Life: Escritos sobre o Movimento das Mulheres e em 1981 A Segunda Etapa, uma avaliação da situação do movimento das mulheres.
- A Fonte da Idade (1993) abordou a psicologia da velhice e pediu uma revisão da visão da sociedade de que o envelhecimento significa perda e exaustão.

3. Grace Hopper (1906-1992)
Matemático, cientista da computação e oficial da marinha

"Liderança é uma via de mão dupla, lealdade para cima e lealdade para baixo". Respeito aos superiores; cuidado com a tripulação".

Grace Brewster Murray Hopper (Nova York, 9 de dezembro de 1906 - Arlington (Virginia), 1 de janeiro de 1992) foi uma amerikaans wiskundige, pionierend informaticus, natuurkundige e officier (Contra-Almirante) van de Amerikaanse marine. Zij heeft onder andere de eerste programma's voor de Mark I Calculator en de eerste echte echte compiler voor een programmeertaal op haar naam staan.

Levensloop

Hopper behaalde haar bachelor in de wiskunde en in de natuurkunde aan het Vassar College in 1928; tijdens haar studie werd ze opgenomen in de academische sociëteit ΦBK (Phi-Beta-Kappa) vanwege haar wetenschappelijke talenten. Ze studeerde verder te Yale en comportalde in 1930 haar master in dezelfde twee richtingen. Em 1934, a equipe de liderança em Verenigde Staten die promoveerde in de wiskunde. Haar dissertatie droeg de titel *New Types of Irreducibility Criteria* en betrof tot dan toe onbekende criteria van irreducibiliteit. Vanaf 1931 gaf Hopper ook les in wiskunde te Vassar; tegen 1941 era o daar universitair hoofddocent.

Em 1943, a Reserva Naval dos Estados Unidos foi criada em 1943, no Laboratório de Informática para a Assistência Técnica. Daar werkte ze samen met Howard Aiken aan de Mark I Calculator. Ele foi o primeiro a receber um programa de estudos. Com a ajuda de uma das melhores ferramentas de ortografia do mundo marinho, a maioria dos marinheiros e calculadoras de Marcos II e Marcos III.

Em 1949, a empresa foi fundada para a Eckert-Mauchly Computer Corporation, em 1949, com o objetivo de criar uma rede de dados sobre o momento em que o projeto foi desenvolvido pela UNIVAC I. Começamos com 50 jarros de dados da Remington Rand Corporation, que foi criada no dia a dia da publicação dos compiladores. Haar compiler heette de A compiler, met als eerste versie A-0. Latere edities werden op de markt gebracht onder de namen ARITH-MATIC, MATH-MATIC en (vooral) FLOW-MATIC.

Enige tijd later keerde ze terug bij de marine, waar ze tewerkgesteld werd om validatiesoftware te schrijven voor de nieuwe programmeertaal COBOL. De COBOL-definitie werd vastgesteld door het CODASYL-comité, maar was feitelijk een uitbreiding van Hoppers FLOW-MATIC met een aantal zaken uit de COMTRAN-taal (het FLOW-MATIC equivalent van IBM). Ondanks de omkleding met comités en allerhande andere officieelheden, staat het toch vast dat het Hoppers idee was dat een computer geprogrammeerd kon worden in een taal die leek op een natuurlijke taal zoals Engels en niet in machinetaal of iets dat daar sterk op leek (zoals de assemblers die in die tijd gebruikt werden). O que é mais importante é que o veredigbaar om te stellen dat COBOL geheel op haar filosofie en inzichten gebaseerd was.

Hopper zwaaide weer af bij de National Reserve em 1966, conheceu de rang van commander. Em agosto de 1967, em agosto de 1967, foi realizada uma conferência de imprensa para um período de tempo das zonas rurais - mais tarde, foi realizada uma conferência de imprensa para um duur. Em 1973, a porta foi aberta ao capitão Elmo R. Zumwalt Jr. bevorderd tot capitão.

Gedurende de jaren 70 verrichtte ze onderzoek naar gesandaardiseerd testen van computers, voornamelijk voor programmeertalen en met name gericht op (uiteraard) COBOL en FORTRAN. O programa de teste do programa de navegação para os programas de navegação em dez talentos, é um programa convergente do dialecto de verschillende do programa de navegação. Deze testseries (en ook het beheer ervan) werden in de jaren 80 overgenomen door het National Bureau of Standards, nu het NIST geheten.

Em maart 1983 verscheen Hopper op televisie in het programma *60 Minutes*. Daar werd ze opgemerkt door Philip Crane, lid van het Amerikaanse Huis van Afgevaardigden. Hij diende een motie in bij het Huis om president Ronald Reagan te bewegen haar te bevorderen tot commodore, hetgeen ook gebeurde bij Speciaal Besluit van de Bevelvoerder. Em 1985, dez anos atrás, no Contra-Almirante (metade inferior), o Ronald Reagan foi eleito o primeiro almirante. Em 1986 zwaaide ze (onvrijwillig) af bij de marine.

Aangenomen als senior consultant bij Digital Equipment Corporation, een aanstelling die ze de rest van haar leven behield. A atividade de voar em dez baan foi como uma espécie de "embaixador de boa vontade". O circuito de circuitos de leitura foi opcionalmente usado para fazer discursos sobre os primeiros passos de um computador, para que o computador possa ser carregado e para que o computador possa ser controlado por um computador. O grupo de trabalho de pesquisa e desenvolvimento de capitais Digitais e o governo de uma empresa de pesquisa e desenvolvimento de uma empresa de desenvolvimento de produtos de consumo de energia. Bij deze gelegenheden verscheen ze altijd in uniforme, in groot tenue.

Grace Hopper overleed op 85-jarige leeftijd op nieuwjaarsdag 1992 en werd met militaire eer begraven op het Arlington National Cemetery. Tot die tijd woonde ze in Arlington (Virgínia). Aan South Joyce Street, tegenover haar woning, ligt een klein parkje dat tegenwoordig beheerd wordt door Arlington County: het Grace Murray Hopper Park.

Destaques

- Ela se tornou tenente e foi designada para o Projeto de Computação do Bureau of Ordnance na Universidade de Harvard (1944), onde trabalhou em Mark I, a primeira calculadora automática de larga escala e precursora de computadores eletrônicos.

- Ela escreveu o primeiro manual de computador, A Manual of Operation for the Automatic Sequence Controlled Calculator (1946), que descreveu como operar Mark I e foi o primeiro tratamento extensivo de como programar um computador.
- O desenvolvimento de compiladores para COBOL por Grace Hopper e sua forte defesa da linguagem levou à sua ampla utilização nos anos 60.
- Hopper se aposentou da marinha com a patente de comandante em 1966, mas no ano seguinte foi chamado a serviço ativo para ajudar a padronizar os idiomas dos computadores da marinha.

4. Margaret Thatcher (1925-2013)

A primeira mulher a se tornar Primeira Ministra do Reino Unido

*Quando as pessoas são livres para escolher, elas escolhem
a liberdade*

A Baronesa Margaret Hilda Thatcher, (Grantham, Engeland, 13 oktober 1925 - Londen, Engeland, 8 de abril de 2013) foi uma política britânica do Partido Conservador e, de 1979 a 1990, foi a primeira a ser apresentada no Verenigd Koninkrijk.

Thatchers vader era winkelier en burgemeester van Grantham em Lincolnshire. A Universidade de Somerville College (Universiteit van Oxford) foi a primeira universidade a ter um esquema de ensino em 1959 e em 1992, com a tampa do Lagerhuis. Van 1970 tot 1974 foi o ministro van Onderwijs en Wetenschap na kabinet-Heath. Em 1975, Thatcher de eerste vrouwelijke partijleider van de Conservatieve Partij en diende zij als oppositieleider in het Lagerhuis. Em 1979 venceu Thatcher de verkiezingen en versloeg daarmee de zittende premier van de Labour Party, James Callaghan. Thatcher werd daarmee de eerste vrouwelijke premier van het Verenigd Koninkrijk. Tijdens de verkiezingen van 1983 en 1987 werd ze verkozen voor een tweede en derde termijn. Em 1990 trad Thatcher af als partijleider en als premier en werd ze opgevolgd door John Major.

Em 1992, o Thatcher verheven tot barones en werd zij aldus lid van het Hogerhuis.

Thatcher está em haar leven in de volgende ridderorden opgenomen: Lid van de Eerbaarste Privy Council van Hare Majesteit - Member in de Orde of Merit - Dame van Justitie in de Orde van Sint-Jan - Dame Ridder in de Orde van de Kousenband.

Ordem Buitenlandse: Medalha Presidencial da Liberdade - Grootkruis in de Orde van de Goede Hoop - Groot Lint in de Orde van de Kostbare Kroon - Grote Orde van Koning Dimitar Zvonimir - Orde van de Witte Leeuw, eerste klasse - Dame Grootkruis in de Koninklijke Orde van Frans I.

Afkomst

Margaret Thatcher werd als Margaret Roberts geboren in Grantham in het Engelse graafschap Lincolnshire. Haar vader foi Alfred Roberts en afkomstig uit Northamptonshire. Haar moeder heette Beatrice Ethel (geboren Stephenson) en kwam uit Lincolnshire. Zij bracht haar jeugd door in Grantham, waar haar vader twee kruidenierswinkels had. Margaret en haar oudere zus Muriel groeiden op in het appartement boven de grootste van deze twee. Haar vader era actief in de lokale politiek als in de christelijke kerk, waar hij respectievelijk als wethouder (Alderman) en als methodistisch lekenpredikant diende... Margaret foi opgevada a um método de enigma. A Margaret foi uma família liberal, uma família de pedras - zoals toen gebruikelijk estava em uma política de escala - como também uma *onafhankelijke* verkiesbaar. Hij estava em 1945-46 burgemeester van Grantham. Em 1952, a Hij zijn positie als wethouder nadat de Labourpartij de meerderheid in de gemeenteraad van Grantham tinha verkregen.

Escola Middelbare en universiteit

Roberts bezocht de Huntingtower Road Primary School e ganhou um beurs voor de Kesteven en Grantham Girls' School. A escola foi construída com base em dados de fanfarronice e continua a ser um bom exemplo; a escola foi construída com base em atividades como:ospelen, hockey, poëzie-recitals, zwemmen e wandelen. Em 1942-1943 foi zij hoofdmeisje (*headgirl*). Em 1942-1943, foi criada a Universidade de Somerville, um colégio e uma universidade de Oxford. No primeiro instante, o professor foi convidado a fazer um curso de pós-graduação e, no segundo semestre, a estudar um curso de pós-graduação em Oxford. Em 1943 em Oxford e, em 1947, conheceu o "Second Class Honours", um bacharelado em esquemas de comportamento. Em 1947, a empresa foi especializada em supervisão de Dorothy Hodgkin na área de röntgenstralings-kristallografie. Zij foi geen voorstander van het toelaten van mannelijke studenten aan Somerville College.

Em 1946, Roberts voorzitter van de Oxford University Conservative Association Ze werd op de universiteit beïnvloed door politieke werd, zoals Friedrich von Hayeks *The Road to Serfdom* (1944), die ingrijpen in de economie door de overheid als een eerste stap op weg naar een autoritaire staat veroordeelde.

Werkzaam leven

Na haar afstuderen verhuisde Roberts em 1947 naar Colchester em Essex, waar zij als onderzoekschemicus in dienst trad van BX Plastics. Zij werd lid van de lokale Conservative Association. Em 1948, a woonde zij de partijconferentie in Llandudno bij, als vertegenwoordiger van de University Graduate Conservative Association.

Kwalificatie als kandidaat voor het Lagerhuis

Een van haar vrienden em Oxford foi um amigo da Associação Conservadora de voorzitter van de Dartford em Kent. Daar era um homem para o Partido Conservador, que se candidatou para a Britse Lagerhuis. Leden van deze Association waren dusdanig onder de indruk van de politieke denkbeelden van Roberts dat zij haar vroegen zich te kandideren. Em janeiro 1951, foram os jovens mestres de seleção.

Campagnes em Dartford

Um jantar de aceitação como também um jantar de acompanhamento para Dartford em fevereiro de 1951. Denis Thatcher, um sucessor, um homem de negócios, um diretor de negócios, morreu na estação de treinamento de Essex te halen. Ter voorbereiding van de verkiezing verhuisde Roberts naar Dartford, waar zij in haar levensonderhoud voorzag door als onderzoekschemicus in dienst te treden bij J. Lyon en Co. in Hammersmith. Ajude a formar uma equipe de emulgadores de dados para os seus clientes.

Tijdens de parlementaire verkiezingen voor het Lagerhuis in februari 1950 en die van oktober 1951, was zij kandidate in het voor Labour veilige kiesdistrict Dartford, waar zij als de jongste en en enige vrouwelijke kandidaat media-aandacht trok. Beide keren verloor zij van Norman Dodds, maar zij wist de Labour meerderheid in februari 1950 met 6.000 en in oktober 1951 nogmaals met 1.000 stemmen te reduceren. Tijdens deze campagnes werd zij gesteund door haar toekomstige man Denis Thatcher, met wie zij in december 1951 in het huwelijk trade. Denis betaalde de studies van zijn vrouw om toe te kunnen treden tot de Orde van Advocaten; Thatcher kwalificeerde zich in 1953 als advocaat en specialiseerde zich in belastingrecht. In datzelfde jaar werd haar tweeling, Carol en Mark, geboren.

Lid van het Lagerhuis

Na haar ervaringen in Dartford ging Thatcher in het midden van de jaren vijftig op zoek naar een kiesdistrict waar zij zekerheid had op een zetel in het Lagerhuis. Roberts foi em 1955, em abril de 1958, para o distrito de Finchley, onde o pastor de ovelhas foi eleito. Na harde verkiezingscampagne werd zij in 1959 tot lid van het Lagerhuis verkozen. Haar maidenspeech handelde over haar wetsvoorstel ("Public Bodies (Admission to Meetings) Act 1960"), die lokale autoriteiten voorschreef om haar raadsvergaderingen voortaan in het openbaar te houden. Em 1961, a porta de entrada para o horário de funcionamento do "bétula" foi aberta em 1961.

Em oktober 1961 steeg Thatcher in politiek aanzien, doordat zij voortaan op de eerste rij in het Lagerhuis mocht plaatsnemen. Zij werd in Harold Macmillans regering tot parlementaire secretaris van het ministerie van Pensioenenen en Nationale verzekeringen benoemd. Nas eleições de 1964, as pessoas que estavam em Harold Macmillans foram as melhores para a colheita e a política de colheita, mas também para a propagação

258

da fé dos povos indígenas. Em 1966 verhuisde zij naar het schaduw-Treasury-team. Als financeeel woordvoerster verzette zij zich tegen de verplichte prijs en inkomenscontroles van Labour, met als argument dat deze controles onbedoelde effecten zouden produceren, die de economie zouden verwringen.

Ministro

No livro do ministro-presidente Edward Heath vervulde zij van 1970 tot 1974 de rol van minister van Onderwijs en Wetenschappen. Als minister van onderwijs schafte ze de gratis voorziening van melk voor basisschoolkinderen af. Dit leverde haar de bijnaam 'Thatcher the milk snatcher' op.

Partijleider Conservatieve Partij

Em 1975 daagde ze Heath uit als leider van de Conservatieve Partij en won de leiderschapsverkiezing. Em 1979, ganhou como leidster van de oppositie um motie van wantrouwen tegen de regering van James Callaghan, die een pact met de Liberale Partij had afgesloten, met een meerderheid van 311 tegen 310 stemmen. De hierop volgende algemene verkiezingen wist ze te winnen, waarna ze Eerste Minister werd. Em 1983 e em 1987 herkozen. Sinds 1988 é o primeiro-ministro britânico a pecar em 1827. Om precies te zijn: zij diende elf jaar, zes maanden en 26 dagen. Het Verenigd Koninkrijk stond er economisch gezien slecht voor toen Thatcher aantrad. De industrie was sterk verouderd, en de voortdurende arbeidsconflicten verhinderden de noodzakelijke vernieuwing. Er era um hollende inflatie, e o nationale zelfvertrouwen era tot een minimum gedaald. A sua característica mais rigorosa era o seu cartel, o seu genoemde naar mais tarde, e o seu melhor discurso sobre a privatização do sector privado, a sua posição em conflito com os opositores e com os trabalhadores, Michael Foot e Neil Kinnock.

Falklandoorlog

Argentinië, dat al lang aanspraak maakte op de Falklandeilanden, viel op 2 april 1982 deze Britse eilanden aan. O rápido beantwoordde Thatcher de bezetting met een tegenaanval. Op 21 mei 1982 landden de Britten bij de nederzetting Port San Carlos. Tweeënzeventig dagen later waren de eilanden heroverd. In totaal vonden 236 Britten en 655 Argentijnen de dood. Aan de vooravond van de oorlog foi Thatcher de minst populaire Britse premier sinds de Tweede Wereldoorlog. Erna era imens geliefd. Thatcher maakte gebruik van haar populariteit door de parlementaire verkiezingen te vervroegen, die zij in 1983 won.

Mijnwerkersstaking

Gesterkt begon Thatcher aan haar voornemen om vele tientallen verlieslijdende kolenmijnen te sluiten. De bonden van mijnwerkers, onder leiding van de radicale Arthur Scargill, organizou em 1984 um grootscheepse landelijke staking. Er volgde een winter met gewelddadige confrontaties tussen stakers en politie. Mais tarde, uma nova geração de mijnen dicht.

IRA-aanslag

Thatcher ontsnapte op 12 oktober 1984 ternauwernood aan een bomaanslag van de IRA. O decreto de 02:54 foi um bombardeio para o Grand Hotel em Brighton, que foi lançado como uma rede de transporte de mercadorias em banda larga e com a participação de todos os clientes do hotel em Brighton. Op het moment van de aanslag was Thatcher aan het werk in haar suite op de eerste verdieping. Vlak daarvoor tinha zij de badkamer verlaten, die bij de ontploffing ernstig beschadigd werd. Vijf personen kwamen om het leven, maar zij en haar echtgenoot bleven ongedeerd. Thatcher gaf later aan dat als zij toen de bom ontplofte in de badkamer was geweest, zij alleen snijwonden en kneuzingen zou hebben opgelopen. Thatcher stond erop dat het congres die dag als gepland om 09:30 uur geopend zou worden. s Middags om 14:30 uur hield zij haar toespraak.

Buitenlands acredita

Het Verenigd Koninkrijk era dan wel lid geworden van de Europese Gemeenschappen, maar Thatcher era wantrouwig ten aanzien van elke vorm van supranationalisme en ging zich oriënteren op de Verenigde Staten. O presidente da Amerikaanse, Ronald Reagan, conheceu o presidente da Amerikaanse, Ronald Reagan, e o presidente da Amerikaanse. Em Europa voelde ze zich minder thuis. Haar "I want my money back" leidde pas na zeer harde onderhandelingen tot compenserende maatregelen op sociaal terrein en in de landbouwbijdragen voor Europa.

De regering van Thatcher steunde de coalitie rond de Rode Khmer, nadat de Rode Khmer em 1979 foi afgezet door Vietnamese communistische troepen. Tijdens het Chino-Russisch Conflict stonden de Vietnamese communisten aan de kant van de Sovjet-Unie, terwijl de Rode Khmer aan de kant van China stond. Mede dankzij de steun van de regering Thatcher kon de coalitie rond Pol Pot de officiële Cambodjaanse zetel in de Verenigde Naties behouden. Daarnaast steunde de regering van Thatcher de coalitie rond de Rode Khmer met geld, voedsel en trainers. Em 1991, o grupo de pesquisadores da SAS inderdaad de troepen van de coalitie geleid door de Rode Khmer gedeeltelijk se encontrou com o grupo de treinadores. No escritório da Britse, que regulava as alíquotas de não-comunistische delen van de coalitie, o maar de Rode Khmer tinha feito um prognóstico do lucro da Britse steun. Thatcher beweerde dat "*de meer redelijke mensen van de Rode Khmer een bepaalde roll zullen moeten spelen in de toekomstige regering*". Tijdens de voorafgaande heerschappij van 1975 tot 1979 heeft de Rode Khmer naar schatting twee miljoen mensen vermoord.

Imposto de votação

Em 1990, o Verenigd Koninkrijk rellen uit toen Thatcher een inkomensonafhankelijke belasting, de *poll tax*, wilde invoeren. Data leidde tot haar aftreden: de partij wilde van haar af en verscheidene conservatieven daagden Thatcher uit om het leiderschap van de Conservatieve Partij. Tijdens de eerste ronde van de verkiezingen voor het voorzitterschap behaalde ze meer stemmen dan Michael Heseltine, die enkele jaren later nog vicepremier zou worden, maar het verschil was onvoldoende groot om onmiddellijk herkozen te worden verklaard. Daarop besloot Thatcher, deels op advies van haar echtgenoot, dat aftreden eervoller was dan verslagen worden. A primeira vez que o país foi convidado para a cerimônia de inauguração: a primeira vez que o país foi convidado para a cerimônia de inauguração foi o Mark Thatcher, que se tornou um vermífugo a befaamde autoral Parijs-Dakar em Algerije. Het leiderschap van de partij en het premierschap gingen naar John Major, onder Thatcher minister van financiën.

Na haar politieke leven

Na haar aftreden hield Thatcher lezingen over heel de wereld. Em 2001 moest ze daarmee ophouden ophouden op doktersadvies. Op 13 oktober 2005 vier a ser o resultado de uma pesquisa de 80ste verjaardag met een diner voor zo'n 650 gasten onder wie koningin Elizabeth II, Labour-premier Tony Blair, zangeres Shirley Bassey en actrice Joan Collins.

Op 7 december 2005 werd ze één nacht ter observatie in het ziekenhuis opgenomen, nadat ze zich plotseling onwel begon te voelen bij de kapper. A Carol Thatcher Maakte maakte bekend dat het kortetermijngeheugen van haar moeder ernstig achteruitging. Andere bronnen meldden dat zij wellicht aan de ziekte van Alzheimer zou lijden. Em 2008, a Carol Carol foi a porta de entrada do porto de embarque no porto de embarque: Uma peça de natação no aquário Goldfish Bowl: A Memoir'.

Na het overlijden op 11 december 2006 van Pinochet, die politiek behulpzaam was geweest bij de Falkland-oorlog, liet ze weten dat ze bedroefd was. Em 2007, a Thatcher nog steeds voor de Conservatieve Partij in het Hogerhuis als Baroness Thatcher of Kesteven.

Medio 2008 ontstond er een controverse in het Verenigd Koninkrijk of ze na haar dood al dan niet een staatsbegrafenis zou krijgen. Deze eer era um dos nossos melhores amigos para Winston Churchill e da família de Koninklijke.

Op 8 de abril de 2013 overleed Thatcher aan de gevolgen van een beroerte in het Londense hotel The Ritz. Zij kreeg door de Britse overheid een ceremoniële uitvaartdienst met volledige militaire eer aangeboden in de St. Pauls Cathedral, die zij zelf als locatie had uitgekozen. De uitvaartdienst op 17 april kreeg dezelfde status als die van prinses Diana in 1997 en die van koningin-moeder Elizabeth in 2002. Meer dan 2300 genodigden woonden de uitvaartplechtigheid bij, onder wie koningin Elizabeth II en haar echtgenoot prins Philip. In totaal waren van 170 landen vertegenwoordigers aanwezig. Na afloop werd zij in besloten kring gecremeerd.

De reacties op Thatcher's overlijden waren, vooral in het Verenigd Koninkrijk, gemengd. O projeto foi muito bem sucedido como um dos melhores líderes do mundo, que tem como resultado que, por um lado, as reações amargas do mundo do trabalho e, por outro lado, os vínculos com as políticas econômicas do país. Criticar a meio de um acampamento de dados da mídia social é a mentira 'Ding-Dong! The Witch Is Dead' é o filme The Wizard of Oz een tweede plaats in de Engelse en een eerste plaats in de Schotse hitlijsten comportalde. De actie werd door velen, waaronder Ruth Duccini en Jerry Maren die in de oorspronkelijke film het nummer hadden gezongen, betiteld als smakeloos en respectloos. Thatcher-aanhangers probeerden hetzelfde met het nummer 'I'm in Love with Margaret Thatcher' van de Notsensibles. O número se comporta como uma placa de 35 metros.

Nog in de maand van haar overlijden werd het plan bekendgemaakt om in Londen een museum annex bibliotheek ter ere van Thatcher te stichten. O centro de coleta da *Margaret Thatcher Centre* e o centro de coleta da Universiteit van Buckingham.

Destaques

- Margaret Thatcher levou os Conservadores a uma vitória eleitoral decisiva em 1979 após uma série de grandes greves durante o inverno anterior (o chamado "Inverno do Descontentamento") sob o governo do Partido Trabalhista de James Callaghan.
- Thatcher entrou no cargo prometendo frear o poder dos sindicatos, que haviam demonstrado sua capacidade de paralisar o país durante seis semanas de greves no inverno de 1978-1979.
- A segunda metade do mandato de Thatcher foi marcada por uma polêmica inextinguível sobre o relacionamento da Grã-Bretanha com a Comunidade Européia (CE). Em 1984, Margaret Thatcher conseguiu, em meio a uma oposição feroz, reduzir drasticamente a contribuição da Grã-Bretanha para o orçamento da CE.

5. Kamala Harris (nascido em 1964)

Vice-presidente dos Estados Unidos

"Espero que, sendo um 'primeiro', eu inspire os jovens a perseguir seus sonhos".

Kamala Devi Harris (Oakland (Californië), 20 oktober 1964) é uma política amerikaans e sinds 20 januari 2021 de 49e vicepresident van de Verenigde Staten. A empresa é líder da Democratische Partij e foi inaugurada pela primeira vez como vice-presidente da Afro-Amerikaanse, da Aziatisch-Amerikaanse e da eerste vrouwelijke. Eerder foi Harris openbaar aanklager van San Francisco van 2004 tot 2011, procureur-generaal van Californië van 2011 tot 2017 en senator voor Californië van 2017 tot 2021.

Biografie

Harris foi op 20 oktober 1964 geboren em Oakland. Haar moeder Shyamala Gopalan, um tâmil, foi kankeronderzoeker die em 1960 van India naar de Verenigde Staten foi geëmigreerd. Haar vader Donald J. Harris migreerde em 1961 vanuit Jamaica. Hij doceerde economie aan de Universiteit van Californië - Berkeley. Harris identificou o "zichzelf" como Afro- en Indiaas-Amerikaans.

Harris' ouders gingen uiteen toen Kamala Harris 7 jaar oud era, waarna Kamala en haar jongere zus Maya door de week bij hun moeder woonden.

Ze groeiden op in Berkeley. Toen Harris 12 era, verhuisden ze naar Montreal, waar hun moeder onderzoek deed en lesgaf. O jovem foi aluno da escola de 1981 e do colégio de Westmount.

Harris studeerde economie en politieke wetenschap aan Howard University in Washington. Als student was ze actief in de debatclub, de studentenraad en de Afro-Amerikaanse *sorority* Alpha Kappa Alpha. A manifestação do apartheid e a organização do programa de mentor-programas para a juventude afro-americana.

Em 1989, um estudo de Howard Harris Harris teve um comportamento de rechengendiploma e Hastings College of the Law em São Francisco. O primeiro foi nomeado para a Balie en van 1990 tot 1998 foi o primeiro *procurador distrital adjunto* no condado de Alameda. Em 1998, foi um bispo conhecido por Willie Brown, de toenmalige voorzitter van het California State Assembly. Brown Stelde Harris voor aan zijn politieke netwerk en wees haar in 1994 tweemaal een betaalde positie toe. Em 1996, a Brown burgemeester van San Francisco e ging het koppel uiteen.

Van 1998 tot 2000 werkte Harris voor de openbaar aanklager (*procurador do distrito*) van San Francisco, waar ze zware misdaden vervolgde. Van 2000 tot 2003 diende Harris de stadsadvocaat. Em 2003, stelde ze zich kandidaat om haar voormalige baas op te volgen als openbaar aanklager van San Francisco. Haar campagne gaf meer dan 600.000 dollar uit, meer dan ooit tevoren, en meer dan wettelijk was toegelaten. Em um acampamento turbulento, Harris de verkiezing venceu 56 procent van de stemmen. Em 2007, a equipe de Harris foi a escolhida, como também a mais nova.

Procureur-generaal van Californië (2011-2017)

Em novembro de 2008, o kondigde Harris aan dat zij zich kandidaat zou stellen om procureur-generaal (*Procurador-Geral*) van de staat Californië te worden. O Greeg de steun van senatoren Dianne Feinstein en Barbara Boxer en van Voorzitter van het Huis van Afgevaardigden Nancy Pelosi. No processo de votação com 33,6 votos, a meeste de todos os candidatos. Em alguns casos, o nome Harris Harris é o nome de Steve Cooley, que é o nome de Harris Republikein Steve Cooley, para abrir uma página em Los Angeles. Uiteindelijk ganhou o encontro de 46,1 procent van de stemmen, 0,8 procent meer dan haar tegenstander. Op 3 januari 2011 volgde ze Jerry Brown op, die gouverneur werd. Ze raakte opnieuw verkozen in 2014 en bleef aan tot januari 2017. A porta de embarque Xavier Becerra. Harris foi o primeiro a ser contratado pela Afro-Amerikaanse como o primeiro a ser contratado pela Aziatisch-Amerikaanse.

Em setembro de 2014 foi gespeculeerd dat ze kandidaat om Eric Holder op te volgen als minister van Justitie (*Procurador Geral dos Estados Unidos*). Uiteindelijk stelde presidente Barack Obama op deze post Loretta Lynch aan.

Senador (2017-2021)

Toen Barbara Boxer, 24 anos de idade, senador californië, aankondigde dat zij zich niet herverkiesbaar zou stellen em 2016, foi Harris de eerste die zich kandidaat stelde als opvolger. Op 13 januari 2015 ging haar verkiezingscampagne officieel van start. Harris foi meteen de frontrunner en kreeg de steun van zowel haar partij als de zittende gouverneur. O Harris foi também um dos pioneiros no desenvolvimento de uma nova geração de produtos para o transporte de energia elétrica, a Loretta Sanchez, em novembro de 2016, reuniu-se com 63 representantes em novembro de 2016.

Harris legde de eed af op 3 januari 2017. In de Senaat é aangesloten bij de Congressional Black Caucus, de Congressional Asian Pacific American Caucus en de Congressional Caucus for Women's Issues. Ze zetelt in verschillende commissies, waaronder de begrotingscommissie, de commissie binnenlandse veiligheid en overheidszaken en de commissie justitie. In de eerste maanden van haar ambtstermijn ontpopte Harris zich in de Senaat tot een uitgesproken criticus van Trumps beleid en zijn ministerkeuzes. Wel steunde Harris de beslissing om de Amerikaanse ambassade naar Jeruzalem te verplaatsen.

Op 18 januari 2021 trad zij terug als senator.

Presidentesverkiezingen 2020

O presidente da República, Donald Trump, foi eleito presidente da República de Verenigde Staten, por ocasião da eleição de um candidato a presidente da República em 2016. Em junho de 2018, o Presidente optou por um candidato "Niet uitsloot". O candidato a presidente da sede em 21 de janeiro de 2019 será um cidadão cidadão estrangeiro. No dia 24 de janeiro de 2019, o candidato a membro do Conselho de Administração da empresa Harris, um recorde do Bernie Sanders em 2016 para as minhas maiores promessas de doação, foi declarado membro do Conselho de Administração da empresa. Op 27 januari 2019 woonden meer dan 20.000 menen haar eerste campagne-evenement bij in haar thuisstad Oakland, Californië.

O candidato foi Harris um dos candidatos à presidência da Democracia em 2020. O debate sobre o candidato democrata foi realizado com um vice-presidente e o favorito Joe Biden "kwetsende opmerkingen", que se mostrou muito bom em relação ao ônibus, uma forma de segregação de responsabilidades do presidente. Na discussão steeg Harris in de opiniepeilingen van 6 naar 9 procent. Na tweede debat, dat plaatsvond in augustus 2019, kreeg Harris dan weer kritiek te verduren van medekandidaten Tulsi Gabbard en Biden over haar beleid als procureur-generaal van Californië, waarna haar populariteit in de peilingen zakte. In de daaropvolgende maanden daalde haar score in opiniepeilingen verder tot enkele procentpunten. Em um período de espera progressiva, mesmo que meer e meer kritiek uitten op de uitwassen van het strafrechtelijk beleid, kreeg ze imers kritiek op haar strenge beleid als procureur-generaal van Californië. Em 2014, o país será considerado o país que mais doou doodstraf para os bancos da Califórnia.

Ook weigerde ze - anders dan Sanders en Elizabeth Warren - voorwaarden te stellen aan de Amerikaanse militaire steun aan Israël. Harris vindt dat de veiligheid van de Israëli's niet als drukmiddel gebruikt mag worden.

Op 3 december 2019 stapte Harris uit de Democratische race nadat haar campagne niet langer voldoende financiering wist te vinden. In maart 2020 schaarde Harris zich achter Joe Biden als presidentskandidaat voor de Democratische Partij.

Vice-Presidenteskandidatuur onder Joe Biden (2020)

Em 2019, nadat zowel Harris als Biden hun kandidatuur voor het presidententschap hadden gelanceerd, verklaarden enkele belangrijke leden van de Congressional Black Caucus dat een Biden-Harris kandidatuur de ideale combinatie zou zijn om president Trump en vice president Mike Pence te verslaan. A Bewel Biden Bij de eerste voorverkiezingen slechte uitslagen boekte, kreeg zijn kandidatuur een tweede adem na zijn overwinning in de voorverkiezingen in de staat South Carolina, waar hij aanzienlijke steun genoot van de Afro-Amerikaanse kiezers. Mais tarde, a Biden ook de grote winnaar worden van Super Tuesday, waarna Biden de vermoedelijke Democratische kandidaat zou worden voor het presidententschap. No início de 2020, a toen enkel hij e Bernie Sanders nog in de race waren voor de Democratische nominatie, beloofde Biden in een televisiedebat dat hij een vrouw zou kiezen als running mate.

Op 17 april 2020 reage Harris op speculaties in de media omtrent een eventuele kandidatuur als vicepresident. O candidato a vice-presidente é um candidato a vice-presidente e um vicepresidente. O Presidente do Conselho de Segurança da ONU, George Floyd, e o Vice-Presidente do Conselho de Segurança da ONU, Biden onder druk te staan om een zwarte vrouw te kiezen als vicepresidentskandidaat, wat de kansen van Harris en ook van Val Demings deed stijgen.

Op 12 juni 2020 bracht *The New York Times* het nieuws naar buiten dat Harris uitgroeide tot topfavoriet om Bidens running mate te worden. Vervolgens bracht CNN op 26 juni 2020 uit dat Harris een van de topfavorieten was van een lijst van een twaalftal potentiële kandidaten, naast Elizabeth Warren, Val Demings en Keisha Lance Bottoms.

Uiteindelijk maakte Biden op 11 augustus 2020 bekend dat hij Harris koos als running mate en vicepresidentskandidaat. A partir de 11 de agosto de 2020, Harris foi eleito como o melhor parceiro e vice-presidentes da América Latina.

Vice-presidente (2021)

Op 20 januari 2021 legde zij de eed af als de 49ste Vicepresident van de Verenigde Staten. Ze werd hiermee de eerste Afro-Amerikaanse, de eerste Indiaas-Amerikaanse en de eerste vrouwelijke vicepresident.

Destaques

- Kamala Harris atuou no Senado dos Estados Unidos (2017-2021) e como Procurador-Geral da Califórnia (2011-2017).

- Kamala Harris, em pleno Kamala Devi Harris, tornou-se um dos principais defensores da reforma da justiça social após a morte, em maio de 2020, de George Floyd, um afro-americano que tinha estado sob custódia policial.
- Em novembro de 2020, Kamala Harris tornou-se a primeira mulher negra a ser eleita a 49ª vice-presidente dos Estados Unidos (2021 -) na administração democrática do Pres. Joe Biden.

6. Sally Ride (1951-2012)

astronauta americano

"É fácil dormir flutuando por aí - é muito confortável".
Mas você tem que ter cuidado para não flutuar em
alguém ou algo assim"!

Sally Kristen Ride (Los Angeles, 26 mei 1951 - La Jolla, 23 juli 2012) foi uma amerikaans natuurkundige e voormalig astronaut voor NASA. Em 1983, foi a primeira viagem Amerikaanse em ruimte; tot de dag van vandaag é a segunda viagem Amerikaan ooit in de ruimte.

Jonge jaren

Ze was de oudste dochter in het gezin waar haar ouders actief waren in de Presbyteriaanse kerk. O líder foi o líder de uma escola em Santa Monica e o líder de um grupo de jovens em um grupo de jovens. Haar jongere zuster, Karen, é dominee geworden in diezelfde geloofsgemeenschap.

Ride volgde een opleiding aan de Portola Middle School en Westlake School for Girls in Los Angeles (tegenwoordig de Harvard-Westlake School). Naast het feit dat ze interesse had in wetenschap, was ook een bedreven tennisspeelster. O Verdadeiro veredicto do Colégio Swarthmore

270

e de Stanford-universiteit. O aluno tinha um bacharelado em Engels e natuurkunde, um mestre em natuurkunde e um Ph.D.. Tijdens haar studie deed ze onderzoek naar astrofysica en de vrije-elektronenlaser.

Carrière

Ride foi um dos 8.000 homens que foram reage a um programa de desenvolvimento de um projeto de desenvolvimento de um projeto de desenvolvimento de um projeto de construção de uma estrada. Em 1978, a NASA foi fundada em 1978. O início da carreira da NASA foi a tampa do ônibus espacial (STS-2 e STS-3). Os eventos foram realizados no Canadá.

Em 1983, o mundo estava em 1983, com um deel te nemen aan de STS-7 missie aan boord van de Challenger. Zodoende werd ze op 18 juni 1983 de eerste Amerikaanse vrouw ooit in de ruimte. A empresa não foi enviada em ruínas; a Russische kosmonautes Valentina Teresjkova en Svetlana Savitskaja gingen haar voor. Tijdens de missie, waarbij de lamentar onder andere twee satellieten in een baan om de aarde bracht en farmaceutische experimenten uitvoerde, bediende Ride de mede door haarzelf ontworpen Canadarm.

Em 1984, o nome Ride deel aan een tweede missie, STS-41-G, eveneens aan boord van de Challenger. In totaal bracht ze 343 uur in de ruimte door. Quando se encontrava uma moça, as canas não se sentiam bem. Maar nadat de Challenger in januari 1986 ontplofte tijdens lancering werd haar missie geschrapt. O objetivo era de um amigo para um amigo de rampa. Nadat het onderzoek was voltooid, werd Ride overgeplaatst naar het NASA-hoofdkwartier in Washington DC. Daar hield ze zich bezig met de strategische planning van toekomstige missies. A NASA se reuniu com o Escritório de Exploração da NASA.

Na NASA

Em 1987, a NASA om te gaan foi fundada pelo Centro de Segurança Internacional e Controle de Armas de Stanford-universiteit. Em 1989 foi professor in natuurkunde aan de Universiteit van Californië - San Diego en hoofd van het California Space Institute.

Em 2003, a equipe de trabalho da Columbia foi muito bem-vinda para ajudar na construção de uma rampa de acesso ao espaçoso Columbia. Em 2001, o presidente da Ride foi o CEO da Sally Ride Science, dat ze in 2001 oprichtte. Tevens foi a tampa van de Review of United States Human Space Flight Plans Committee.

Ride heeft vijf boeken over de ruimtevaart geschreven of helpen schrijven. Deze boeken zijn alle gericht op kinderen.

Em 1982, a trouwde Ride conheceu o mede-astronauta Steven Hawley, maar hun huwelijk liep stuk, em 1987. Sinds 1985 foi Ride in een partnerchap met Tam O'Shaughnessy, um ou mais amigos no seu país de origem. A sua palavra passou a ser overleden bekend. Ride overleed op 61-jarige leeftijd aan de gevolgen van alvleesklierkanker.

Prijzen en eerbetoon

Ride heeft in haar leven meerdere prijzen ontvangen, waaronder de Jefferson Award for Public Service, de Von Braun Award, de Lindbergh Eagle, en de NCAA's Theodore Roosevelt Award.

Ze é opgenomen in de National Women's Hall of Fame, en de Astronaut Hall of Fame. Ze heeft tweemaal de National Spaceflight Medal ontvangen. In de Verenigde Staten zijn twee basisscholen naar haar vernoemd; Sally K. Ride Elementary School in The Woodlands, Texas, en Sally K. Ride Elementary School in Germantown, Maryland.

Op 6 december 2006 wered Ride opgenomen in de California Hall of Fame. Em 2013, o presidente Barack Obama de Presidential Medal of Freedom de hoogste onderscheiding die aan burgers wordt gegeven door de regering van de Verenigde Staten van Amerika.

Destaques

- Sally Ride mostrou grande promessa como tenista, mas acabou desistindo de seus planos de jogar profissionalmente e freqüentou a Universidade de Stanford, onde se formou em Inglês e Física (1973).
- Em 1978, como doutoranda e assistente de ensino em física laser em Stanford, ela foi selecionada pela Administração Nacional de

Aeronáutica e Espaço (NASA) como uma das seis mulheres candidatas a astronauta.

- Sally Ride recebeu um Ph.D. em astrofísica e iniciou seus cursos de treinamento e avaliação no mesmo ano.

- Em 18 de junho de 1983, Ride se tornou a primeira mulher americana no espaço enquanto entrava em órbita a bordo do vaivém Challenger.

7. Audrey Hepburn (1929-1993)

Atriz americana

"À medida que você for envelhecendo, descobrirá que tem duas mãos. Uma para ajudar a si mesmo, a outra para ajudar os outros".

Audrey Hepburn, artiestennaam van **Audrey Kathleen van Heemstra Hepburn-Ruston**, (Elsene, 4 mei 1929 - Tolochenaz, 20 januari 1993), foi uma das belgas da Grã-Bretanha atriz, danseres (zoals zij zichzelf liever dan actrice noemde), e speciaal ambassadeur van het United Nations Children's Fund (Unicef). In de jaren vijftig en zestig van de twintigste eeuw was ze een stijlicoon.

Em 1953, ele ganhou um Oscar, um BAFTA Award e um Golden Globe. Hepburn é daarmee de eerste actrice die deze drie filmprijzen kreeg voor dezelfde vertolking. Em totaal werden haar drie BAFTA's toegekend, een record voor vrouwen, en werd ze vijf keer genomineerd voor een Oscar. O Oscar, um BAFTA, um Emmy e um Tony Award kregen são os prêmios mais importantes. O Prêmio Cecil B. DeMille, de Screen Actors Guild Life Achievement Award, de Special Tony Ward e em 1992 um BAFTA Lifetime Achievement Award. Bekende hoofddrollen teve ze in de films *Sabrina* (1954), *The Nun's Story* (1959), *Breakfast at Tiffany's* (1961), *Charade* (1963), *My Fair Lady* (1964), *Wait Until Dark* (1967) en andere.

Jeugd in België (1929-1935)

Hepburn estavam na Belgische Elsene geboren como Audrey Kathleen van Heemstra Ruston. Era um dochter van de Britse bankier Joseph Anthony Ruston e de Nederlandse Ella barones van Heemstra. Zij kreeg hierdoor de Britse nationaliteit.

De vader van Hepburn, Joseph Victor Anthony Ruston, foi um em 1889 em Bohemen (Tsjechië) geboren zoon van een Engelse vader en een Duitse moeder. Tijdens zijn huwelijk met Ella van Heemstra veranderde hij zijn geslachtsnaam in die van Hepburn-Ruston. Hierbij kregen de kinderen uit het gezin ook de naam *Hepburn* toegevoegd.

Hepburns moeder foi um dochter van Aarnoud van Heemstra, voormalig burgemeester van Arnhem e gouverneur van Suriname e afkomstig uit een adellijk Fries geslacht. Hepburn tinha dois halfbroers, Alexander e Ian Quarles van Ufford, ou seja, um moeder de haar com o Nederlandse aristocraat Hendrik Gustaaf Adolf Quarles van Ufford.

Hepburn bracht haar eerste levensjaren door in de Keienveldstraat 48 te Elsene. Toen ze bijna twee was, verhuisde het gezin kortstondig naar de Elsensesteenweg 311 en naar de Bronstraat 99 in Sint-Gillis. Vanaf januari 1932 woonde het gezin in een villa in het landelijke Linkebeek (nu Beukenstraat 129). Tijdens deze Brusselse kinderjaren ging ze soms met haar moeder naar balletten en concerten. Thuis werd zij *Adriaantje* genoemd.

Jaren em Engeland (1935-1940)

Haar ouders verhuisden naar Londen en verbonden zich daar aan de British Union of Fascists (BUF). Audrey en haar broers werden bij hun grootouders achtergelaten die in Velp woonden in villa Beukenhof (Rozendaalselaan 32). Haar vader zamelde in Londen geld voor de BUF in en haar moeder era redactrice voor het partijorgaan van de BUF, *The Blackshirt*. Em Die hoedanigheid woonde Ella van Heemstra em 1935 de Reichsparteitag bij em Neurenberg, waarbij zij conheceu Adolf Hitler kennismaakte.

Na vele ruzies tussen haar ouders, waarbij Audrey astma ontwikkelde en last kreeg van angstaanvallen, scheidden zij in 1939. A Audrey foi a primeira a ser criada em 1937 em uma escola privada em Elham, em Kent werd geplaatst. Balletlessen volgde zij em Folkstone.

Verblijf in Nederland tijdens de Tweede Wereldoorlog (1940-1945)

Na de inval inval in Polen in september 1939 en de daaropvolgende Britse oorlogsverklaring aan Duitsland werd Audrey door haar moeder naar Nederland gehaald in de verwachting dat het neutrale Nederland buiten de oorlog zou blijven en zorgde ervoor dat zij de Nederlandse nationaliteit kreeg. Haar vader, inmiddels een volleerd Duits geheim agent, werd door de Britse geheime dienst MI5 in de gaten gehouden en verdween uit het zicht.

Audrey, die nu door haar moeder op school werd ingeschreven als Edda van Heemstra ging in Arnhem naar de 5e klas van de Openbare Lagere School nr. 21 en kon zich moeilijk aanpassen aan de Nederlandse taal en gewoonten, maar kreeg deze uiteindelijk redelijk onder de knie.

Het gezin woonde in Arnhem eerst in een eengezinswoning aan Sickeszlaan 7, maar verhuisde al snel naar een ruime bovenwoning aan de Jansbinnensingel 8a. Uiteindelijk woonde Audrey vanaf 1942 bij haar grootouders tot aan het eind van de oorlog in Velp op Villa Beukenhof aan de Rozendaalselaan 32. Audrey maakte in Velp de hongerwinter mee en hielp de lokale huisarts Dr. Visser 't Hooft met de gewonden. Zo kwam ze ook in aanraking met het Rode Kruis waar ze later naar refereerde toen ze ambassadeur werd van Unicef.

In die tijd gaf ze ook danslessen aan Velpse meisjes en huiskamer optredens. De opbrengst foi voor 'het verzet' waarin Velpse huisartsen (o.a. Dr. Visser 't Hooft) en het Ziekenhuis Velp een belangrijke roll speelden.

Zij zat op de Arnhemse Muziekschool aan de Boulevard Heuvelink 2 van 1939 tot 1945, waar ze balletlessen bij Winja Marova volgde. Tijdens de Tweede Wereldoorlog gaf ze meerdere malen met haar school openbare balletuitvoeringen. A escola de Tweede Wereldoorlog foi uma escola de bailado ao ar livre.

Haar moeder achtte het niet langer nodig om haar dochter achter de naam Edda te verbergen, waardoor zij vanaf toen de zeer Engels klinkende naam Audrey Hepburn-Ruston mocht dragen.

276

Over de oorlogsperiode schreef een van haar biografen, Barry Paris, dat zij koerierstaken zou hebben vervuld en heimelijk hebben gedanst voor publiek om geld voor het verzet in te zamelen. Het Airborne Museum in Oosterbeek conclusionerde in 2016 dat er geen enkel bewijs was voor de bewering dat Hepburn voor het verzet actief was geweest.

Zij heeft een aantal op het dorp in de buurt neerstortende V1's meegemaakt, die relatief veel slachtoffers en zware schade veroorzaakten. Ook alle troepenverplaatsingen via de Hoofdweg, en in de tweede helft van de oorlog de vestiging van verschillende diensten vanuit Den Haag in geconfisqueerde villa's rondom haar woning, de bommen- en granaatregens over het dorp, de continue dreiging van inbeslagname van de woning, het veelvuldig moeten vluchten naar de schuilkelder. Ook was zij, volgens eigen zeggen, ervan getuige dat een aantal willekeurige burgers 'tegen de muur werden gezet' (gefusilleerd), terwijl zijl en medeburgers op een afgesloten deel van de straat moesten toekijken. Zij was in 1944 slachtoffer van een razzia, waarbij meisjes door de Grüne Polizei werden opgepakt voor werk in de Duitse keukens, maar wist te ontsnappen, waardoor zij doodsbang een maand in de kelder van haar woning doorbracht. Hepburns halfbroer Ian Quarles van Ufford foi igualado em uma razzia opgepakt en in Berlijn tewerkgesteld in een Duits werkkamp.

Na aterrissagem da galeria em Normandië op D-Day werden de levensomstandigheden moeilijker, doordat Arnhem zwaar werd getroffen door de gevechten tijdens Operatie Market Garden. Zij maakte mee, dat Velp regelmatig zwaar onder vuur kwam te liggen door beschietingen vanuit de lucht op alles wat door de Britse vliegers als doel werd gezien, waarbij geen onderscheid werd gemaakt tussen Duitsers of gewone burgers, en waarbij zij, volgens eigen zeggen, een keer onder een Duitse tank werd geduwd en daardoor aan een kogelregen, en de dood, ontkwam.

Gedurende het laatste jaar van de oorlog kwam voedselhulp, via distributie, op gang dat door het neutrale Zweden werd geleverd en met Zweedse schepen was aangevoerd. Audrey Hepburn foi a primeira a ser enviada ao zo verzwakt, dat zij niet meer kon dansen of danslessen kon geven. O último van aguda bloedarmoede, ademhalingsproblemen en oedeem. Tegen het eind van de oorlog was zij echter, mede door haar familie die haar meer te eten gaf dan henzelf, weer watgeknapt.

Na de Bevrijding kwamen de vrachtwagens met hulpgoederen. Hepburn vertelde in een interview dat ze een heel blikje gecondenseerde melk leeg at en misselijk werd van haar eerste maaltijd van hulpvoedsel omdat ze teel suiker in haar havermoutpap had gedaan. Deze ervaring inspireerde haar later voor Unicef te gaan werd.

Hepburn bracht haar oorlogsjaren onder meer door met het maken van tekeningen, waarvan een aantal zijn gepubliceerd.

Eind oktober 1945 verhuisde Hepburn op instigatie van haar moeder met haar mee naar Amsterdam, waar ze balletlessen mocht nemen bij Sonia Gaskell en toneellessen bij de Engelse acteur Felix Aylmer. Gaskell vertelde in een later interview dat ze het als "haar plicht [beschouwde] haar technisch te ontwikkelen zonder haar persoonlijkheid te schaden: de eigen stijl moest gehandhaafd blijven". Na superlativa da Gaskells echtgenoot woonde Hepburn enkele maanden bij haar in en verzorgde in haar plaats eigen programma's met eigen muziek, eigen choreografie en eigen kostuums.

Uitwerking van de oorlog

Em uma entrevista televisiva em 1983, Henk van der Meijden conheceu Henk van der Meijden por meio de uma escritura de vraag welke herinneringen zij teve um oorlog de uitspraak: 'Heel veel; mijn hele leven is door die herinneringen gevormd'. Deze heftige gebeurtenissen vormden haar manier van reageren op vragen tijdens interviews, waarin ze op afgepaste wijze antwoorden gaf.

Início de uma carreira e doorbraak op Broadway (1945-1953)

Na oorlog speelde ze op achttienjarige leeftijd een rolletje als KLM-stewardess in *Nederlands in zeven lessen*. De regisseur van deze Nederlandse film uit 1948, Charles Huguenot van der Linden, zou later claimen dat hij de ontdekker is geweest van Hepburn. Hij hield haar zes maanden onder contract in de hoop haar te casten in een grote film. Een kans deed zich niet voor en Hepburn besloot daarop Amsterdam in te ruilen voor Londen.

Hepburn verhuisde samen met haar moeder naar Londen waar ze balletles nam. O homem tinha uma passiva para o ballet e o gnu em dez anos de idade. A porta da porta foi fechada e o esqueleto foi auditado pelo seletor de tacos. Het liep uit op kleinigheden in revues, films en nachtclubs. O werkte toen ook als model en begon in 1951 met acteren in speelfilms - naar eigen zeggen slechts om de rekeningen te betalen. Al gauw sleepte ze haar eerste hoofdrol in de wacht in *Nous irons à Monte Carlo* (1952). Tijdens een opname in Zuid-Frankrijk werd ze opgemerkt door de schrijfster Colette, die haar wilde als hoofdrol in het door haar geschreven stuk *Gigi*.

Filmster em Hollywood (1953-1967)

Na een succesvolle reeks op Broadway, deed Hepburn auditie voor de film *Roman Holiday*. Eerst werd de rol van prinses toebedeeld aan Elizabeth Taylor, maar door contractuele problemen moest zij de film laten schieten. De tegenspeler van Hepburn, Gregory Peck, tinha tijdens de opnames door dat hij tegenover een natuurtalent stond. Se você quer que o Hepburn tenha um Oscar para a melhor atriz, quer que o Hepburn tenha um Oscar para a melhor atriz, quer que o Hepburn tenha um Oscar para a melhor atriz. Para que os jovens possam ter uma carreira de trabalho sem ser necessário. Ele mentiu no *Moon River*, que está no filme *Breakfast at Tiffany's*, e ganhou em Hepburns um Oscar para a melhor origem do filme. De toonsoort foi bem aangepast wegens haar beperkte zangkwaliteiten. Hepburns zangstem in *My Fair Lady* werd voor het overgrote deel overgenomen door de Amerikaanse sopraan Marni Nixon. Hepburns moeder speelde een figurantenrol in de film *Funny Face*, als klant van een cafeetje.

Als een van Hollywoods populairste publiekstrekkers schitterde Hepburn op het witte doek naast onder anderen Gregory Peck, Humphrey Bogart, William Holden, Mel Ferrer, Peter Fonda, Fred Astaire, Gary Cooper, Maurice Chevalier, Anthony Perkins, Peter Finch, Burt Lancaster, George Peppard, Cary Grant, Rex Harrison, Peter O'Toole, Albert Finney, Sean Connery, James Mason e Ben Gazzara.

Latere jaren (1967-1993)

Vanaf 1967, um jarro de sucessão como atriz, com o nome de Hepburn gas terug en verscheen ze nog maar af en toe in een speelfilm. Haar laatste film werd in 1988 opgenomen, net voordat ze benoemd werd tot speciaal ambassadeur van Unicef. O filme foi feito para a Unicef em 1988, e a rede voordou para o público em geral para o noodhulp e para o

Tweede Wereldoorlog van de voorloper van deze VN-organisatie ontvangen tinha. Een andere reden waren eigen ontberingen onder de nazi's. O bleef goodwillambassadeur tot aan haar overlijden.

Em 1992, o kreeg Hepburn van de Amerikaanse presidente George H.W. Bush de "Presidential Medal of Freedom" als erkenning van haar werk voor Unicef. O derramamento de sangue no Reino Unido foi uma das principais causas da epidemia de Tolochenaz no cantão de Vaud aan de ziekte Pseudomyxoma peritonei, als gevolg van kanker aan het wormvormig aanhangsel dat terug te voeren zou zijn aan het voedingstekort tijdens de Tweede Wereldoorlog, en is daar ook begraven. De Academy of Motion Picture Arts and Sciences kende haar postuum de Jean Hersholt Humanitarian Award toe voor haar werk op humanitair gebied.

Stijlicoon

Hepburn estava em jaren vijftig en zestig van de twintigste eeuw een wereldberoemd stijlicoon, mede dankzij de creaties van de Franse couturier Hubert de Givenchy. A droeg zijn japonnen zowel in films als privé. Legendarisch in film- en modekringen is de door De Givenchy ontworpen zwarte jurk die ze in combinatie met een halsketting van Roger Scemama aanhad tijdens de beginscène van de film *Breakfast at Tiffany's*. O júri de honra morreu com o filme "*My Fair Lady* behoort tot de bekendste filmjaponnen ooit". De Givenchy strikte haar om zijn parfums te promoten. Hepburn é de eerste wereldberoemde filmster die zoiets deed en mogelijk de laatste die zich daar niet voor liet betalen.

Privé

Hepburn é um tweemaal getrouwd. Op 25 september 1954 huwde ze de twaalf jaar oudere Amerikaanse acteur Mel Ferrer. Voor hem was het zijn vierde huwelijk; met zijn eerste echtgenote trouwde hij tweemaal. Op 5 december 1968 werd de echtscheiding uitgesproken. Op 18 januari 1969 trouwde Hepburn met een negen jaar jongere Italiaanse psychiater Andrea Dotti. Het huwelijk werd in 1982 ontbonden. Os dois zoons de kreeg, Sean Ferrer e Luca Dotti. De Schotse schrijver A.J. Cronin era de peetoom van Sean. Ten tijde van haar overlijden was ze de levenspartner van de negen jaar jongere Nederlandse oud-acteur Robert Wolders, de weduwnaar van filmster Merle Oberon. Em 1952 foi o verloofd que conheceu James Barão Hanson. Hepburn verbrak de relatie in hetzelfde
280

jaar. Als reden voerde ze aan dat een huwelijk met hem tot mislukken zou zijn gedoemd, omdat ze elkaar door haar werk als actrice weinig zouden zien. O que não foi esquecido no filme *The Unforgiven* van een paard viel.

Eerbewijzen, vernoemingen, tv-film

Hepburn deixou uma Estérela de Hollywood Walk of Fame, bij 1652 Vine Street. Door de KLM werd een passagiersvliegtuig naar haar genoemd: de McDonnell Douglas MD-11 met registrationtie PH-KCE. De gemeente Arnhem vernoemde een plein in de binnenstad naar haar, het Audrey Hepburnplein. Een buste gemaakt door Kees Verkade is sinds 1994 te bezichtigen op het Burgemeestersplein te Arnhem.

Op 14 september 2019 werd in Velp een standbeeld van Audrey Hepburn als jong meisje onthuld. Het standbeeld staat voor het appartementencomplex de Nieuwe Beukenhof, waar haar grootouderlijk huis, villa Beukenhof heeft gestaan.

Em Almere é um vernoemd naar straat naar haar, em Doorn een laan en in Arnhem een plein. Op de Jansbinnensingel 8 em Arnhem, waar zij tot de oorlog met haar moeder heeft gewoond, é uma plaquette aangebracht.

Na haar geboorteplaats Elsene/Ixelles é uma porta de Cercle d'Histore Locale d'Ixelles, uma placa de sinalização com a data de *4 de maio de 1929, a comédienne Audrey Hepburn* bevestigd e foi daar em 2017 um standbeeld van haar gepland.

Een deel van haar leven werd in 2000 voor de televisie verfilmd onder de titel *The Audrey Hepburn Story*. De rol van Hepburn werd gespeeld door Jennifer Love Hewitt, die ook de productie op zich nam.

Destaques

- Embora nascida na Bélgica, Audrey teve cidadania britânica através de seu pai e freqüentou a escola na Inglaterra quando criança.
- Nos anos 60, Hepburn tinha superado sua imagem ingênua e começou a interpretar personagens mais sofisticados e mundanos, embora muitas vezes ainda vulneráveis, incluindo a efervescente e misteriosa Holly Golightly in Breakfast at Tiffany's (1961), uma adaptação da novela de Truman Capote; uma jovem viúva chique

apanhada em uma charada de suspense (1963), custando Cary Grant; e uma mulher de espírito livre envolvida em um casamento difícil em Two for the Road (1967).

- O papel mais controverso de Audrey Hepburn talvez tenha sido o de Eliza Doolittle no filme musical My Fair Lady (1964).
- Depois de aparecer no thriller Wait Until Dark (1967), Hepburn entrou na semi-aposentadoria. Ela só voltou a atuar em 1976, quando se tornou uma personagem da história de amor nostálgica de Robin e Marian.

8. Shirin Ebadi (nascida em 1947)

A primeira mulher muçulmana e iraniana a receber o Prêmio Nobel

"Mantenho que nada útil e duradouro pode emergir da violência".

Shirin Ebadi (Hamadan (Irã), 21 de junho de 1947) é uma jurista iraquiana e mensenrechtenverdedigster. Em 2003, o Prêmio Nobelprijs voor de Vrede toegekend voor de haar strijd voor de rechten van vrouwen en kinderen in Iran.

Nobelprijs

Ze was de eerste moslimvrouw aan wie deze prijs werd toegekend. Bij haar aanvaarding, op 10 december 2003, oefende ze zonder de Verenigde Staten met name te noemen, felle kritiek uit op "staten die sinds 11 september onder het mom van een strijd tegen het internationale terrorisme de universele mensenrechten schenden". Op 26 november 2009 werd bekend dat de prijs, samen met andere persoonlijke bezittingen van Ebadi, door de Iraanse autoriteiten in beslag was genomen.

Ebadi, die zichzelf islamitisch feministe noemt, foi rechter no Irã. Na de Iraanse Revolutie em 1979, moest ze haar ambt neerleggen. Vrouwen mochten toen geen rechter meer zijn omdat ze volgens de ayatollahs te emotioneel waren voor dergelijke functies. Ebadi werd docente rechten aan de Universiteit van Teheran en raakte internationaal bekend als mensenrechtenadvocate. O presidente foi o primeiro a ser nomeado para o cargo de presidente em 1997, em 1997, para sleutelrol speelden bij de verkiezing van Mohammad Khatami.

No ano 2000, Ebadi ontslagen en op 28 juni 2000 estava em hechtenis genomen. Mais tarde, houve um projeto de criação de um grupo de jovens de rua.

Shirin Ebadi uitte scherpe kritiek toen het Iraanse regime twee minderjarige jongens liet ophangen wegens homoseksuele handelingen. Deze executie veroorzaakte wereldwijd grote verontwaardiging.

Toen eind 2008 de Islamitische republiek de dertigste verjaardag van de Islamitische Revolutie voorbereidde werd Ebadi's *Center for the Defence of Human Rights* gesloten. Er was daar een viering gepland ter gelegenheid van het zestigjarige bestaan van de Universele verklaring van de rechten van de mens. O objetivo do projeto é a criação de um centro de coleta de dados para a bijeenkomst viligheidsagenten no Burger het Centrum binnen, dat werd verzegeld wegens 'ontbrekende vergunningen'.

A partir de janeiro 2009, os huis do Ebadi beschadigd door betogers de Ebadi morreram "Amerikaans" noemden. Een van de betogers zei tegen de pers dat hij lid was van de *Basij*, een paramilitaire groep die banden heeft met de Iraanse Revolutionaire Garde. Os ordediensten lieten de betogers hun gang gaan, ook na een telefonische oproep van Ebadi.

De volgende actie tegen Ebadi was de arrestatie op 14 januari 2009 van haar assistente Jinous Sobhani, die een aanhanger is van het in Iran verboden Bahá'í-geloof. Sinds Ebadi en haar dochter afgelopen zomer de verdediging op zich namen van zeven Bahá'í-leiders, zijn de aanvallen tegen hen gestaag toegenomen.

Op bezoek in de Verenigde Staten, riep Ebadi op 2 februari 2009 de regering van president Barack Obama op om directe diplomatieke relaties aan te knopen met Iran, na drie decennia van vijandschap. Votar um selo no *Carnegie Endowment for International Peace* in Washington pleitte Ebadi voor een brede dialoog tussen beide landen.

Volgens Ebadi, die zelf regelmatig overhoop ligt met de Iraanse overheid, mag de internationale gemeenschap niet aarzelen om de mensenrechtensituatie in Iran aan de kaak te stellen. "De Iraanse regering heeft alle recht om te praten over de *mensenrechtenschendingen in de Palestijnse Gebieden*", zei ze. "Net zoals andere regeringen mogen praten over de *mensenrechtenschendingen in de Palestijnse Gebieden*", zei ze.

Destaques

- Enquanto exercia a função de juíza, Shirin Ebadi também obteve o doutorado em direito privado pela Universidade de Tehrān (1971).
- Após a revolução de 1978-1979 e o estabelecimento de uma república islâmica, as mulheres foram consideradas impróprias para servir como juízes porque os novos líderes acreditavam que o Islã o proibia.
- Ebadi escreveu uma série de livros sobre o tema dos direitos humanos, incluindo The Rights of the Child: A Study of Legal Aspects of Children's Rights in Iran (1994), History and Documentation of Human Rights in Iran (2000), e The Rights of Women (2002).
- Shirin Ebadi refletiu sobre suas próprias experiências no Despertar do Irã: From Prison to Peace Prize, One Woman's Struggle at the Crossroads (2006; com Azadeh Moaveni; também publicado como Iran Awakening: A Memoir of Revolution and Hope) e Até que sejamos livres: Minha Luta pelos Direitos Humanos no Irã (2016).

9. Vigdís Finnbogadóttir (nascido em 1930)

A primeira mulher que foi eleita democraticamente como presidente

"Todos nós, como cidadãos do mundo, temos o dever de contribuir com nossa capacidade máxima para o progresso contínuo do espírito da humanidade".

Vigdís Finnbogadóttir (Reykjavik, 15 de abril de 1930) é um voormalige IJslandse politica.

Vigdís Finnbogadóttir foi em 1980 gekozen tot de vierde president van IJsland. Daarmee era o niet alleen het eerste vrouwelijke staatshoofd van IJsland, maar ook de eerste vrouw die democratisch tot staatshoofd werd gekozen.

Na drie herverkiezingen in 1984, 1988 en 1992 maakte ze in 1996 plaats voor Ólafur Ragnar Grímsson.

Em 1996 foi oprichtster en eerste voorzitter van de Council of Women World Leaders aan de John F. Kennedy School of Government aan de Harvard-universiteit. Em 1998, a Comissão Mundial de Ética do Conhecimento Científico e Tecnologia da Organização das Nações Unidas para a Educação, a Ciência e a Cultura. Hetzelfde jaar accepteerde ze ook de functie als UNESCO Goodwill Ambassadeur en hield zich in deze bezig met de bevordering van taalkundige diversiteit, vrouwenrechten, scholing.

Destaques

- Vigdís Finnbogadóttir nasceu em uma família rica e bem ligada. Sua mãe presidiu a associação nacional de enfermeiras da Islândia, e seu pai era engenheiro civil.
- De 1972 a 1980 Vigdís Finnbogadóttir atuou como diretor da Companhia de Teatro Reykjavík (Leikfélag Reykjavíkur) e participou de um grupo de teatro experimental.
- Vigdís Finnbogadóttir tornou-se membro do Comitê Consultivo para Assuntos Culturais nos Países Nórdicos em 1976 e foi eleito seu presidente em 1978.
- Embora a presidência islandesa seja em grande parte uma posição cerimonial, Finnbogadóttir assumiu um papel ativo na promoção do país como embaixador cultural e desfrutou de grande popularidade.

10. Sandra Day O'Connor (nascida em 1930)

Juiz da Suprema Corte dos Estados Unidos

"Faça o melhor que puder em cada tarefa, não importa o quão insignificante possa parecer no momento. Ninguém aprende mais sobre um problema do que a pessoa no fundo".

Sandra Day O'Connor (El Paso (Texas), 26 maart 1930) é uma jurista amerikaans.

Ze was tussen 1981 en 2006 rechter in het Hooggerechtshof van de Verenigde Staten. Op 1 juli 2005 maakte ze bekend af te zullen treden zodra haar opvolger benoemd was - president George W. Bush nomineerde op 3 oktober 2005 Harriet Miers voor deze positie, en na haar terugtrekking Samuel Alito, wiens nominatie op 31 januari 2006 werd goedgekeurd. Het tijdschrift *Forbes* riep O'Connor in 2004 uit tot een van de machtigste vrouwen ter wereld.

Sandra Day werd geboren in Texas, maar haar familie verhuisde al snel daarna naar een ranch in Arizona. Em 1950 studeerde ze af in de economie aan de Stanford-universiteit, waarna ze ook binnen twee jaar haar bacharel in de rechten behaalde; William Rehnquist era de enige in haar jaar met hogere cijfers.

Ondanks haar prestaties op de universiteit wilde geen enkel advocatenkantoor in Californië haar aannemen, hoewel haar wel een baan als secretaresse werd aangeboden. Daarom werkte ze van 1954 tot 1957 als officier van justitie in het Duitse Frankfurt. Em 1958, o Ministro de Verenigde Staten e o Ministro da Justificação da Fénix foram os responsáveis pelo assunto. Em 1969, O'Connor foi uma praça no Arizona, e duas semanas mais tarde foi o primeiro Ministro da Justiça do Arizona como Republikein. Em 1973, a cidade de Amerika foi fundada em 1973.

De daaropvolgende jaren werkte ze als rechter bij verschillende rechtbanken, totdat president Ronald Reagan haar in 1981 nomineerde als rechter voor het Federaal Hooggerechtshof in Washington D.C.. Haar nominatie werd unaniem door de Senaat goedgekeurd. O presidente foi nomeado como membro do Conselho de Administração do Senaat goedgekeurd, em 1993, Bill Clinton foi nomeado como membro do Conselho de Administração do Senaat goedgekeurd, em Washington D.C. Tijdens haar rechterschap maakte O'Connor de eerste tijd deel uit van de conservatieven, maar in latere jaren schoof ze op naar het midden, waardoor haar vaak porta vaak vaakslaggevend werd. Sobre o algemeen heeft O'Connor haar beslissingen zo genomen dat ze niet in een bepaalde ideologische hoek gezet kan worden, waardoor haar stem niet van tevoren aan een van beide partijen toegerekend kon worden.

Na haar aftreden als rechter in het Hooggerechtshof bleef O'Connor actief. Em 2009, iCivics op, een liefdadigheidsorganisatie die probeert burgerschap bij Amerikaanse jeugd te stimuleren en ontwikkelen met behulp van interactieve communicatiemiddelen zoals games. Zo ontwikkelde iCivics in 2016 de game 'Race to the White House' over de (Amerikaanse) presidentsverkiezingen.

Destaques

- Sandra Day O'Connor foi a primeira mulher a servir na Suprema Corte.
- Em uma série de decisões, O'Connor sinalizou uma relutância em apoiar qualquer decisão que negasse às mulheres o direito de escolher um aborto seguro e legal.
- Através de sua administração em Planned Parenthood of Southeastern Pennsylvania v. Casey (1992), a Corte reformulou sua posição sobre o direito ao aborto.

11. Yingluck Shinawatra (nascido em 1967)
Primeiro-ministro da Tailândia

*"Estou pronto para lutar de acordo com as regras, e peço
a oportunidade de me provar". "*

Yingluck Shinawatra (San Kamphaeng, 21 de junho de 1967) é um
tailandês e político. Van 2011 tot 2014 diende ze als minister-president
van Thailand. Ze é o presidente de Huidige van de in Bangkok gevestigde
vastgoedontwikkelaar SC Asset Co., Ltd., e de jongste zuster van
Thailands voormalige minister-president Thaksin Shinawatra. In mei 2011
verkoos Thailands oppositiepartij, de Pheu Thai - die nauwe banden
onderhoudt onderhoudt met de voormalige premier in ballingschap -
Yingluck als hun minister-presidentskandidaat voor de verkiezingen van 3
juli 2011. Ze voerde campagne op de onderwerpen nationale verzoening,
het uitbannen van armoede en belastingverlaging voor bedrijven. Bij deze
verkiezing verkreeg deze partij de absolute meerderheid. Op 5 augustus
2011 wered zij tot eerste vrouwelijke premier van Thailand gekozen.

Ze studeerde bestuurskunde. Haar Bachelor behaalde ze aan de Chiang
Mai Universiteit, en haar Master aan de Kentucky State University.

Op 7 mei 2014 werd ze door het Constitutioneel Hof uit haar functie gezet, omdat ze zich schuldig zou hebben gemaakt aan machtsmisbruik. A Hof teve a porta de entrada de uma família e a porta de entrada de uma família. O Hof teve 23 anos de experiência em um golpe de militância e, em seguida, um militante e dois anos mais tarde, um vrijgelaten.

Shinawatra é chinês tailandês. Haar jiaxiang ligt em Meizhou.

Destaques

- Yingluck Shinawatra, é uma empresária e política tailandesa que foi primeira-ministra da Tailândia de 2011 a 2014.
- Ela era a irmã mais nova do ex-primeiro ministro Thaksin Shinawatra e a primeira mulher no país a ocupar esse cargo.
- Thaksin foi expulso do cargo em um golpe militar sem derramamento de sangue em setembro de 2006.
- Foi emitido um mandado de prisão para ela, mas membros de seu partido relataram que ela havia fugido do país para juntar-se a seu irmão em Dubai.

12. Gertrude B. Elion (1918-1999)

bioquímico e farmacologista americano

"Ninguém me levou a sério. Eles se perguntavam por que no mundo eu queria ser químico, quando nenhuma mulher fazia isso. O mundo não estava esperando por mim. "

Gertrude Belle Elion (New York, 23 januari 1918 - Chapel Hill (Carolina do Norte), 21 februari 1999) foi um Amerikaanse farmacologe en bekend van haar onderzoek naar geneesmiddelen. Em 1988 ganhou o prêmio Nobelprijs voor Fysiologie de Geneeskunde, e conheceu George H. Hitchings e James W. Black.

Biografie

Gertrude Elion werd geboren als dochter van Robert Elion (tandarts) en Bertha Cohen, immigranten uit respectievelijk Litouwen en Rusland. Zij bezocht tot 1933 de Walton High School. Vervolgens ging ze naar het Hunter College, waar ze in 1937 haar diploma in de chemie comportalde. Deu origem à universiteit van New York en studeerde daar, em 1941 af. Als jonge vrouw in een door mannen gedomineerd vakgebied kon ze maar moeilijk aan een baan komen. A idéia de um analista químico e de escória é um voedingsmiddelenbedrijf. A Gedurende de Tweede Wereldoorlog ging ze (em 1944) foi fundada pelos Laboratórios de Pesquisa Wellcome Burroughs (nu GlaxoSmithKline) em 1983.

Bij deze firma zou ze (onder anderen samen met George Hitchings, die haar voor 50 doller per week als assistent aannam) haar belangrijke ontdekkingen doen: stoffen die werkzaam zijn tegen leukemie en *acyclovir*, het eerste tegen een virus werkzame medicijn. Hiervoor introductionerde Elion samen met Hitchings een geheel nieuwe werkwijze om geneesmiddelen te ontwikkelen: namaakmoleculen. Deze moleculen lijken zoveel op het origineel dat een kankercel of ziekteverwekker erdoor in de war raakt met als gevolg dat deze hun destructieve werking niet uitoefenenen. Votor deze aanpak ontving ze in 1988 de Nobelprijs voor de Geneeskunde.

Ook ontwikkelde ze samen met Hitchings azathioprine om afstoting van getransplanteerde organen tegen te gaan en tevens gebruikt werd voor de behandeling van ernstige reumatoïde artritis, allopurinol voor de behandeling van jicht, pyrimenthamone voor malaria en trimethoprim tegen bacteriële infecties. Em 1988, kregen Elion en Hitchings de Nobelprijs voor geneeskunde.

Em 1990, o Elion toegelaten tot de Nationale Academie van Wetenschappen en in 1991 kreeg ze uit handen van George W. Bush de Nationale Medal of Science. De altijd ongehuwd gebleven Elion (ze beschouwde haar medicijnen als haar kinderen) overleed in 1999 op 81-jarige leeftijd.

Destaques

- Gertrude B. Elion, em pleno Gertrude Belle Elion, formou-se no Hunter College em Nova Iorque com uma licenciatura em bioquímica em 1937.
- Incapaz de se dedicar a estudos em tempo integral, Elion nunca recebeu um doutorado.
- Elion e Hitchings desenvolveram uma série de novos medicamentos eficazes contra leucemia, doenças auto-imunes, infecções do trato urinário, gota, malária e herpes viral.

- Embora Elion tenha se aposentado oficialmente em 1983, ela ajudou a supervisionar o desenvolvimento da azidothymidine (AZT), o primeiro medicamento usado no tratamento da AIDS.
- Em 1991, ela recebeu uma Medalha Nacional da Ciência e foi admitida no Hall Nacional da Fama da Mulher.

13.   Babe Didrikson Zaharias (1911-1956)
Atleta americano

"Sorte? Claro. Mas somente após longa prática e somente com a capacidade de pensar sob pressão".

Mildred Ella (Babe) Didriksen-Zaharias (Port Arthur, 26 de junho de 1911 - Galveston, 27 de setembro de 1956), geboren als *Mildred Didriksen*, bijgenaamd *Babe Zaharias*, foi uma amerikaanse golfspeelster e tevens een veelzijdig atlete. Em dezesseis laatste hoedanigheid, nome de um deel aan de Olympische Spelen e veroverde bij die gelegenheid twee gouden medailles en één zilveren.

Sportwonderkind

Didriksen, die zichzelf Didrikson noemde, groeide op in Beaumont. Ze was de zesde van de zeven kinderen. Haar ouders waren geëmigreerd uit Noorwegen. Foi uma espécie de maravilha esportiva, também conhecida como: atletiek, boksen, tennis, honkbal e softbal deed.

Didriksen schreef dat ze in 1914 geboren was, maar op haar grafsteen en doopcertificaat staat 1911. O motivo não é o mesmo que o motivo do "Babe", mas o motivo é o mesmo que o motivo do "Babe Ruth", e o motivo é o mesmo que o motivo do "homeruns", que tinha sido geslagrado em um honkbalwedstrijd.

Twee maal goud en een maal zilver

Em 1932, o nome Babe Didriksen deel aan de Olympische Spelen em Los Angeles. Hier venceu o leilão de 80 m de altura, waarbij zij op het laatste onderdeel, samen met haar als tweede eindigende landgenote Evelyne Hall, tevens het wereldrecordord op 11,7 s stelde. A partir do momento em que o presidente do Conselho de Administração se reuniu com um grupo de trabalho espanhol, Jean Shiley, e com um e mais landgenote, Jean Shiley. De twee waren aan elkaar gewaagd, want voorafgaand aan de Spelen waren beiden met 1,60 m reeds gedeeld eerste geworden op de Amerikaanse kampioenschappen, die tevens golden als selectiewedstrijden voor de Spelen. Em Los Angeles eindigden ze opnieuw gelijk, ditmaal op de wereldrecordhoogte van 1,65. Dit leidde tot een 'jump-off' op 1,67, waarop beiden driemaal afsprongen. Om tot een beslissing te komen moest er opnieuw worden gesprongen, wederom over 1,65. Se você não tiver mais do que um voto de honra, você pode escolher um voto de jurado para um voto de louvor. Homens que se preocupam com as técnicas de lançamento do Babe Didriksen ongeldig, omdat zij gebruik tinha um gemaakt van de *Western Roll*, waarbij eerst het hoofd de lat passerde. Didriksen begreep hier niets van, want zij zij had imers vanaf het begin gebruik gemaakt van deze techniek, zonder dat er aanmerkingen waren gemaakt. Shiley kreegen op basis van de beslissing van de jury het goud toebedeeld, terwijl Didriksen genoegen moest nemen met het zilver. Os dados da IAAF foram encontrados de acordo com a opinião dos jurados mais tarde, querendo 1,65 da amostra Shiley als Didriksen werd als wereldrecord erkend.

Didriksen tinha kans gehad op meer medailles, indien haar era toegestaan om uit te komen op nog meer onderdelen, maar in die tijd mochten vrouwen slechts aan drie individuele atletieknummers deelnemen.

Golfe

Em 1935, Didriksen begon als laatbloeier conheceu o golfe. Em 1938, um homem, o PGA-toernooi, fez a escritura do Los Angeles Open. Em 1938, uma equipe conheceu George Zaharias, um homem do PGA-toernooi. Elf maanden mais tarde, op 23 de dezembro de 1938, viajou em Saint Louis.

In de jaren veertig en begin jaren vijftig era o eerste top-golfster da Amerika. Em 1942, o Amerikaanse Amateur Golfkampioenschap ganhou o Amerikaanse Amateur Golfkampioenschap em 1946, assim como o Amerikaanse Amerikaanse Britse vrouwenkampioenschap em 1947. Ook venceu o "open kampioenschappen". Em 1947, o golfista profissional de WPGA em 1947 foi o jogador de golfe no domínio de LPGA. Ook ganhou em 1947 a LPGA-kampioenschap e em 1948 a Amerikaans open kampioenschap. Os ameríacos abriram o campo de golfe em 1948. Em 1950, todos os campos de golfe foram eliminados.

Babe Zaharias foi também golfster aangesloten bij de *Employers' Casualty Co. Club*.

Destaques

- Em 1950 Didrikson Zaharias ajudou a fundar a Associação das Damas Profissionais de Golfe, e ela se tornou a principal concorrente da LPGA.
- Ela não apenas atraiu o interesse pelo jogo feminino, mas revolucionou o esporte e era conhecida por seus poderosos impulsos.
- Diagnosticada com câncer de cólon, ela foi submetida a cirurgia em 1953. No ano seguinte, em uma das maiores reviravoltas do esporte, ela capturou seu terceiro Open dos EUA. Embora ela usasse uma bolsa de colostomia, Didrikson Zaharias dominou o evento, ganhando por 12 golpes.
- Ela foi condecorada postumamente com a Medalha Presidencial da Liberdade em 2021.

14. Madre Teresa (1910-1997)
Freira albano-indiana católica romana e missionária

"Espalhe o amor por onde quer que você vá. Que ninguém nunca venha até você sem sair mais feliz". "

Moeder Teresa, geboren als *Agnes Gonxha Bojaxhiu* (Skopje, 26 de agosto de 1910 - Calcutá, 5 de setembro de 1997), foi uma catolieke zuster, stichteres van de Missionarissen van Naastenliefde en Nobelprijswinnares voor de vrede. Zij zette zich in onder de armsten der armen in India. De congregatie die ze in 1950 stichtte telde in 2012 meer dan 4.500 leden met 300 tehuizen en was actief in 133 landen.

Na haar dood werd in India een dag van nationale rouw afgekondigd. Com um staatsbegrafenis, um ou mais dos mais famosos na Índia, a normativa indiana prevê um conjunto de palavras e políticas para os leigos.

Em 2003 werd ze zalig verklaard en op 4 september 2016 volgde de heiligverklaring.

Levensloop

Agnes Gonxha Bojaxhiu foi geboren in het toenmalige Ottomaanse Rijk (nu Noord-Macedonië) en groeide op in een prominent Albanees-katholiek gezin. Op 17-jarige leeftijd trad ze in de orde van Onze lieve vrouw van Loreto in Rathfarnham, Ierland. Mais tarde, o Calcutá, na Índia, foi uma escola de ensino. Zij koos daar de naam *Moeder Teresa* in verwijzing naar Theresia van Lisieux.

Getroffen door het lot van de talloze dakloze dakloze zieken en stervenden, zwervende kinderen, hongerigen en leprozen besloot zij zich te wijden aan deze armsten der armen. O projeto se reuniu com a equipe de Pio XII em Calcutá e em outras cidades de Calcutá e em outras partes do mundo. O Estilo de Vida de Missionários de Naastenliefde, uma religião para os jovens em Calcutá. Não se trata de sloten zich bij haar aan. De organisatie werd zo groot, dat ook buiten India veel ordes werden opgericht. In 25 jaar werden over de hele wereld 90 huizen opgericht en werkten er 1132 zusters.

Em 1979, o Prêmio Nobelprijs voor de Vrede foi concedido em 1979.

Zalig- en heiligverklaring

Em 2002, a Vaticaan de genezing van een kwaadaardige tumor in de buik bij de Indiase Monica Besra als een wonder. Monica Besra getuigde dat zij, toen zij naar de mis ging, bij het binnengaan van de kerk een foto van Moeder Teresa zag en dat er lichtstralen uit haar ogen kwamen. Olá, você pode ler as fotos e ver as portas da cama. De acordo com um medaillon de Maria, o nosso cliente pode fazer uma visita. Mais tarde, foi o primeiro a ser criado. Hiertoe werden 113 getuigen gehoord en 35.000 pagina's aan documentatie verzameld. Er bestaat echter controvérse over de waarheidsgetrouwheid van deze getuigen en documentatie. Além disso, o artsen zeggen data haar cyste en tuberculose door hun behandeling zijn genezen.

Op 19 oktober 2003 werd Moeder Teresa zalig verklaard door paus Johannes Paulus II. Bij de zaligverklaring op het Sint-Pietersplein in Vaticaanstad waren onder anderen de Franse premier Raffarin, de Franse presidentsvrouw Bernadette Chirac, koningin Fabiola van België en president Rugova van Kosovo aanwezig.

Op 4 september 2016, negentien jaar na haar overlijden, werd Moeder Teresa door paus Franciscus heilig verklaard tijdens een speciale mis op het Sint-Pietersplein.

Lof en kritiek

Moeder Teresa werd zowel geprezen als bekritiseerd voor haar standpunten op het vlak van verantwoord ouderschap en de beschermwaardigheid van het ongeboren leven. De Belgische atheïst en filosoof Etienne Vermeersch schreef kritisch over Moeder Teresa omdat ze zich tegen kunstmatige contraceptie uitsprak, maar kreeg op zijn beurt kritiek van filosoof Herman De Dijn. O jornalista Christopher Hitchens fala de um bote de contraceptivo sobre a Moeder Teresa: *A posição missionária: Madre Teresa em Teoria e Prática* (1995), waarop de Belgische sinoloog en literator Simon Leys em 1997 reageerde. Eerst gebeurde dit via de lezersrubriek van de *New York Review of Books* en nadien in een uitgewerkt essay *The Hall of Uselessness* (2011) waarin hij Hitchens' gebrek aan kennis van de christelijke traditie hekelde.

Em um artigo de 2003, a presidente de Cozinha, Teresa gestolen geld zou hebben aangenomen van de Haïtiaanse dictator Jean-Claude Duvalier (em ruil waarvoor ze zijn bewind zou hebben geprezen) e van Charles Keating, um bankier amerikaanse, morreu em 1989, porta a faillissement van de spaarbank *Lincoln Savings and Loan* duizenden Amerikanen van hun spaargeld beroofde.

Onderzoekers van de Universiteit van Montreal hebben 300 documenten geanalyseerd en daarin details gevonden die zij in strijd achten met het positieve imago van Moeder Teresa.

Naamgeefster

Bij wijze van eerbetoon zijn heel wat zaken naar Moeder Teresa genoemd, met name in de Albanese wereld, waaronder de luchthaven van Tirana en het Sheshi Nënë Tereza in Tirana, de Bulevardi Nënë Tereza in Pristina, de Rruga Nënë Tereza in Pejë (Kosovo) en de Rruga Nënë Tereza in het eveneens Kosovaarse Gjakovë. De kathedraal van het bisdom Sapë in het Noord-Albanese Vau i Dejës heet eveneens de Moeder Teresakathedraal.

Trivialidades

Em 1969 Maakte Malcolm Muggeridge voor de BBC een documentaire getiteld *Something beautiful for God*. Muggeridge raakte onder de indruk van het werk van Moeder Teresa, die voor deze documentaire werd gefilmd. Para dez documentos de homens que trabalham com um Moeder Teresa, que é o homem do *Stervenden*. De cameraman, Ken McMillan, gebruikte voor de opnamen binnen in dit huis een nieuw type Kodakfilm, dat hij nog niet eerder had gebruikt. Terug in Engeland bekeek men de opnamen en viel het op dat de beelden gemaakt in *Het huis van de stervenden* van zeer goede kwaliteit waren en elk detail zichtbaar was. De cameraman zei dat hij dat verbazend en buitengewoon vond en wilde vervolgens uitleggen dat de kwaliteit te danken was aan de nieuwe Kodakfilm. Muggeridge stelde dat het hier goddelijk licht betrof. Hij was ervan overtuigd dat hij getuige was geweest van een wonder en getuigde hierover in de media.

Destaques

- Madre Teresa, em plena Santa Teresa de Calcutá, também chamada de Santa Madre Teresa, nome original Agnes Gonxha Bojaxhiu, foi a ganhadora de numerosas honrarias, incluindo o Prêmio Nobel da Paz de 1979.
- Em seus últimos anos, Madre Teresa falou contra o divórcio, a contracepção e o aborto.
- Um agravamento do estado cardíaco forçou sua aposentadoria, e a ordem escolheu a Irmã Nirmala, nascida na Índia, como sua sucessora em 1997.
- Embora Madre Teresa tenha demonstrado alegria e um profundo compromisso com Deus em seu trabalho diário, suas cartas (que foram coletadas e publicadas em 2007) indicam que ela não sentiu a presença de Deus em sua alma durante os últimos 50 anos de sua vida.

15. Angela Merkel (nascida em 1954)

Primeira chanceler feminina da Alemanha

"Eu nunca me subestimei. E eu nunca vi nada de errado com a ambição".

Angela Dorothea Merkel, geboren als **Kasner**, (Hamburgo, 17 de julho de 1954) é a bondkanselier van Duitsland de 22 de novembro de 2005. Ze is de eerste vrouwelijke regeringsleider van het land en ook de eerste vrouwelijke partijleider van de christendemocratische CDU.

Privéleven

Merkel é o mestre da luta dominante Horst Kasner, com quem Polen afkomstig foi, no meu grupo Herlind Kasner-Jentzsch. Het gezin verhuisde in het najaar van 1954 van Hamburg naar het Brandenburgse Quitzow in de DDR, waar de vader de leiding van een Luthers-Evangelische gemeente overnam. Em 1957, a empresa definiu no seu estande o modelo Templin waar vader medeverantwoordelijk como um centro de pesquisa inter-centros de pensamento. O Kasner foi contratado pelo Pastorale Raad van de Evangelisch-Lutherse Kerk, conhecido como SED-autoriteiten. A partir de então, Kasner passou a ter o privilégio de poder contar com o 'Niet-socialistische' landen, onder andere naar de VS en

Italië. O que é importante para a família do Oeste e, mais tarde, para a Ângela, é que a DDR-kleren deixou o país. A família se apóia no Kasner por causa de um dienstwagen e um particular. Angela, Herlind Kasner-Jentzsch, mocht van de SED-overheid echter geen lerares worden. Op die manier kon ze zich ten volle wijden aan de opvoeding van haar drie kinderen.

Em 1961, Angela leerlinge aan de 'Polytechnische Oberschule' em Templin. Haar medeleerlingen en haar leerkrachten beschrijven haar als eerder onopvallend, maar toch sociaal goed geïntegreerd. Hoewel ze niet beschouwd werd als 'Streber', deed ze het uitstekend op school met heel goede resultaten voor talen (onder andere voor Russisch), wiskunde en natuurwetenschappen. Met haar klas nam ze niet deel aan de in de DDR gebruikelijke wijding van de jeugd; in mei 1970 werd ze wel aanvaard als lid van de Evangelisch Lutherse kerk ("die Konfirmation"). Tijdens haar schooltijd foi a tampa da organização Ernst Thälmann e mais tarde da FDJ (Freie Deutsche Jugend). Em 1973, os índices de "Erweiterte Oberschule" foram legalizados e aprovados pela Templin.

Al tijdens haar schooltijd teve Angela besloten natuurkunde te gaan studeren. As portas para o exato wetenschappen wist ze zich grotendeels te onttrekken aan een te uitgesproken maatschappelijk engagement. Em 1973, a Karl-Marx-Universität de Toenmalige, em Leipzig, foi fundada em 1973. Em 1977, Angela Kasner, estudante de medicina em Física, Ulrich Merkel; em 1982, Angela de naam van haar eerste man behouden, deixou a cidade. Nadat ze haar scriptie (Magisterarbeit) in juni 1978 met de vermelding 'zeer goed' had voltooid en haar een betrekking aan de technische hogeschool Ilmenau was geweigerd, vertrok Angela met haar man naar Oost-Berlijn. Foi promovida uma ação de promoção e de promoção do "Zentralinstitut für physikalische Chemie" (ZIPC) da Academie der Wetenschappen van de DDR em Berlijn-Adlershof. Em 1986, os médicos conheceram um estudo sobre a quantumchemie, em 1990, como também sobre o Instituto de Medicina de Beleza e a editora de jornais. Eveneens van 1978 tot 1990 was zij secretaris van Cultuur van de FDJ. Em dez anos, o functie foi o primeiro a ser publicado pela Agitprop ("agitatie en propaganda") e a maakte bovendien scholingsreizen naar de Sovjet-Unie.

Em 1978, a Weigerde ze actief voor de Stasi te werken, volgens andere informatie zou zij echter "IM (Informeller Mitarbeiter) *Erika*" zijn. In haar Stasi-dossier zijn haar DDR-kritische houding en haar sympathie voor het

Poolse Solidarność opgenomen. Bekend is ook dat ze bevriend is geweest met de schrijver Rainer Kunze, die kritisch stond tegenover het regime, en dat ze onder andere werken van Rudolph Bahro, Andrei Sacharov en Alexander Soltsjenitsyn, alle drie bekende dissidenten, heeft gelezen. In de jaren 80 woonde Merkel enige malen in een kraakpand in Berlijn. Em dezembro de 1998, a huwde zij de Berlijnse hoogleraar scheikunde Joachim Sauer. Angela Merkel deixou a gentileza; Sauer deixou a gentileza de dois volwassen.

DDR

Eind 1989 werd Angela Merkel zelf politiek actief: zij trad toe tot de DDR-burgerbeweging Demokratischer Aufbruch (DA) die in augustus 1990 in de Oost-Duitse CDU opgenomen werd. Nog voor de Duitse hereniging werd zij vice-woordvoerder van de laatste Oost-Duitse regering onder CDU-lid en DDR-minister-president Lothar de Maizière.

Administrador de Títulos (1991-1998)

Bij de eerste Bondsdagverkiezingen voor het gehele Duitsland van december 1990 werd Angela Merkel via een direct mandaat van Stralsund-Rügen in de Duitse Bondsdag gekozen. O mais importante distrito zal zij noordoostelijke é o distrito zal zij burlados blijven vertegenwoordigen.

Haalde bondskanselier direto Helmut Kohl (CDU) haar em januari 1991 als minister voor Vrouwen- en Jeugdzaken in zijn kabinet. Al snel oogstte ze veel respect voor haar dossier- en vakkennis. Een pre zal ook zijn geweest dat ze in één persoon Oost-Duits, vrouw, protestants en jong was. Snel kreeg ze het etiket 'Kohls Mädchen', dat tot eind 1999 aan haar bleef kleven.

Na época em que o governo de 1994 se tornou Ministro de Milieu, Natuurbescherming en Reactorveiligheid.

Em dezembro de 1991, um dos vice-representantes da CDU foi o primeiro a ser entrevistado. A Van juni 1993 tot mei 2000 foi uma das mais importantes CDU-voorzitter van de deelstaat Mecklenburg-Voor-Pommeren.

CDU-voorzitter (1998-2005)

De Bondsdagverkiezingen van 1998 gingen voor de CDU verloren. Em novembro de 1998, o schoof partijvoorzitter Wolfgang Schäuble Merkel como secretaris-generaal van de CDU naar voren. Tijdens het schandaal dat de CDU trof inzake illegale partijfinanciering in de periode 1999-2002 distantieerde zij zich vroeg van haar beschermer Kohl. Op 22 december 1999 schreef ze in de Frankfurter Allgemeine Zeitung een open brief aan de eigen partij. Para isso, para o transporte e para a participação, "mooie tijd" conheceu Kohl wegens zijn onduidelijke rol in het schandaal een einde gekomen is.Toen ook Wolfgang Schäuble in opspraak kwam en als partijvoorzitter terugtrad werd ze op 10 april 2000 met 96 procent van de stemmen tot nieuwe partijvoorzitter gekozen.

Enige onrust ontstond voor de verkiezingen van 2002, toen de CSU Edmund Stoiber als kanselierskandidaat naar voren schoof, nog voor de CDU zich op een eigen kandidaat vastgelegd had. Merkel wist dat ze binnen de partij nog niet voldoende steun had om het intern tegen Stoiber op te nemen en ook in de peilingen deed Stoiber het beter dan zij. Em Wolfratshausen, uma das mais belas cidades de Wolfratshausen, encontrou o Stoibers Kandidatuur akkoord. Nadat de rood-groene coalitie de verkiezingen krap won, maneuvreerde Merkel Friedrich Merz uit de functie van fractievoorzitter en veroverde zo de politieke macht die nodig was om bij de volgende verkiezingen de kanselierskandidaat van de Union te worden.

De opeenvolgende overwinningen van de CDU bij verkiezingen in verschillende deelstaten versterkten haar positie aanzienlijk. De meerderheid van de deelstaten kwam in handen van de Union, waardoor deze alle wetten waarover in de Bondsraad moet worden gestemd kon beïnvloeden of blokkeren. O presidente Horst Köhler, na porta de Bondsvergadering Bondsvergadering 2004, foi convidado a participar do evento.

Op 22 mei 2005 verloor de SPD de deelstaatverkiezingen in Noordrijn-Westfalen. Onmiddellijk na deze harde klap kondigde Gerhard Schröder nieuwe verkiezingen voor de Bondsdag aan. Op 30 mei droeg de CDU Merkel officieel als kanselierskandidaat voor. Als eerste vrouwelijke kanselierskandidaat in de geschiedenis, nam ze het bij de verkiezingen van september 2005 op tegen de zittende coalitie van SPD en Bündnis 90/Die Grünen met Schröder als kanselierskandidaat.

Bondskanselier (sinds 2005)

Op 10 oktober 2005 werd bekendgemaakt dat Angela Merkel, als de coalitiebesprekingen met de SPD zouden slagen, de nieuwe bondskanselier van Duitsland zou worden. Op 11 november werden de onderhandelingen tussen Union en SPD met de ondertekening van de coalitieovereenkomst afgesloten, waarmee Duitsland pas voor de tweede keer in de geschiedenis een 'grote coalitie' kreeg. Op 22 november werd Merkel door de bondsdag tot kanselier verkozen, als eerste vrouw in de geschiedenis van Duitsland. Zij volgde Gerhard Schröder op. Het kabinet-Merkel I regeerde tot 27 oktober 2009.

De Bondsdagverkiezingen van 2009 vielen voor kanselier Merkel goed uit. Hoewel haar eigen partij iets verloor, won de FDP zo veel zeel zetels dat Merkel een CDU/CSU-FDP-coalitie kon vormen, die zij al in 2005 prefereerde. O Cabinet-Merkel II foi geïnstalleerd op 28 oktober 2009. Als leider van de grootste economie in Europa speelde Merkel een belangrijke roll binnen de Europese Unie bij de bestrijding van de kredietcrisisis.

Em dezembro de 2012, Merkel conheceu um herkozen overeldigende meerderheid als partijvoorzitter van de CDU. Em 97,94, o ano de 2000 foi um ano em que a maioria das pessoas se separou da CDU. O Congresso da Merkel não se refere ao FDP liberal "de succesvolste regering sinds de Duitse hereniging". "Wij hebben Duitsland uit de kredietcrisisis geleid en Duitsland staat er nu beter voor," verklaarde ze.

Op 22 september 2013 nam Merkel namens de CDU/CSU wederom deel aan de Bondsdagverkiezingen. Haar partij comportalde meer dan 41 procent van de stemmen en werd daarmee opnieuw de grootste partij. Haar coalitiepartner FDP verloor echter zodanig, dat de zittende coalitie geen meerderheid behield. Merkel moest daarop, net als in haar eerste termijn als kanselier, weer in zee met de SPD. Eind november 2013 werd er een regeerakkoord bereikt, dat vervolgens op congressen van zowel het CDU als de SPD werd goedgekeurd. Op 17 december 2013 werd het nieuwe kabinet geïnstalleerd en begon Merkel aan haar derde termijn.

Tijdens haar derde kabinet werd Merkel steeds meer lof toegezwaaid voor haar internationale politiek. Vanwege het opkomende populisme werd zij door de New York Times "de laatste verdediger van de vrije wereld" genoemd. Ook voor haar rol tijdens de Eurocrisis werd Merkel geprezen.

Em 2015, a Merkel lançou um grote groep vluchtelingen em Duitsland. Dit standpunt zette ze kracht bij met haar bekende uitspraak *Wir schaffen das*. Merkel heeft ook in de tijd erna steeds benadrukt dat vluchtelingen recht hebben op bescherming. Internationaal kreeg Merkel lof voor haar aanpak van de vluchtelingencrisis, maar in eigen land groeide de onvrede en braken protesten uit. Veel Duitsers vonden dat Merkel een te grote groep vluchtelingen toeliet. Mede daardoor wordt ze de laatste jaren jaren door sommigen binnen de CDU/CSU als te links gezien. Het was de AfD die hiervan profiteerde. Mais tarde Scherpte Merkel de immigratieregels echter aan.

Ook bij de Bondsdagverkiezingen van 24 september 2017 trok Merkel namens de CDU/CSU de lijst. Haar partij behaalde net geen 33 procent van de stemmen, een verlies van 8 procent maar bleef wel opnieuw de grootste partij. O que foi feito para que se pudesse verificar o que se passava com a Merkel. O SPD'er Martin Schulz, também conhecido como SPD, tinha como objetivo a criação do Parlamento Europeu. Bovendien is de Duitse economie onder Merkel flink gegroeid, en de werkloosheid gedaald. Door haar beleid genoot Merkel, ondanks veel kritiek, ook veel populariteit onder de Duitse bevolking.

De regeringsonderhandelingen voor het Kabinet-Merkel IV, waar de SPD eerst weigerde terug mee aan tafel te zitten, verliepen erg moeizaam. Uiteindelijk mondden de verschillende pogingen toch uit in een nieuwe GroKo, een Duitse grote coalitie. Pas in februari 2018 werd er een regeerakkoord bereikt, dat vervolgens ter goedkeuring aan de leden van zowel het CDU, de CSU als de SPD werd voorgelegd. Op 14 maart 2018 werd het nieuwe kabinet-Merkel geïnstalleerd en begon Merkel aan haar vierde termijn.

Em juni 2018 leidde het vluchtelingenbeleid opnieuw tot onenigheid, ditmaal tussen Merkel en de minister van Buitenlandse Zaken Horst Seehofer. Seehofer wilde asielzoekers namelijk de toegang tot Duitsland weigeren als die eerder al in een ander Europees land zijn geregistreerd, terwijl Merkel wel asielzoekers in Duitsland wilde opnemen. Se você se arrepender de uma crise, em julho de 2018, a Merkel terá encontrado um acordo sobre uma porta de embarque em Duitsland, que permite que as pessoas que buscam o status de asielzoekers sejam reconhecidas. Os países asiáticos são muito mais vulneráveis do que as terras européias e os povos indígenas.

Op 29 oktober 2018 kondigde Merkel aan dat ze zich niet meer kandidaat zal stellen voor een nieuwe termijn als voorzitter van de CDU op het congres in december 2018. O mesmo se aplicava aos eventos de Helsinque em Hessen e em outros países, como o Congresso da CDU. Em parte, o país tem um grande potencial para o desenvolvimento, mas também para o desenvolvimento, como por exemplo, o Brasil e o Brasil.

Hoewel Merkels populariteit en gezag in 2019 tanende era, steeg haar populariteit in 2020 ineens tijdens de Coronacrisis in Duitsland. De bondskanselier wordt namelijk internationaal geroemd vanwege haar aanpak van de crisis. In een televisietoespraak op 18 maart 2020 noemde Merkel het coronavirus "de grootste uitdaging sinds de Tweede Wereldoorlog.

Verhouding conheceu Verenigde Staten

De relatie tussen de EU en de Verenigde Staten kreeg op 23 oktober 2013 een deuk toen bleek dat Merkels mobiele telefoon jarenlang is afgetapt door de NSA.Tussen Merkel en president Barack Obama groeide een vriendschappelijke band, maar met zijn opvolger Donald Trump zijn de verhoudingen uitermate ijzig. De importheffingen op aluminium en staal die Trump afkondigde in 2018, en zijn felle kritiek op Merkels vluchtelingenbeleid en de Duitse bijdrage aan de NAVO hebben daar onder meer aan bijgedragen.

Standpunten

Binnen de CDU geldt de protestantse, Oost-Duitse Merkel als pragmatisch. In februari 2003 steunde zij het Amerikaans-Britse ingrijpen in Irak. A Merkel é um tegenstander van Turkse toetreding tot de Europese Unie, maar biedt dat land namens haar partij een geprivilegieerd partnerschap aan. A Duitsche Duitse voorzitterschap van de Europese Unie, de eerste helft van 2007, é um documento de referência para os observadores da opinião pública européia em referendos. Uma rampa da Fukushima, em conjunto com Merkel dat Duitsland op termijn moet stoppen met kernenergie en over moet stappen op duurzame energie, de Energiewende.

Onderscheidingen

Merkel em 2006 de Orde van Verdienste van de Republiek Italië, o Grootkruis van de Koninklijke Noorse Orde van Verdienste em 2007, em 2008 Grootkruisen van de Orde van Verdienste van de Bondsrepubliek Duitsland en de Peruviaanse Orde van de Zon, het Grootkruis van de Orde van de Orde van de Infant Dom Henrique in 2009, de Orde van de Stara Planina in 2010, uit handen van president Obama de Presidential Medal of Freedom in 2011 en het Grote Gouden Ereteken van Verdienste voor de Republiek Oostenrijk in 2015.

Ze foi laureado com o prêmio van de Internationale Karelsprijs Aken em 2008, van de Duitse Mediaprijs em 2009 em van de Freedom Medal in de reeks van de Four Freedoms Award em 2016.

Ze werd Doctor honoris causa van de Hebreeuwse Universiteit van Jeruzalem in 2007, van de Universiteit Leipzig in 2008, van The New School en de Universiteit van Bern in 2009 en van de Babeş-Bolyaiuniversiteit in 2010. De Radboud Universiteit Nijmegen eerde haar in 2013, de Comenius Universiteit Bratislava in 2014, de Universiteit van Szeged in 2015 en de Universiteit van Nanking in 2016. [2]Merkel contém um projeto de engenharia da UGent e da KU Leuven em 2017. A Universidade de Nanquim tem um *diploma de ensino superior e uma política de ensino superior da Europa, e tem como objetivo oferecer aos estudantes uma educação de qualidade no continente, para que eles possam se beneficiar de uma educação de qualidade no verão.*

Destaques

- Na primeira eleição pós-reunificação, em dezembro de 1990, Angela Merkel ganhou uma cadeira no Bundestag (Câmara Baixa do Parlamento) representando Stralsund-Rügen-Grimmen.
- Merkel foi nomeada ministra da mulher e da juventude pelo chanceler Helmut Kohl em janeiro de 1991.
- O segundo mandato da Merkel foi em grande parte caracterizado por seu papel pessoal na resposta à crise da dívida da zona do euro.
- Mais de um milhão de migrantes entraram na Alemanha em 2015, e o partido de Merkel pagou um preço político íngreme por sua postura sobre os refugiados.

16. Tsai Ing-wen (nascido em 1956)
Primeira presidente feminina de Taiwan

---

*"Taiwan é a República da China, a República da China é
Taiwan".*

Tsai Ing-wen (Fangshan, Pingtung, 1956) é uma política de Taiwanees.
Ze werd op 20 mei 2016 ingezworen als president van Taiwan (Republiek
China).

A partir de então, foi criada uma política para a DPP. Op 16 januari 2016
behaalde haar partij de absolute meerderheid. Als gevolg daarvan werd ze
op 20 mei 2016 beëdigd tot - eerste vrouwelijke - president van Taiwan.

Meer dan haar voorganger, Ma Ying-jeou, staat Tsai een onafhankelijke
koers van Taiwan ten opzichte van de Volksrepubliek China voor. Os
dados sobre a China são de acordo com o Taiwan para o respeito da
democracia. Em 2016, a China conheceu Taiwan e o seu país foi o
primeiro país a ser reconhecido.

Em novembro de 2018 verloor de DPP fors bij plaatselijke verkiezingen.
De Kuomintang, de conservatieve concurrent van de DPP, ganhou em
dez partidos staat voor toenadering en samenwerking met China. Op het
eiland is een minderheid voor een daadwerkelijke afscheiding van China.
Os estrangeiros que se encontram na China e que não têm nenhuma

economia, acreditam e estão participando da economia, estimulam a porta de embarque e desembarque da China.

Op 2 januari 2019 hield de Chinese president Xi Jinping een toespraak omdat 40 jaar geleden, op 1 januari 1979, China de beschietingen staakte op een aantal Taiwanese eilanden voor de Chinese kust. Xi zei een vreedzame hereniging met Taiwan te willen, maar sluit geweld niet uit. Hij zei dat Taiwan weer bij China "moet en zal" horen. A China é um país que não é um país de origem e que não é um país de origem e que não é um país de destino.

Em januari 2020 foram ze herkozen. Ocorreu um recorde de 57% em 2016, um recorde de 8,2 milhões de toneladas e 1,3 milhões de toneladas em 2016. A pessoa que se comportou como Han Kuo-yu, van de Kuomintang, é Han Kuo-yu. Han kreeg 39% van de stemmen. Tsai Ing-wen haareft haar standpunt ten opzichte van China niet verzacht en in haar acceptatie speech riep ze China nogmaals op niet met geweld Taiwan weer bij China te trekken. Han wil de betrekkingen wel verbeteren voornamelijk om economische motieven.

Destaques

- Tsai Ing-wen passou sua infância no litoral sul de Taiwan antes de ir para Taipé, onde completou sua educação.
- Em dezembro de 2016, o delicado equilíbrio das relações Taiwan-China foi perturbado quando Tsai fez uma ligação telefônica para o presidente eleito dos EUA, Donald Trump, que derrubou várias décadas de protocolo diplomático tornando-se o primeiro chefe executivo dos EUA a falar com seu homólogo taiwanês desde 1979.
- Embora Tsai Ing-wen e Trump digam mais tarde que sua chamada não indicou uma mudança de política, em 2019 a administração Trump havia se comprometido com grandes vendas de armas para Taiwan, incluindo tanques, mísseis e caças a jato.
- Tendo defendido reformas impopulares nas políticas de energia e pensão de Taiwan, Tsai Ing-wen testemunhou uma queda considerável em sua popularidade com a aproximação das eleições presidenciais de 2020.

16 Mulheres negras

1. Bessie Coleman (1893-1926)

Primeira aviadora afro-americana fêmea

*"Se eu puder criar o mínimo dos meus planos e desejos,
não haverá arrependimentos".*

Bessie Coleman (Atlanta (VS), 26 de janeiro de 1892 - Jacksonville (VS), 30 de abril de 1926) foi uma das pioneiras da Amerikaanse em Burgerluchtvaart. Zij foi um dos pioneiros da América Afro-Amerikaanse afkomst e também um dos pioneiros da América Amerikaanse (de Amerikaans-indiaanse) afkomst die een vliegbrevet had. A Coleman se comportou como uma empresa de *Federação Internacional de Futebol* no dia 15 de junho de 1921 e foi uma das primeiras empresas a se comportar como uma empresa internacional.

Coleman, que faz parte de uma família de barcos de passeio no Texas, trabalha em uma escola de educação infantil no Texas, e trabalha em uma escola de educação infantil. Dê uma olhada nas faculdades semestrais da Universidade de Langston. A Universidade de Langston tem um interesse em desenvolver um projeto de desenvolvimento de uma escola de pilotagem em Verenigde Staten. O projeto Bessie geld e o projeto de financiamento de uma escola de pilotagem Frankrijk te gaan voor een pilotenopleiding. Foi um piloto de destaque em Beruchte Gevaarlijke Vliegshows em Verenigde Staten. A Bessie foi uma das

313

melhores escolas para pilotos afro-americanos. Coleman escreveu uma carta de recomendação em 1926 para uma nova carta de recomendação e o teste foi. O piloto foi uma inspiração para o início do piloto e para o piloto afro-americano e para o Amerikaanse Gemeenschappen.

Beginjaren

Bessie Coleman (soms ook Elizabeth genoemd) werd geboren op 26 januari 1892 in Atlanta (Texas) als tiende kind van George Coleman, wiens ouders behoorden tot het volk de Cherokee en Susan Coleman die Afro-Amerikaans wasd. Negen kinderen overleefden de kindertijd wat typisch era voor die tijd. Toen Coleman twee jaar was verhuisde haar familie naar Waxahachie (Texas) waar zij leefden als deelpachters. Coleman ging vanaf zesjarige leeftijd naar school in Waxahachie. A escola de Waxahachie é um bestond de lokaal. A Coleman tem uma escola com uma escola de ensino e uma escola de ensino em Waxahachie. A base da escola é a escola de dez escolas af.

Elk jaar werd het ritme van Coleman van school, klusjes en kerkdiensten onderbroken door de katoenoogst. Em 1901 verliet George Coleman zijn gezin. Hij keerde terug naar Oklahoma, of Indian Territory zoals het toen werd genoemd, om betere kansen te krijgen, maar zijn vrouw en kinderen kwamen hem niet achterna. O primeiro grupo de estudantes da *Escola Missionária Batista* Bessie conheceu um grupo de estudiosos da *Missionary Baptist Church School.* Toen zij achttien jaar werd, nam zij haar spaargeld op en schreef zich in op de *Oklahoma Colored Agricultural and Normal University* in Langston (Oklahoma) (tegenwoordig bekend onder de naam Langston University). O objetivo de um semestre de trabalho em um campo de golfe foi, e ainda mais, ter um bom desempenho na área de saúde.

Carrière

Toen Coleman 23 jaar foi verhuisde zij naar Chicago, Illinois, waar zij bij haar broers ging wonen. Em Chicago foi Coleman como um manicuurster na *White Sox Barber Shop.* A empresa foi ganhadora de uma das mais importantes lojas de venda de produtos de limpeza em oorlogstijd van piloten die waren teruggekeerd uit de Eerste Wereldoorlog. Você pode nomear um tweede baan em um site de treinamento de pilotos. Amerikaanse vliegscholen lieten geen vrouwen of Afro-Amerikanen toe, dus moedigde Robert S. Abbott, oprichter en uitgever van de Afro-
314

Amerikaanse krant *Chicago Defender*, haar aan om een opleiding in het buitenland te volgen. Abade editora de zoektocht van Coleman in zijn krant en zij kreeg financiële steun van bankier Jesse Binga en de *Defender.*

Frankrijk

Bessie Coleman volgde Franse les op de taalschool Berlitz Language Schools in Chicago en zij reisde op 20 november 1920 naar Parijs waar zij een opleiding kon volgen om haar vliegbrevet te halen.

Se você quiser se tornar um membro de um grupo de discussão em um Frans militair verkenningsvliegtuig uit de Eerste Wereldoorlog, de Nieuport 564, um tweedekker conheceu "um estudo de dados melhor para um estudo vertical de um piloto e um piloto de roerpedaal". Op 15 juni 1921 foi Coleman de eerste Afro-Amerikaanse vrouw and de eerste inheemse Amerikaan die een vliegbrevet behaalde en ook de eerste Afro-Amerikaanse persoon e de eerste inheemse Amerikaanse persoon die een internationaal vliegbrevet behaalde bij de *Fédération Aéronautique Internationale.* De daaropvolgende twee maanden volgde Coleman lessen bij een Franse toppiloot in de buurt van Parijs om haar vliegvaardigheden te verbeteren. Em setembro de 1921, o nome do piloto de boot naar Amerika. Toen Coleman terugkwam em Amerika era uma mediasensatie.

Vliegshows

De lucht is de enige plek die vrij is van vooroordelen. Ik wist dat wij geen piloten, mannen noch vrouwen, hadden en ik wist dat het Afro-Amerikaanse volk vertegenwoordigd moest worden op dit belangrijkste gebied, dus ik vond het mijn plicht om mijn leven te riskeren om te leren vliegen

Omdat de tijd van commerciële vluchten nog een tiental jaar of langer op zich zou laten wachten, realiseerde Coleman zich dat zij stuntvlieger in "rondreizende vliegshows" moest worden om geld te kunnen verdienenen als burgerpiloot. Als stuntvlieger zou zij gevaarlijke stunts moeten verrichten voor betalend publiek in een tijd waarin de technologie van vliegtuigen nog in de kinderschoen stond. A maioria das competições de dez anos foram bem sucedidas, com menos dinheiro e com um repertório mais amplo. Terug in Chicago kon Coleman niemand vinden die bereid was haar les te geven, dus vertrok zij in februari 1922 weer met de boot naar Europa. De daaropvolgende twee maanden bracht zij in Frankrijk door en rondde zij een vliegcursus voor gevorderden af. Daarna reisde zij naar Nederland om Anthony Fokker te ontmoeten, een van de beroemdste vliegtuigontwerpers van de wereld. A Coleman reeditou uma nova versão da Duitsland e uma nova versão da Fokker e uma versão de treinamento de um piloto de treinamento de belangrijkste da empresa. O treinamento de pilotos é uma das melhores opções de treinamento de pilotos em todo o mundo.

"Queen Bess", zoals zij ook wel bekend stond, foi de komende vijf jaar een zeer populaire publiekstrekker. Bessie werd door zowel Afro-Amerikaanse als blanke Amerikanen bewonderd. A porta de entrada para os países em desenvolvimento e a porta de entrada para os países em desenvolvimento. Bessie vloog vooral in tweedekkers van het model Curtiss JN- 4 "Jenny" en andere vliegtuigen die het leger over had uit de oorlog. Op 3 september 1922 verscheen zij voor het eerst in een Amerikaanse vliegshow tijdens een evenement ter ere van veteranen van het Afro-Amerikaanse 369th Infantry Regiment uit de Eerste Wereldoorlog. O evento foi realizado no Curtiss Field op Long Island, em Long Island, na cidade de Nova Iorque, e foi um evento de amigos do Abbott e do Krant *Chicago Defender*. Op de affiches van de vliegshow werd Coleman aangekondigd als "de beste vrouwelijke piloot van de wereld" . O projeto de um piloto de salto de avião e um piloto de pára-quedas Afro-Amerikaanse, Hubert Julian. Mais tarde, o Coleman foi escolhido por Chicago para uma demonstração de um projeto de desenvolvimento de uma máquina de lavar roupa, loopings en dalingen tot dichtbij de grond voor een groot en enthousiast publiek op het vliegveld Checkerboard Airdrome (tegenwoordig het terrein van het *Hines Veterans Administration Medical Center*, Hines, Illinois, het *Loyola Hospital*, Maywood, en het nabijgelegen Cook County Forest Preserve).

De opwinding van stuntvliegen en de bewondering van juichend publiek waren slechts een deel van de droom van Coleman. O Coleman não é um bom exemplo de como se pode fazer isso, mas tem uma grande vantagem em relação a uma mordaça "te deixa em paz". Als professionele vliegenier werd Coleman vaak bekritiseerd door de pers vanwege haar opportunistische karakter en de flamboyante stijl die zij tot uiting liet komen in haar stunts. A maioria das vezes, o piloto tem uma reputação de ser um piloto de bekwame e moedige, que tem um papel importante no desenvolvimento de uma acrobacia. Um vídeo sobre o 22 februari de 1923, em Los Angeles, foi e continua a ser um sucesso em uma viagem de carro e uma viagem de férias.

O objetivo da promoção da arte da luchtvaart é a melhor forma de pulverizar o racismo Coleman na porta do públiek da terra sobre a fronteira da arte da luchtvaart e o castelo doelen para o Afro-Amerikanen. A resolução de resolver o problema e a sorte da guerra foi um verboden.

In de jaren 20 van de twintigste eeuw ontmoette Coleman in Orlando, Florida, predikant Hezakiah Hill en zijn vrouw Viola, buurtactivisten, die haar uitnodigden om bij hen te logeren in de pastorie van de *Mount Zion Missionary Baptist Church* aan Washington Street in de wijk Parramore. Em 2013, foi preciso fazer uma pesquisa sobre a "Bessie Colemanstraat". Het stel, dat haar als een dochter beschouwde, haalde haar over om in Orlando te blijven. Coleman opende daar een schoonheidssalon om extra geld te verdienenen zodat zij haar eigen vliegtuig kon kopen.

Via haar mediacontacten kreegen zij een rol aangeboden in een speelfilm met de titel *Shadow and Sunshine* die zou worden gefinancierd door de African American Seminole Film Producing Company. Aceitamos a idéia de rolar com dados de lançamento de filmes para publicação, para ajudar e para ajudar a rolar com dados de lançamento de filmes para a escola de cinema em uma escola de cinema. Maar toen zij hoorde dat de eerste filmscène vereiste dat zij in lompen zou verschijnen met een wandelstok en een rugzak op haar rug, weigerde zij om verder te gaan. "Het was duidelijk dat het verlaten van de set door Bessie een principiële verklaring was. Hoewel zij opportunistisch was ten aanzien van haar carrière, was zij dat nooit als het om ras ging. O plano não era um plano de denigrerende beeld dat de meeste blanken van de meeste Afro-Amerikanen hadden, te bevestigen", schreef actrice Doris Rich.

Het is verleidelijk om parallellen te trekken tussen mij en mevrouw Coleman. . .[maar] ik wijs naar Bessie Coleman en zeg dat dit een vrouw is, een wezen, die model staat voor de hele mensheid, de definitie van kracht, waardigheid, moed, integriteit en schoonheid. - Mae Jemison (astronauta do astronauta Afro-Amerikaanse)

Coleman não é responsável pela criação de uma escola de pilotagem afro-amerikaanse de uma escola de pilotagem de veículos de transporte de mercadorias e de passageiros. "Door Bessie Coleman hebben wij datgene overwonnen wat erger was dan raciale barrières", schreef luitenant William J. Powell in *Black Wings* (1934), opgedragen aan Coleman. Wij hebben de barrières in onszelf overwonnen en durfden te dromen". Powell diende in een gesegregeerde legereenheid tijdens de Eerste Wereldoorlog en stimuleerde onvermoeibaar het belang van Afro-Amerikaanse luchtvaart door middel van zijn boek, zijn dagboeken en de Bessie Coleman Aero Club die hij in 1929 oprichtte.

Overlijden

Op 30 de abril de 1926 foi Coleman em Jacksonville, Flórida. Zij teve recentemente em Dallas um vliegtuig, um Curtiss JN-4 (Jenny), gekocht. Haar werktuigkundige en publiciteitsagent, de 24-jarige William D. Wills, vloog het vliegtuig van Dallas naar Florida ter voorbereiding op een vliegshow, maar hij moest onderweg drie noodlandingen maken, omdat het vliegtuig zo slecht onderhouden was. Para todos aqueles que se divertiram, amigos e família de Coleman, a família Niet Veilig e a família Niet Veilig não podem ser vistos e não podem ser vistos. Tijdens het opstijgen, bestuurde Wills het vliegtuig en zat Coleman op de passagiersstoel. Zij tinha veiligheidsgordel niet omgedaan, omdat zij van plan was de volgende dag een parachutesprong te maken en zij wilde over de rand van de cockpit heen kijken om de omgeving te verkennen.

Para isso, é preciso ter em mente que, em uma rotação de 900 metros, o tempo de trabalho é muito curto e o tempo de trabalho é muito longo. Coleman foi o responsável por uma máquina de lavar roupa de 610 metros e por uma máquina de lavar roupa de escória. William Wills conhece os meios de controle niet meer onder control krijgen en het stortte neer. William Wills foi op slag dood en het vliegtuig explodeerde en vatte vlam. O envelope da marca de navegação foi, mais tarde, uma marca de motor que foi usada para a navegação. Coleman tinha 34 anos de idade.

De begrafenis vond plaats in Florida waarna haar lichaam naar Chicago werd gebracht. Hoewel er in de meeste media weinig over werd vermeld, kreeg haar dood veel aandacht in de Afro-Amerikaanse pers en waren er 10.000 menen aanwezig bij de herdenkingsdiensten in Chicago die werden geleid door activiste Ida B. Wells.

Destaques

- Uma das 13 crianças, Bessie Coleman cresceu em Waxahatchie, Texas, onde sua aptidão matemática a libertou do trabalho nos campos de algodão.
- A discriminação frustrou as tentativas de Coleman de entrar em escolas de aviação nos Estados Unidos. Destemida, aprendeu francês e em 1920 foi aceita na Escola de Aviação Caudron Brothers em Le Crotoy, França.
- Em treinamento posterior na França, ela se especializou em vôo duplo e paraquedismo; suas façanhas foram capturadas em filmes de jornal.
- Ela voltou para os Estados Unidos, onde os preconceitos raciais e de gênero a impediram de se tornar uma piloto comercial. A única opção de sua carreira foi voar em acrobacias, ou fazer um "barnstorming".

2. Miriam Makeba (1932-2008)

Cantor sul-africano e o primeiro africano a receber um prêmio Grammy

"Tenha cuidado, pense sobre o efeito do que você diz.
Suas palavras devem ser construtivas, reunir as pessoas,
não separá-las".

Miriam Makeba, bijgenaamd *Mama Africa* (Prospect Township bij Johannesburg, 4 maart 1932 - Caserta, Italië, 10 november 2008), foi uma Zuid-Afrikaans zangeres e anti-apartheidsactiviste. Zij foi um dos pioneiros do Afrikaanse muziek e um dos pioneiros do westers publiek. O sucesso foi o número *Pata Pata* (1967). O primeiro golpe para o Afrikaanse artiesten als Fela Kuti, King Sunny Adé, Youssou N'Dour en Salif Keita. Makeba foi uma actief tegenstandster van de Zuid-Afrikaanse apartheidspolitiek en leefde, nadat de Zuid-Afrikaanse regering haar een inreisvisum weigerde, dertig jaar in ballingschap.

Levensloop

Op twintigjarige leeftijd werd ze al een nationale bekendheid in Zuid-Afrika als zangeres van de Manhattan Brothers. Na jaren 50 brak Makeba door als zangeres met een Zuid-Afrikaanse variant van jazz. Em 1959 ging em Johannesburg de zwarte jazz-opera *King Kong* em estreia. Naast Makeba não se cansaram de falar com o trompettist Hugh Masekela, encontraram-se com o trouwde mais tarde, e Letta Mbulu aan deze voorstelling mee. Daarna ging *King Kong* op tournee door Europa. In datzelfde jaar was Makeba ook te zien In de documentaire *Come back, Afrika* (1959) van de Amerikaan Lionel Rogosin (1924-2000). Film vormde een aanklacht tegen het Zuid-Afrikaanse apartheidsbeleid. Deze optredens betekenden voor Makeba een doorbraak in Europa en de Verenigde Staten.

Em 1960, o Toen ze naar Zuid-Afrika terug wilde keren voor de begrafenis van haar moeder weigerde de Zuid-Afrikaanse regering haar een inreisvisum. Mais tarde, ook haar staatsburgerschap ingetrokken. Começou o jaren zestig ging Makeba in de Verenigde Staten wonen. Haar politiek activisme bracht haar in 1963 bij de Verenigde Naties, waar zij opriep tot een internationale boycot van Zuid-Afrika. Olá, há uma placa de propaganda em Zuid-Afrika.

In de Verenigde Staten werd ze ontdekt door zanger en mensenrechtenactivist Harry Belafonte. Encontrei-me com o nome de Harry Belafonte em uma jarra de álbuns de esqueleto e de tradição. Met *An Evening With Belafonte/Makeba* won Makeba in 1966 als eerste Afrikaanse vrouw, een Grammy Award. Mais tarde, um sucesso de sucesso foi alcançado com o número de *Pata Pata*, um Grammy Award em Xhosa, um Grammy Award em Xhosa, um Grammy Award em Xhosa, um Grammy Award em Xhosa, um Grammy Award em Xhosa, um Grammy Award em Xhosa.

Makeba trad vijf keer in het huwelijk, de eerste keer op 17-jarige leeftijd. Op 22 december 1950 kreeg zij haar eerste en enige kind, dochter Bongi. Bongi é uma forma de biselar de um gestor de documentos no Reino Unido. Andere echtgenoten waren zanger Sonny Pillay, met wie zij in 1959 zowel trouwde als scheidde, en trompettist Hugh Masekela (1964-1966). Met Black Power-activist Stokely Carmichael foi Makeba van 1968 tot 1978 getrouwd. Foi muito controverso em Verenigde Staten. Grote platenmaatschappijen als RCA en Reprise zegden hun platencontracten op. Geplande concerten werden geschrapt. Het paar verhuisde naar Guinee. A Guinee não foi um bom partido, mas sim uma boa anfitriã, que se encontrou com o Bageot Bah, para uma lista de convidados de sorte.

Ook in Guinee bleef Makeba zich uitspreken tegen het apartheidsregime van Zuid-Afrika. Tijdens deze periode werd ze ook afgevaardigde van Guinee bij de Verenigde Naties.

Em 1985 verhuisde ze naar Brussel. Em 1987, Makeba mee aan de *Graceland-tour* van Paul Simon. Mais tarde, a Mochten Haar Platen Weer Verkocht foi publicada em Zuid-Afrika. Em dezembro de 1990, keerde zij, na dertig jaar ballingschap, op uitnodiging van Nelson Mandela, die toen net was vrijgelaten uit zijn gevangenschap, terug naar haar geboorteland Zuid-Afrika.

Em 2005, a empresa fez um tournee om haar carrière af te sluiten. Op 10 november 2008 overleed Miriam Makeba op 76-jarige leeftijd aan een hartaanval, na afloop van een antimaffiaconcert in Castel Volturno ter ondersteuning van de met de dood bedreigde antimaffiaschrijver Roberto Saviano.

Prêmio para a Paz de Otto Hahn Makeba voor haar muziek kreeg Makeba voor haar strijd tegen ongelijkheid de Dag Hammerskjøld Prêmio da Paz em Otto Hahn Medalha da Paz.

Destaques

- No final dos anos 50, o canto e a gravação de Miriam Makeba a tornou bem conhecida na África do Sul, e sua aparição no documentário Come Back, Africa (1959) atraiu o interesse de Harry Belafonte e outros artistas americanos.
- Em 1960, Makeba foi negada a reentrada na África do Sul, e viveu no exílio por três décadas depois.
- Em 1990, o ativista negro sul-africano Nelson Mandela, que havia acabado de ser libertado de sua prisão prolongada, encorajou Makeba a retornar à África do Sul, e ela se apresentou lá em 1991, pela primeira vez desde seu exílio.
- Miriam Makeba fez 30 álbuns originais, além de 19 álbuns de compilação e aparições nas gravações de vários outros músicos.

3. Marian Anderson (1897-1993)

O primeiro afro-americano a se apresentar com a Ópera Metropolitana de Nova Iorque

"O medo é uma doença que devora a lógica e torna o homem desumano ".

Marian Anderson (Philadelphia, 27 februari 1897 - Portland, 8 de abril de 1993) foi uma amerikaanse contralto e uma das mais belas cozinhas de duas águas. Muziekcriticus Alan Blyth zei: "Haar stem was een levendige, rijke contralto van een intrinsieke schoonheid". Haar voormalige woonhuis in Philadelphia é um museu, a Casa Marian Anderson.

Biografie

Het grootste deel van haar carrière heeft zij besteed aan het geven van concerten met bekende orkesten, in de voornaamste zalen in de Verenigde Staten en Europa tussen 1925 en 1965. Ao longo dos anos, a banda de música rollen aangeboden na ópera Grote Europese, deixou Anderson deze altijd afgewezen omdat ze geen opleiding in acteren had genoten. A gaf de voorkeur aan het geven van concerten. O concerto de tijdens haar da ópera é um bom exemplo. O véu esquerdo opunha os nomes gemaakt, die samen een beeld geven van haar brede repertoire: van concerwerken, Duitse liederen en opera tot traditionele Amerikaanse nummers and spirituals. Tussen 1940 e 1965 foi o pianista de Duits-Amerikaanse Franz Rupp haar vaste begeleider.

Anderson foi uma belangrijke persoon in de strijd van donkerkleurige artiesten om de racistische vooroordelen in de Verenigde Staten gedurende het midden van de twintigste eeuw te overwinnen. Em 1939, a Weigerden de *Daughters of the American Revolution (DAR)* Anderson toestemming te geven om te zingen voor een gemengd publiek in de DAR Constitution Hall. O Anderson, que se pronunciava sobre a voz das gemas internacionais em um edifício de música de música de alta qualidade. Conhecido pela primeira dama Eleanor Roosevelt e pelo homem Franklin D. Roosevelt, Anderson op eerste paasdag 9 de abril de 1939, op de trappen van het Lincoln Memorial, em Washington D.C., um concurso aberto de música. As músicas para uma festa pública de 75.000 homens e uma radiopubliação de mil jovens, e o concerto foram um filme de cinema. Anderson ging verder met het afbreken van obstakels voor donkerkleurige artiesten in de Verenigde Staten, en was de eerste donkerkleurige artiest die in de Metropolitan Opera in New York optrad, op 7 januari 1955. Haar optou por Ulrica em Un ballo in maschera de Giuseppe Verdi foi de enige keer dat ze een operaol speelde op het podium.

Anderson werkte enige jaren als delegatielid voor het Mensenrechtencomité van de Verenigde Naties en als "goodwill ambassadrice" for the United States Department of State, en gaf als zodanig concerten over de hele wereld. Ze nam deel aan de burgerrechtenbeweging in de zestiger jaren en zong op de March on Washington for Jobs and Freedom in 1963. O evento contou com prêmios de vela e onderscheidingen, a Medalha Presidencial da Liberdade em 1963, as Honras do Kennedy Center em 1978, a Medalha Nacional das Artes em 1986, e um Prêmio Grammy Lifetime Achievement em 1991.

Destaques

- Anderson demonstrou talento vocal quando criança, mas sua família não tinha condições de pagar pelo treinamento formal. A partir dos seis anos de idade, ela foi instruída no coro da Igreja Batista da União, onde cantava partes escritas para vozes baixo, alto, tenor e soprano.

- Em 7 de janeiro de 1955, ela se tornou a primeira cantora afro-americana a se apresentar como membro da Ópera Metropolitana na cidade de Nova York.
- Em 1977, seu 75º aniversário foi marcado por um concerto de gala no Carnegie Hall.
- Entre suas inúmeras homenagens e prêmios estavam a National Medal of Arts em 1986 e o Grammy Award for Lifetime Achievement da indústria musical dos EUA em 1991.

4. Maya Angelou (1928-2014)

Poeta, dramaturgo e intérprete afro-americano

"Aprendi que as pessoas esquecerão o que você disse, as pessoas esquecerão o que você fez, mas as pessoas nunca esquecerão como você as fez sentir. "

Maya Angelou, eigenlijk Margueritte Johnson (Saint Louis, Missouri, 4 de abril de 1928 - Winston-Salem, Carolina do Norte, 28 mei 2014), foi uma amerikaans schrijver, dichter, zanger, danser, burgerrechtenactivist en hoogleraar amerikanistiek. Os filmes de acteerde, schreef e produceerde, trilhas sonoras e registradores.

Angelou maakte naam met haar eerste roman *Eu sei porque a ave enjaulada canta*, waarin ze haar tumultueuze jeugd beschreef in het gesegregeerde zuiden van Amerika en, later, in Californië. Os bestsellers mais vendidos eram muito populares. No Caribe, os romanos autobiografados lançam uma energia, com o objetivo de fortalecer o mercado Afrikaans-Amerikaanse, que é um dos principais destinos do país. No Reino Unido, e em outras partes do mundo, a empresa tem uma grande vantagem em termos de energia. Haar boeken terug. *Dê-me uma bebida fresca de água 'fore I die* werd genomineerd voor de Pulitzerprijs'. Voor het audioboek *A song flung up to heaven* kreeg ze een Grammy in 2003. Em 1993 e 1995, um Grammy.

Em 1981, a hoogleraar amerikanistiek em Winston-Salem. Ze era betrokken bij de Civil Rights Movement, waar ze samen werkte met Martin Luther King en Malcolm X.

Ze sprak meermaals bij officiële gelegenheden van de regering van de Verenigde Staten. Bij de inauguratie van president Clinton las ze zijn verzoek haar gedicht *On the Pulse of Morning* voor. In juni 1995 droeg ze haar gedicht *A brave and startling truth* voor bij het jubileum van de 50e verjaardag van de Verenigde Naties. Em 2013, vertolkte zij in een video van het United States Department of State namens het Amerikaanse volk het gedicht *His day is gone*, over het leven van Nelson Mandela.

No ano 2000, a Medalha Nacional das Artes foi outorgada. Em 2010, kreeg ze de Presidential Medal of Freedom. A Medalha Presidencial da Liberdade foi outorgada pela Universidade do Sul da Califórnia, pelo Lafayette College, pelo Hope College e pelo University of Illinois te Urbana-Champaign.

Destaques

- A poesia de Maya Angelou, coletada em volumes como Just Give Me a Cool Drink of Water 'fore I Diiie (1971), And Still I Rise (1978), Now Sheba Sings the Song (1987), e I Shall Not Be Moved (1990), se baseou fortemente em sua história pessoal, mas empregou os pontos de vista de várias pessoas.
- Ela também escreveu um livro de meditações, Wouldn't Take Nothing for My Journey Now (1993), e livros infantis que incluem My Painted House, My Friendly Chicken and Me (1994), Life Doesn't Frighten Me (1998), e a série Maya's World, que foi publicada em 2004-05 e apresentou histórias de crianças de várias partes do mundo.
- Ela comemorou o 50º aniversário das Nações Unidas no poema "A Brave and Startling Truth" (1995) e elegizou Nelson Mandela no poema "His Day Is Done" (2013), que foi encomendado pelo Departamento de Estado dos EUA e lançado após a morte do líder sul-africano.
- Em 2011 Angelou recebeu a Medalha Presidencial da Liberdade.

5. Ellen Johnson Sirleaf (nascida em 1938)

A primeira mulher eleita chefe de Estado na África

"O tamanho de seus sonhos deve sempre exceder sua capacidade atual para realizá-los". Se seus sonhos não o assustam, eles não são suficientemente grandes".

Ellen Johnson Sirleaf (Monrovia, 29 oktober 1938) é uma política liberiana, die tussen 2006 e 2018 de eerste vrouwelijke presidente foi van Liberia. O presidente da Libéria foi um dos países mais importantes da região. Em 2011, o mesmo se encontrou com Leymah Gbowee e Tawakkul Karman onderscheiden met de Nobelprijs voor de Vrede.

Johnson Sirleaf foi bij de Liberiaanse presidententsverkiezingen van 2005 verkozen tot president, ten koste van haar oponente George Weah. Em 1997, o presidente da Libéria foi o presidente de Charles Taylor.

Sirleaf studeerde van 1964 tot 1971 accountancy en economie in de Verenigde Staten. Sinds 1972 vervulde zij al verschillende ambten voor haar land en voor de Verenigde Naties.

Familieachtergrond

Ellen Johnson era geboren em Monróvia, de hoofdstad van Liberia in een familie van Americo-Liberians (voormalige Afrikaanse slaven uit Amerika, die bij terugkomst in Liberia zelf de lokale mensen tot slaven maakten). Ellen Johnson Sirleaf ontkent echter dat zij tot de elite behoorde: 'Als zo'n klasse zou bestaan, is hij de laatste jaren vervaagd door huwelijken en sociale integratie'.

Haar etnische achtergrond é ½ Gola van de kant van haar vader en ¼ Duits (grootvader) en ¼ Kru (grootmoeder) van moederskant.

Opleiding

Van 1948 tot 1955 studeerde Ellen Johnson boekhoudkunde en economie in het College of West Africa in Monrovia. A tru trupe do haar 17e conheceu James Sirleaf en reisde em 1961 naar de Verenigde Staten waar ze haar diploma haalde aan de Universiteit van Colorado. Van 1969 tot 1971 studeerde ze verder aan Harvard, waar ze haar masterdiploma Public Administration comportalde. Para que a Libéria e a Libéria se conhecessem, foram criados para William Tolberts overheid.

Iniciar o loopbaan politieke

Sirleaf foi assistente do ministro van financiën (1972-73) onder het bewind van William Tolbert en minister van financiën (1980-85) tijdens Samuel Does militaire regime. O ministro teve um encontro com a beide staatshoofden: tijdens Does bewind belandde ze tweemaal in de gevangenis en ontsnapte ze maar net aan de doodstraf. As publicações nacionais de 1985 foram publicadas em 1985 e são publicadas no site da Kenia. De volgende twaalf jaar leefde en werkte ze in Kenia en de Verenigde Staten waar ze een invloedrijk econoom werd bij de Wereldbank, Citibank en andere financiële instituties. Van 1992 tot 1997 foi o diretor do departamento "Afrika" para o VN-Ontwikkelingsprogramma.

Vervolg politieke loopbaan

Tijdens haar ballingschap foi Libéria verwikkeld em um burgeroorlog constante. O Presidente Samuel Doe foi vermoord e verschillende rebellengroepen vochten voor control over het land. De belangrijkste werd geleid door Charles Taylor.in het begin steunde Sirleaf Taylors rebellengroep door hem te helpen fondsen te werven.Later echter keerde ze zich tegen hem. Em 1996, a Afrikaanse vredesmilitairen een einde aan de oorlog en Sirleaf keerde terug naar Liberia om campagne te voeren tegen Taylor voor de presidentsverkiezingen. O objetivo é também fazer uma tweede en moest wederom in ballingschap gaan toen ze werd aangeklaagd voor verraad.

Em 1999, a Libéria foi a Libéria mais conhecida em um burgeroorlog e waren er aantijgingen dat Taylor zich inliet met wapenhandel en dat hij betrokken was bij de oorlog in buurland Sierra Leone. Em 2003, a revista Hij werd aangeklaagd voor oorlogsmisden door de Verenigde Naties en in 2003 bezweek hij onder de druk en vluchtte naar Nigeria. Hierna keerde Sirleaf terug om de 'Commission on Good Governance' te leiden, die de voorbereidingen voor democratische verkiezingen in de gaten hield.

Em 2005, stelde ze zich weer verkiesbaar als president met als belangrijkste campagnepunten: het eindigen van conflict en corruptie, eenheid creëren en het herstellen van de infrastructuur. Haar rivaal foi de bekende ex-voetballer George Weah van wieh ze met 59% van de stemmen won. Op 23 november 2005 werd bekendgemaakt dat ze de verkiezingen had gewonnen en ze werd op 16 januari geïnaugureerd als president van Liberia en Afrika's eerste vrouwelijke staatshoofd.

Sirleafs uitdagingen waren immens. Liberia's publieke voorzieningen waren minimaal, de wegen, scholen en medische voorzieningen functioneerden nauwelijks en er was veel wantrouwen onder de bevolking als gevolg van de burgeroorlogen. Ellen Johnson Sirleaf investiteerde veel in onderwijs, onder andere omdat ze het als een manier zag om normen en waarden over te brengen. Op de vraag of er nog oorlog zou zijn als alle wereldleiders vrouwen waren, zei ze: 'Nee, het zou een betere, veiligere en meer productieve wereld zijn. E se você se esforçar mais para que o regime de direitos humanos seja uniforme, você pode chamar de "gevoeligheid voor de mensheid". Dat komt vanwege het moeder zijn". No início de 2012, a Ellen Johnson Sirleaf door, uma jornalista do The Guardian, foi criada para fazer uma pesquisa sobre a situação do homossexualismo no país. A atividade de homossexualidade na Libéria e o trabalho de gevangenisstraf são melhores artesanatos, a folha de Sirleaf é de wet niet toegepast recente. Os dados na Libéria sobre as moedas homossexuais são os que são publicados no Nobelprijswinnares uma tradição que opta pelo uso da palavra em pé.

Na een presidentschap van twaalf jaar werd ze in januari 2018 opgevolgd door George Weah.

Onderscheidingen

1988: Four Freedoms Award voor de vrijheid van meningsuiting

2012: eredoctoraat van de Universiteit van Tilburg.

Destaques

- Com mais de 15.000 mantenedores da paz das Nações Unidas no país e com o desemprego a 80%, a Johnson Sirleaf enfrentou sérios desafios.
- No final de 2010 toda a dívida da Libéria havia sido apagada, e a Johnson Sirleaf havia garantido milhões de dólares de investimento estrangeiro no país.
- Embora Johnson Sirleaf tenha sido reeleita com pouco mais de 90% dos votos, sua vitória foi toldada pela retirada de Tubman e baixa participação dos eleitores, que foi menos da metade do primeiro turno.
- Johnson Sirleaf foi um dos três ganhadores, juntamente com Leymah Gbowee e Tawakkul Karmān, do Prêmio Nobel da Paz de 2011 por seus esforços para promover os direitos das mulheres.

6. Coretta Scott King (1927-2006)
Autor americano e líder do movimento de direitos civis

*"Não importa o quão fortes são suas opiniões". Se você
não usa seu poder para mudanças positivas, você é, de
fato, parte do problema".*

Coretta Scott King (Marion (Alabama), 27 de abril de 1927 - Rosarito
(México), 30 de janeiro de 2006) foi uma ativista Amerikaanse. Net als
haar man en vele anderen, onder wie Mahalia Jackson en Rosa Parks,
kwam zij ook haar leven lang op voor de rechten van de zogenoemde
zwarte gemeenschap. Behalve voor de burgerrechtenstrijd zette ze zich in
voor mensenrechten wereldwijd. Os protestos de protesto da
Amerikaanse e o regime de apartheid em Zuid-Afrika en sprak zich uit
tegen de Irak-oorlog. Zij was de weduwe van de bekende Amerikaanse
predikant Martin Luther King en leidster van de Amerikaanse
burgerrechtenbeweging. Na minha vida, o Centro de *Mudanças Sociais de*

Atlanta, *Martin Luther King Jr., foi o centro de mudanças sociais da Martin Luther King Jr.*

Em agosto de 2005, o Prêmio Hartaanval e o Prêmio Beroerte. Coretta Scott King overleed overleed begin 2006 op 78-jarige leeftijd en werd begraven op 7 februari. Op 15 mei 2007 overleed een van hun hun vier kinderen, Yolanda King, aan een hartaanval in Santa Monica op 51-jarige leeftijd.

Coretta Scott King era uma veganista strikte em 1995.

Onderscheidingen

Em 1983 recebeu o prêmio zij de Four Freedoms Award voor godsdienstvrijheid.

Destaques

- Após o assassinato do marido de Coretta Scott King em 1968 e a condenação de James Earl Ray pelo assassinato, ela continuou ativa no movimento de direitos civis.
- Ela fundou em Atlanta o Martin Luther King, Jr., Center for Nonviolent Social Change (comumente conhecido como King Center), que foi liderado na virada do século 21 por seu filho Dexter.
- Coretta Scott King escreveu um livro de memórias, My Life with Martin Luther King, Jr. (1969), e editou, com seu filho Dexter, The Martin Luther King, Jr., Companion: Citações dos Discursos, Ensaios e Livros de Martin Luther King, Jr. (1998).
- Em 1969 Coretta Scott King estabeleceu um prêmio anual Coretta Scott King para homenagear um autor afro-americano de um texto excepcional para crianças, e em 1979 um prêmio semelhante foi adicionado para homenagear um ilustrador afro-americano excepcional.

7. Hattie McDaniel (1895-1952)

A primeira atriz afro-americana a ganhar um Oscar

"A vocês jovens que aspiram ao sucesso em alguma linha de trabalho, apesar dos problemas que muitos de nós experimentamos, deixe-me dizer o seguinte: Ainda há espaço no topo".

Hattie McDaniel (Wichita, 10 juni 1895 - Los Angeles, 26 oktober 1952) foi uma atriz amerikaanse. Foi uma atriz afro-americana que ganhou um Oscar.

Jeugdjaren

McDaniel werd geboren in Wichita als dochter van Henry McDaniel en Susan Holbert. Haar vader era predikant en haar moeder zong godsdienstige liedjes. Haar grootmoeder era um eslavo, werkend als kokkin na Virgínia. Hierdoor werd McDaniels vader als slaaf geboren. Hij vocht in de Amerikaanse Burgeroorlog.

McDaniel era de jongste van dertien kinderen. Em 1910, o McDaniel foi uma medalha para uma informação sobre os dados de referência. O artista se diverte e se diverte. Os participantes da escola e reisde mee met een groep performers, die werd opgericht door haar vader en twee van haar broers, Otis en Sam. Nadat Otis, em 1916, estava superlotado, parou a fila. Tot 1920 foi o Nadat Otis como artista.

Carrière

McDaniel foi uma van de eerste vrouwen die zong op de radio. Em 1925, o McDaniel regulava um rádio em Denver: KOA. Aangezien ze ook liedjes schreef, zong ze deze ook wel eens. As pessoas se opunham e se divertiam em teatros em grote steden.

Em 1931, em Los Angeles, waar al een paar van haar broers en zussen woonden. Os mais recentes países da indústria cinematográfica e da indústria do cinema também foram considerados como países de destino. O Corretor de Filmes Sam foi convidado para apresentar um radioprograma de titel *The Optimistic Do-Nut Hour* en regelde dat zij een eigen programma kreeg.

Vanaf 1932 kreeg McDaniel kleine rollen em filmes. Hierin speelde ze vaak een dienstmeid of een zangeres in een koor. O leitor pode ler o que deseja de um filme, mas também pode ler o que deseja de um filme: "Eu gostaria de falar sobre um serviço deenstmeid e dados sobre um assunto".

Haar eerste grote rolou em um filme kwam em 1934. Ze speelde toen in *Judge Priest*, geregisseerd door John Ford. Ze raakte al snel bevriend met de grootste sterren, zoals Joan Crawford, Bette Davis, Shirley Temple, Henry Fonda, Ronald Reagan, Olivia de Havilland e Clark Gable.

E Tudo o Vento Levou

McDaniel werd populair als actrice hoewel de kritiek op haar rollenkeuze bleef bestaan en er ook tegenstand era vanuit racistische hoek. Em 1939, um Oscar para a melhor viagem de negócios foi concedido em 1939 a um filme popular: E o *Vento Levou*. O Oscar foi conquistado por um Oscar afro-americano. Vejam os homens de guerra por aqui. Os vencedores do

McDaniel não se contentam com um filme de filme de filme de zo'n belangrijke. Os dados de um N.N.N.A. foi genovês.

Tijdens de première van *Gone with the Wind* foi McDaniel niet aanwezig. O diretor de registro do filme, Victor Fleming, dat ze ziek was maar kwam in werkelijkheid niet opdagen omdat ze bang was voor de racisten. Toen Clark Gable dit hoorde, wilde hij haar overhalen toch te komen; zonder succes overigens.

Todas as portas de todos os tegenkantingen morrem McDaniel e são transportadas por uma carrinha racista de um tanque de combustível. O filme foi lançado em 1949. Toch era a maior actief op de radio en op de televisie.

McDaniel deixou dois sterren op de Hollywood Walk of Fame: een voor haar werk bij de radio en een voor haar films. Sinds 29 januari 2006 é um postzegel met haar gezicht erop.

Persoonlijk leven

McDaniel era um vier keer gehuwd. Em 1922, conheci George Langford, die echter vlak na de bruiloft met een pistool om het leven werd gebracht. Em 1938, foi a vez de se encontrar com Howard Hickman. Van 1941 tot en met 1945 foi James Lloyd Crawford haar echtgenoot. Foi van 1949 tot 1950 de echtgenote van Larry Williams.

Em 1945, a kondigde ze via colunista Hedda Hopper aan dat ze in verwachting era. O gelukkig era do tipo "al bezig met kleren kopen voor haar". Ele estava procurando uma solução para o problema da depressão.

Dood

McDaniel overleed op 26 oktober 1952 op de leeftijd van 57 jaar in Woodland Hills aan borstkanker. Het was haar wens begraven te worden bij haar collega's in Hollywood Cemetery, maar haar lichaam werd geweigerd vanwege haar huidskleur. Daarom werd ze begraven op Angelus-Rosedale Cemetery, haar tweede keus.

Toen in 1999 Hollywood Cemetery (inmiddels Hollywood Forever Cemetery geheten) een nieuwe eigenaar kreeg, bood hij aan McDaniels lichaam hier te herbegraven. Omdat haar familie haar graf niet wilde verstoren, sloegen zij het aanbod af. In plaats daarvan richtte de begraafplaats een cenotaaf voor haar op. É um apelo de veelbezochte.

Destaques

- Hattie McDaniel deixou a escola em 1910 para se tornar uma artista em vários grupos de trovadores itinerantes e mais tarde se tornou uma das primeiras mulheres negras a ser transmitida pela rádio americana.
- Ela se apresentou em um clube por mais de um ano até que partiu para Los Angeles, onde seu irmão encontrou um pequeno papel em um programa de rádio local, The Optimistic Do-Nuts; conhecido como Hi-Hat Hattie, Hattie McDaniel se tornou a principal atração do programa em pouco tempo.
- Dois anos após sua estréia no cinema em 1932, Hattie McDaniel conseguiu seu primeiro papel importante no "John Ford's Judge Priest" (1934), no qual ela teve a oportunidade de cantar um dueto com o humorista Will Rogers.
- O papel de Hattie McDaniel como feliz serva do Sul em The Little Colonel (1935) a tornou uma figura controversa na comunidade negra liberal, que procurava acabar com os estereótipos de Hollywood.

8. Fannie Lou Hamer (1917-1977)

Ativista dos direitos civis americanos

"Quando eu me liberto, liberto os outros. Se você não falar por você, ninguém vai falar por você. "

Fannie Lou Hamer, geboren **Fannie Lou Townsend**, (Montgomery County (Mississippi), 6 oktober 1917 - Mound Bayou, 14 maart 1977) foi um ativista amerikaano para hambúrgueres e vrouwenrechten afro-amerikaanse. Em 1964, a Grote bekendheid vanwege haar getuigenis op de Democratische Nationale Conventie, waarin ze het racisme en de discriminatie beschreef waarmee ze was geconfronteerd nadat ze zich had geprobeerd te registreren om te stemmen. Vanwege haar gelijktijdige strijd voor gelijke rechten voor mannen en vrouwen, wordt ze ook gerekend tot het *black* feminisme (zwart feminisme).

Jonge jaren

Hamer werd geboren in Montgomery County in de staat Mississippi als jongste in een gezin met twintig kinderen. Em 1919, o condado de
338

Sunflower, que era James Lee Townsend e Lou Ella Bramlett Townsend, também conhecido como sharecroppers, foi o primeiro a ser considerado um dos melhores produtores de sementes. Hamers vader foi o melhor em um batistenkerk e haar moeder als huishoudster. Os dois animais de campo foram usados para a pesca de vasculhadores, e também para a pesca de geleia. Se você quiser fazer uma viagem de barco, pode encontrar uma pequena gestao de waarin, ou seja, uma gestao de waarin foi feita com um droog gras e maisschillen. Er era geen werkend banheiro de água de estroma. Fannie Lou memoreerde dat ze pas op hoge leeftijd haar eerste schoenen kreegen en veel honger had geleden. O Regelmatig tinha nachts dromen over eten. Ook raakte ze besmet met polio, waar ze haar hele leven verzwakking van ondervond. Hamer beschreef haar jeugd later als 'worse than hard'.

Op haar zesde begon Hamer te werken op de plantage. De slinkse manier waarop ze hiertoe werd aangezet, beschouwde ze achteraf als haar lot alsook als verraad. Para ser mais gentil e agradável, as lanternas de landeigenaar foram usadas. A sua forma de usar o jonge, o hongerige Hamer e o bood een beloning van onder meer sardientjes en kaas, als ze dertig pond katoen zou plukken. Em uma semana foi a hora e a hora de fazer o beloning. A realização de uma semana foi a melhor forma de planejar e planejar a colheita de saltos ornamentais, e a melhor forma de fazer a colheita de saltos ornamentais foi a melhor forma de fazer a colheita de saltos ornamentais.

Vanwege het werk op de plantage kon Hamer in principe alleen buiten de oogsttijd naar school, van december tot maart. O país teve uma escola de verão e uma escola de verão. A escola foi para a escola de verão e o interesse de interesse de todos. Op haar twaalfde moest ze haar schooltijd vanwege de economische situatie beëindigen.

O homem tinha um leefhebbende moeder, die dagelijks bad dat haar kinderen de volwassen leeftijd mochten bereiken. Ook liep zij veelal in versleten kleding om geld uit te sparen voor materiaal om de kleding van haar kinderen te herstellen. Fannie Lou dagelijks toe hoe hoe haar moeder van het land kwam. Em Zich opnemend in welke omstandigheden zij leefden terwijl witte mensen een leven leken te leiden zonder werkdruk, honger en ellendige leefomstandigheden, vroeg Fannie Lou haar moeder op een dag waarom zij niet wit waren. A Fannie Lou tem a porta aberta para o coração e o respeito pelo seu próprio país e também para o seu grupo de guerreiros, e também para que se respeite a si mesmo e ao seu próprio país e se respeite pelo seu próprio país e pelo seu país. Hamer zou later haar moeders combinando a oferta de serviços de saúde em zelfrespect als inspiratie gebruiken voor de positie en houding van de Afro-Amerikaanse bevolking.

Ontwikkeling en gezinsvorming

Hamer era um grupo de gelovia, e tinha o nome e o nome da Bijbelstudies zorgde ervoor dat ze haar taalbeheersing na haar beperkte scholing verder ontwikkelde. Toen W.D. Marlow, de eigenaar van een plantage vlakbij Ruleville, doorkreeg dat Hamer op niveau kon lezen en schrijven, gaf hij haar in 1944 de mogelijkheid om als sharecropper en boekhoudster aan de slag te gaan op zijn plantage. Het is mogelijk geen toeval dat ze op deze plantage werk vond en er haar toekomstige man, Perry Hamer, ontmoette. Perry, porta Hamer 'Pap' genoemd, foi em 1932 op deze plantage aan de slag gegaan als sharecropper, tractorchauffeur en monteur. Daarnaast era um jukejoint begonnen waar zwarte sharecroppers samenkwamen om te dansen, drinken en muziek te luisteren. Hier heeft Fannie Lou mogelijk eerder kennisgemaakt met Perry. Hoewel Fannie Lou er zelf conheceu geen woord over gesproken heeft, zijn er bronnen die vermelden dat Fannie Lou al getrouwd was en de relatie met Perry dus een buitenechtelijke was. Vastos dados staat Fannie Lou e Perry em 1945 conheceram elkaar trouwden. Fannie Lou bleek als boekhoudster ook uitstekend wiskundig, en ze werd door zowel landeigenaars als sharecroppers gerespecteerd. Van 1951 trok Hamers moeder Lou Ella bij Fannie Lou en Perry in, waar ze tot haar dood em 1961 bleefen wonen.

Nadat meerdere pogingen van Fannie Lou en Perry om zwanger te raken waren mislukt, adopteerden ze in 1954 twee meisjes, de 9-jarige Dorothy Jean en de vijf maanden jonge Virgie Ree. De eigen families konden onvoldoende zorg voor deze meisjes dragen, bij Virgie Ree mede door de hoge zorgkosten voor brandwonden. Em 1961, o Hamer recebeu uma operação de uma companhia de seguros de saúde e de um pastor de ovelhas. Deze 'procedure', die veel voorkwam en als 'Mississippi-blindedarmoperatie' bekendstond, werd volgens haar op circa 6 van de 10 zwarte vrouwen die het ziekenhuis in North Sunflower County bezochten toegepast. Foi para o Hamer um projeto de criação de uma rede de lojas públicas para a reconstrução da América Latina Afro.

De oudste van de adoptiedochters overleed nadat ze zelf twee kinderen op de wereld had gezet, en haar man keerde gewond terug van de Vietnamoorlog. Hierop adopteerden Fannie Lou en Perry in 1969 ook deze twee kleindochters.

Eerste poging tot stemregistratie

Em agosto de 1962, Hamer aanwezig op een bijeenkomst over stemrechten die in een kerk in Ruleville was belegd door het Student Nonviolent Coordinating Committee (SNCC), metder meer James Forman. O momento foi de muito tempo para ver o Hamer e não para ficar com os dados das jóias de guerra que o recht tinha sobre o stemmen. Op de vraag wie er de volgende dag mee zou gaan om zich te registreren, stak ze resoluut haar hand op. O país teve boas conseqüências em termos de dados e, na época em que os geval zelfs de dood als gevolg kon hebben, o país teve boas conseqüências em termos de dados e, no momento em que os cordeiros de um betume de dood foram mortos. O homem foi muito bem acolhido pelo exército e pela ditadura do regime de apartheid, e foi muito mais do que isso, e a sua situação foi muito mais difícil do que a de uma porta de entrada e saída.

De dag erop, op 31 augustus 1962, ging ze samen met zeventien anderen in een bus naar Indianola, de county seat, om zich voor stemming te laten registreren. De hele groep zakte echter voor de literacy test. Op de terugweg werd de buschauffeur gearresteerd omdat de kleur van de bus naar oordeel van de agenten te dicht bij schoolbusgeel lag, waardoor het onderscheid daarmee onvoldoende duidelijk was. O mesmo tinha de ser o veículo para o transporte de veículos de reboque e não um problema de opgeleverd. O motorista tem uma tarifa de 100 dólares, mas não tem dinheiro para pagar. Se o motorista não fosse um motorista de mão, ele teria que se preocupar com o problema. Omdat de agenten er niet op zaten te wachten de hele groep te arresteren werd de boete verlaagd naar 30 dollar, dat de reizigers betaalden.

Bij thuiskomst hoorde Hamer van landeigenaar Marlow dat ze haar registratie moest intrekken, omdat Mississippi er volgens hem nog niet klaar voor was dat de zwarte gemeenschap zou stemmen. Ze reageerde met: "*Eu não fui até lá para me registrar para você. Fui até lá para me registrar.* " (*Ik ben daar niet voor jou heen gegaan om te registreren. Ik ging er voor mijzelf heen om te registreren.*) Deze zinnen zou ze in haar speeches nog vaak herhalen. Marlow ontsloeg Hamer hierop direct, nadat ze achttien jaar op de plantage gewerkt had. Omdat ze bekend was met de mogelijke represailles van mensen uit de omgeving, besloot ze tijdelijk bij vrienden in te trekken. Tien dagen daarop volgde een regen van kogels op het schuiladres, en ook een ander huis in Ruleville werd beschoten. Em breve, você poderá encontrar uma diversidade de opções e se dirigir a um grupo de amigos.

Secretário de campo en hechtenis

Na meerdere pogingen slaagde Hamer in januari 1963 voor de literacy test, waarmee ze een geregistreerd stemmer werd. Ze ging werken als *Field secretary* bij het SNCC. Als zodanig nam ze deel aan een cursus over stemregistraties, die werd geleid door Annell Ponder, *Field supervisor* van de Southern Christian Leadership Conference (SCLC). Op 3 juni van dat jaar reisde ze per bus met een groep richting Charleston om een training voor stemregistratieleraren bij te wonen. Hierin werden specifieke moeilijkheden in het proces behandeld, zoals de literacy test.

Op de terugreis op 9 juni voelde het gezelschap zich steeds minder op zijn gemak. Dit kwam met name doordat de buschauffeur in elke kleine plaats uitstapte om een telefoontje te plegen. De groep stopte voor een pauze bij een eetgelegenheid. Vanwege de beperkte tijd voor de tussenstop bleven zes van hen, waaronder Hamer, achter in de bus. De groepsleden die naar binnen gingen voelden naast de behoefte om te eten ook de aandrang om de sociale confrontatie aan te gaan; in het bijzonder wilden ze controleren of de door het Interstate Commerce Commission ingestelde verbod op gesegregeerde busterminals weld werd gehandhaafd. Ponder was goed op de hoogte van de veranderingen omtrent de Jim Crow-wetten, en nadat werd geweigerd om de groep eten te serveren volgden woordenwisselingen. Een getipte politieagent en *highway patrull-beambte* grepen hierop in. Omdat ook zij in hun handelen niet de nieuw ingestelde regels volgden, begonnen de groepsleden identiteiten en kentekennummers te noteren. Toen de dienders dit merkten, werden ze woedend. De hele groep die mee naar binnen was gegaan, werd hierop gearresteerd. Hamer tinha zich grotendeels afzijdig gehouden, en zat op het moment van de arrestatie in de bus. Omdat de groepsleden vooraf hadden afgesproken om coulant met elkaar te zijn, kwam Hamer uit de bus om aan de groep toestemming te vragen om met de andere achtergebleven personen in de bus de terugreis naar Greenwood te vervolgen. Hierop werd zij echter ook gearresteerd.

342

De groep werd meegenomen naar de gevangenis in Winona. Hier volgde wat Hamer later het gruwelijkste moment uit haar leven noemde. Gedurende uren werden de groepsleden één voor één in afzondering zwaar mishandeld. Agente de pesquisa e de desenvolvimento de produtos de guerra daarbij om Hamer conheceu um projeto de pesquisa e desenvolvimento. Na mishandeling waren haar gezicht en rug zo pijnlijk en gezwollen, dat ze niet kon liggen. A empresa está sempre pronta para ajudar os clientes a se familiarizarem com os seus portos.

Op 11 juni werden voor de rechtbank in Winona alle zeven gevangenen onschuldig gepleit. Op 13 juni werd de groep uit de gevangenis vrijgelaten dankzij medewerkers van SNCC en SCLC, waaronder Andrew Young. Saillant foi dat de groep gevangen zat tijdens drie belangrijke gebeurtenissen in de burgerrechtengeschiedenis van de Verenigde Staten: de Stand in the Schoolhouse Door-actie op 11 juni op 200 mijl ten oosten van Winona, de op radio en televisie uitgezonden toespraak op dezelfde dag van de Amerikaanse president John F. Kennedy waarin hij burgerrechtenactivisten een hart onder de riem stak, en de moord op studentactivist Medgar Evers op 12 juni, slechts 100 mijl ten zuiden van Winona.

Hamer foi diretamente naar een dichtbijgelegen ziekenhuis in Greenwood gebracht. A partir de agora, a empresa está trabalhando em um projeto em Atlanta. Mais tarde, o esqueleto está em busca. As pessoas que não têm contato com o homem e que não têm porta de embarque ou de desembarque se confrontam com o gnu. Enkel haar zus Laura kreeg haar in deze tijd te zien; zij vertelde later dat ze Fannie Lou nauwelijks herkende. Hamer is nooit volledig genezen van de verwondingen.

In de rechtszaak tegen de agenten getuigden alle zeven groepsdeelnemers, de betrokken FBI-agenten en de twee gevangenen die onder dwang stokslagen hadden uitgedeeld. Een dokter schreef een getuigenis over zijn onderzoek naar het letel van Hamer en Ponder. De betrokken agenten werden vrijgesproken. O júri melhorou o seu voto com o homem no Mississippi.

Democratische Nationale Conventie (1964)

Em 1964 richtte Hamer Samen conheceu Ella Baker en Bob Moses de Mississippi Freedom Democratic Party (MFDP) op. Em maart stelde ze zich, na en enkele strubbelingen, als eerste Afro-Amerikaanse vrouw in

343

Mississippi verkiesbaar voor het Amerikaanse Congres. Als vertegenwoordiger van de partij getuigde ze in augustus van dat jaar op de Democratische Nationale Conventie in Atlantic City (New Jersey), een conventie die live op televisie werd uitgezonden en waar ook Martin Luther King aanwezig was. Het doel van de aanwezigheid era o pleiten voor een gemengde Mississippi-delegatie, met het oog op het feit dat door de continue stemdiscriminatie de bestaande, volledig witte delegatie niet representatief was voor het volk van Mississippi. Toen Hamer net was begonnen met haar verhaal, werd bij de media bekend dat president Lyndon B. Johnson op datzelfde moment een persconferentie hield. O vice-presidente da mídia, Lyndon B. Johnson, que é vice-presidente da mídia, foi eleito diretamente sobre o presidente da Witte Huis, em Washington D.C. Em 2006, Johnson escreveu sobre o presidente da Johnson e sobre o presidente da Moordaanslag, Kennedy tinha uma carta de intenções. Bijzondere aandacht ging uit naar gouverneur John Connally, die bij de aanslag eveneens was beschoten, maar deze had overleefd en als gouverneur was aangebleven. Toen de persconferentie ten einde was, was ook Hamer klaar met haar getuigenis. A porta deze samenloop e bijzondere aanleiding voor een persconferentie, werd het beleg ervan door velen als een bewuste zet van de president gezien om de aandacht van Hamers getuigenis af te leiden. Hierop zonden de media Hamers getuigenis echter alsnog primetime en meerdere malen uit, waardoor er des te meer aandacht voor haar verhaal kwam.

Na delen van de gruwelijkheden die haar en anderen die zich wilden registreren waren aangedaan, besloot Hamer emotioneel:

Tudo isso por causa do nosso desejo de nos registrarmos, de nos tornarmos cidadãos de primeira classe. E se o Partido Democrata da Liberdade não está sentado agora, eu questiono os Estados Unidos. Será esta América, a terra dos livres e o lar dos corajosos, onde temos que dormir com nossos telefones desligados porque nossas vidas são ameaçadas diariamente, porque queremos viver como seres humanos decentes, na América?
Obrigado.

(Vertaling: Dit komt allemaal omdat we ons willen laten inschrijven op de kiezerslijst, om een eersteklas burger te worden. Als de Vrijheidspartij voor Democratie nu geen zetel krijgt, twijfel ik aan Amerika. Será que a Amerika, a terra dos homens e dos homens gordos, nos encontrou de telefoon aan de haak moeten slapen omdat ons leven dagelijks wordt bedreigd omdat we als fatsoenlijke mensen in Amerika willen leven? Dank u.)

Latere jaren

Em 1965, o Hamer optou também por um projeto de pesquisa e desenvolvimento para o Amerikaanse Hof van Beroep voor het 5e circuit de uitslagen van de lokale verkiezingen in Moorhead en Sunflower het jaar erop terzijde schoof, omdat het een substantieel deel van de zwarte bevolking moeilijk of onmogelijk was gemaakt om te stemmen.

Van 1968 tot 1971 foi Hamer lid van het Democratisch Nationaal Comité. Em 1969 a richtte ze de Freedom Farms Corporation op. Hamer era ervan overtuigd dat het verstrekken van voedselbonnen, geld of voedsel slechts een kortetermijnoplossing was waarbij de armen bovendien continu in onzekerheid bleven verkeren over hun toekomst. Um exemplo em Afrika foi o Hamer geïnspireerd geraakt door de vele (zwarte) mensen die in hun eigen levensbehoeften konden voorzien. De *Freedom Farm* maakte het voor gezinnen mogelijk om blijvend voor zichzelf te zorgen. De boerderij bediende ongeveer 650 gezinnen.

Em 1971 foi Hamer medeoprichter van het National Women's Political Caucus (NWPC). O NWPC tinha uma associação de mulheres que se reunia com um grupo de mulheres, que se dedicava a fazer hambúrgueres. Para fazer uma viagem de negócios, o NWPC, que é a porta de entrada do NWPC, tem como objetivo organizar a organização do evento com as mulheres e o próprio Hamer.

Hamer droeg bij aan de National Council of Negro Women en diverse goededoelenorganisaties om de positie van achtergestelde minderheden te verbeteren. Deze organisatie richtte in 1970 het *Fannie Lou Hamer Day Care Center* op, waar Hamer voorzitter van werd. A Fannie Lou Hamer oferece diversos lezingen, waarvan ze de opbrengsten veelal doneerde. Ook ging ze, zelfs toen ze al ernstig ziek was, mee naar de rechtbank om het op te nemen voor alleenstaande moeders, die als 'slechte voorbeelden' geen baan konden krijgen op openbare scholen.

Hamer leed aan obesitas en had een hoge bloeddruk. Uiteindelijk werd borstkanker geconstateerd, waar ze op 14 maart 1977 aan overleed.

Eerbetoon en nagedachtenis

Nog tijdens haar leven verleenden verleenden meerdere colleges en universiteiten Hamer een eredoctoraat. Em 1993, o Hamer foi um opgenomen no Salão Nacional da Fama das Mulheres da América do Norte. Em Ruleville, dat jarenlang haar woonplaats was, is een monument ter ere van haar opgericht. Haar graftekst luidt "*I am sick and tired of being sick and tired*", een zin die Hamer in haar leven vaak uitgesproken had.

Destaques

- Fannie Lou Hamer, née Townsend, era a mais nova de 20 crianças, Fannie Lou trabalhava no campo com seus pais com seis anos de idade.
- Em meio à pobreza e exploração racial, ela recebeu apenas uma educação de sexto grau.
- Despedida por sua tentativa de se registrar para votar (Fannie Lou Hamer falhou em um teste de alfabetização), ela se tornou secretária de campo do SNCC; Fannie Lou Hamer finalmente se tornou uma eleitora registrada em 1963.
- Em 1964 Hamer cofundou e tornou-se vice-presidente do Partido Democrático da Liberdade do Mississippi (MFDP), estabelecido após tentativas fracassadas dos afro-americanos de trabalhar com o Partido Democrático do Mississippi, todo branco e pró-segregação.
- Como membro do Comitê Nacional Democrático do Mississippi (1968-71) e do Conselho Político do National Women's Political Caucus (1971-77), Hamer se opôs ativamente à Guerra do Vietnã e trabalhou para melhorar as condições econômicas no Mississippi.

9. Wangari Maathai (1940-2011)

político queniano e ativista ambiental

"A geração que destrói o meio ambiente não é a geração
que paga o preço. Esse é o problema".

Dr. **Wangari Muta Maathai** (Ihithe (Nyeri), 1 de abril de 1940 - Nairóbi, 25 de setembro de 2011) foi um milieu- en politiek activiste Keniaans. Ze richtte de milieuorganisatie Green Belt Movement op, foi em 2003-2005 parlementslid, e foi onderminister van Milieuzaken en Natuurlijke Hulpbronnen. Em 2004, a Kreeg ze als eerste Afrikaanse vrouw de Nobelprijs voor de Vrede voor de haar bijdrage aan duurzame ontwikkeling, democratie en vrede.

Jeugd

Maathai werd geboren in het district Nyeri en behoorde tot de Kikuyu, een van de vele Afrikaanse bevolkingsgroepen.In haar autobiografie *Unbowed: A Memoir* beschrijft ze uitgebreid hoe het leven voor de Kikuyu's was voordat de Britten kwamen en hoe het leven veranderde na hun komst. Zo vertelt ze dat voor de komst van de christelijke westerlingen de Kikuyu's geloofden dat God op de berg Kirinyaga, later door de Britten omgedoopt tot Mount Kenya, woonde. De op een na hoogste berg van Afrika was dan ook een zeer heilige plek voor de verschillende stammen die eromheen woonden. Bij alles wat de Kikuyu's deden wendden ze zich tot de heilige berg: "[z]olang de berg er stond, wisten ze dat hen met hen was en dat het hun nergens aan zou ontbreken".

Door de komst van de Britten zijn veel van de rituelen en gebruiken verdwenenen en speelt het christendom nu meestal de hoofdrol in de levens van de Kikuyu's. Maar niet alleen het geloof veranderde onder invloed van de westerlingen; ook werd bijvoorbeeld, in plaats van de geiten, mburi, waar de Kikuyu's normaal in handelden, geld als standaard handelsmiddel ingevoerd.

In de vroege jaren van Maathai's leven was er dus al veel veranderd voor de Kikuyu's. Maathai's vader behoorde tot 'de eerste generatie mannen in Kenia die huis en haard verlieten om een baan te zoeken en geld te verdienenen'. Você pode ver o que é um pioneiro. O país tem uma terra para ser visitada, mas não se pode dizer que tenha sido conquistada por alguém que se encontrou com o meu pai. Hij had zijn eigen huis op het stuk grond, wat 'het domein van de mannen, de jongens en de mannelijke bezoekers' was. Ook hadden zijn vier vrouwen, waaronder Maathai's moeder, allemaal hun eigen huis, wat het domein van de vrouw en haar kinderen was.

Em haar autobiografie beschrijft Maathai ook haar relatie met haar vader en moeder. A rede e os corretores de carga e de carga, um ponto de apoio para a carga de carga e de carga de trabalho. O que restou e o que não é mais um motivo de orgulho para o seu trabalho. O transportador de carga deixou uma banda de estereótipos. Em uma autobiografia, a banda foi usada como um harde werker, um lichamelijk e um 'ontzettend lief'. Maathai era op die jonge leeftijd al een zeer leergierige leerling. O fantasma é a fantasia e a liberdade de expressão. Ook was ze toen al erg in de natuur geïnteresseerd; zo had ze haar eigen moestuintje waar ze uren achter elkaar naar de opkomende planten kon kijken en was zeel in de bossen te vinden.

Onderwijs

Na nossa pausa, temos um moeder om haar naar St.-Cecilia te sturen, een internaat van de Mathari Katholieke Missie. A Igreja de Santa Cecilia era uma instituição que se dedicava à cristandade e à primeira fase do cristianismo, e que tinha uma porta de entrada para o Maathai. O que deixou o er erg naar haar zin gehad, hoewel de omstandigheden op het internaat volgens haar 'Spartaans' te noemen waren. O homem foi a primeira vez que o erg leergierig en bovendien deixou o seu caminho para o leven gesloten.

Toch waren er ook minder leuke dingen op het internaat; zo mochten de leerlingen alleen maar Engels praten en wanneer ze toch in hun moedertaal praatten, werden ze gestraft. Hierdoor kregen ze niet alleen het gevoel dat hun eigen taal en cultuur minderwaardig was, maar ontstond er vaak ook een grote kloof tussen de leerlingen en hun ouders. Bij Maathai zelf é dit gelukkig nooit gebeurd; ze is nooit haar drang om Kikuyu te praten verloren.

Terwijl Maathai op het internaat zat brak de Mau Mau-opstand tegen de Britse overheid uit: de beweging bestond uit ontevreden leden uit de Kikuyu-, Meru- en Embu-gemeenschap die zich verraden voelden door de Britten. Maathai maakte zelf niet veel van het conflict mee, maar op het internaat werden de leerlingen wel zo geïndoctrineerd dat ze geloofden dat de Mau Mau een terreurbeweging was. Zolt Maathai dat toen er op een avond in de buurt van het internaat geschoten werd ze moesten bidden en dat iedereen toen bad dat de Mau Mau-leden werden opgepakt: 'Ik begreep niet veelep dat de Mau Mau-beweging vocht voor onze vrijheid'.

Em 1956 slaagde Maathai, als beste van haar klas, voor haar examen aan St.-Cecilia. Hierna werd ze toegelaten op de Loreto Girls' High School in Limuru, vlak bij Nairobi. Op deze school zou haar belangstelling voor de exacte vakken gewekt worden. Nadat ze in 1959 was geslaagd beslaagd ze door te studeren. O mesmo aconteceu com os outros países, como o Japão; os países que se aproximaram da porta do país, como também a porta do país.

Universiteit

Doordat Kenia uiteindelijk richting de onafhankelijkheid ging waren er veel hoogopgeleide mannen en vrouwen nodig om belangrijke functies in de regering en de maatschappij in te nemen. A porta de entrada do aluno é um meio de comunicação que permite aos estudantes de Verenigde Staten zouden kunnen volgen. Ook Maathai kreeg zo'n beurs aangeboden. Ze ging naar het Mount St.-Scholastica College in Atchison (Kansas). Hier volgde ze veel verschillende vakken, maar haar hoofdvak werd biologie. Maathai heeft zich op Mount St.-Scholastica College altijd thuis gevoeld en kreeg er veel vrienden.

Na haar kandidaatsexamen in exacte vakken in 1964 te hebben gehaald studeerde Maathai biologie aan de Universiteit van Pittsburgh. Hier kreeg ze van prof. Charles Ralph de opdracht om de pijnappelklier van de Japanse kwartel te onderzoeken, wat later haar scriptieonderzoek werd waarmee ze doctorandus in biologie werd.Maathai zegt in haar autobiografie dat zeel van Amerika heeft geleerd: *'ik ben er de persoon geworden die ik nu ben. Het land heeft mij geleerd geen kans onbenut te laten en te doen wat in je vermogen ligt, en er valt veel te doen. Het gevoel van vrijheid en onbegrensde mogelijkheden dat Amerika in mij wakker had gemaakt, zorgde ervoor dat ik hetzelfde wilde voor Kenia, en met dit gevoel was ik van huis gegaan'.*

Toen Maathai em 1965 haar onderzoek afrondde, was Kenia al twee jaar onafhankelijk, en was de Keniaanse overheid op zoek naar personeel om vacatures op te vullen. Maathai era benaderd door de Universiteit van Nairobi, die haar graag als onderzoeksassistent bij een professor in de zoölogie wilde hebben.
Em 1966, o professor de Zoologia do Gnu foi escolhido para a família Kenia e naar haar haar. O professor de baan aan iemand anders heeft gegeven: iemand van zijn eigen etniciteit en geslacht. Na maioria das vezes, o professor e os colegas de escola em Nairobi, Rheinhold Hofmann tegen, um professor da Universiteit van Giessen em Duitsland. Havia um professor de Anatomia Veterinária e um professor de Ciências Biológicas da Universiteit van Nairobi, que tinha um assistente para a microanatomia. A Universidade de Nairóbi também foi treinada para a Universidade de Nairobi.
Mais tarde, uma promoçãoonderzoek em Duitsland doen. Verder mag ze uiteindelijk ook zelf zelf lesgeven.

Maathai saiu de 1966 até 1981 e de universiteit van Nairobi gewerkt.

Em 2001, James Gustave Speth, o voormalige hoofd van het UNDP, gevraagd om les te geven aan de School voor Bosbeheer en Milieukunde van de Yale-universiteit, foi o porta-voz de James Gustave Speth. O programa sobre o nome do usuário foi desenvolvido no âmbito do Movimento da Cinturão Verde. Ook sprak ze in veel panels over het milieu, Afrika en vrouwenkwesties.
Em 2004, a Yale haar een eredoctoraat in de humaniora toe.

Huwelijk

Em 1966, o Maathai de man ontmoet encontrou-se com wie ze zou trouwen: Mwangi Mathai. Het huwelijk moest worden uitgesteld omdat Maathai voor twintig maanden in Duitsland aan haar onderzoek ging werken, maar uiteindelijk trouwden ze in mei 1969. O Tegen die tijd had Mwangi Mathai zich ook kandidaat gesteld voor een parlementszetel en hield Maathai zich dus naast haar onderzoek en het lesgeven ook bezig met campagne voeren.

Maathai vertelt in haar autobiografie dat haar man het risico liep om stemmen te verliezen doordat zijn vrouw zo hoog was opgeleid. Veel mensen vonden dat ze niet genoeg Afrikaans zou zijn. O Maathai, doordat ze nooit haar eigen taal en cultuur is vergeten, om veel tegenstanders te verbazen als ze op bezoek kwamen.Mwangi en Maathai kregen in totaal drie kinderen: Waweru, Wanjira en Muta.Uiteindelijk hield het huwelijk toch geen stand, voornamelijk doordat Maathai zo'n succesvolle vrouw was. A porta de entrada de uma porta de entrada é uma porta de entrada que raramente é utilizada por homens. A planta de uma porta de entrada para um chão de madeira. A porta deixou um pai de cela com um pai de cela que não tem nada a ver com a corromper a porta. Se você não tem certeza de que o Niet de Achternaam van Mwangi houden, daarom voegde ze uit protesto een extra *A* toe en heette ze voortaan Wangari Muta Maathai.

Em uma autobiografia, a banda de vídeo de uma banda de vídeo de alta qualidade, que se encontra na cidade de Gehouden, o projeto deixou o maathai echter wel erg moeilijk gemaakt, vooral op politiek niveau. Zo wilden veel mannen niet dat hun vrouwen op haar zouden stemmen vanwege haar burgerlijke status.

Movimento Cinturão Verde

O De Green Belt Movement é uma organização de meio ambiente que trabalha em conjunto com o governo federal. Maathai beschrijft het idee hierachter als volgt: '*O plantio de árvores é o plantio de idéias. Ao começar com o simples ato de plantar uma árvore, damos esperança a nós mesmos e às gerações futuras"*. É uma organização de pessoas que se dedicam ao homem, que se faz presente e uma porta de acesso ao mundo democrático. Het is hun missie om gemeenschappen over de hele wereld in staat te stellen om het milieu te beschermen. Ook betrekken ze, door middel van de bescherming van het milieu, de vrouwen bij duurzaam

351

management van schaarse bronnen zoals water, economische
ontwikkeling, goed bestuur en uiteindelijk vrede.

Ontstaan

Volgens Maathai é o ontstaan van de Green Belt Movement aan
verschillende oorzaken te danken. Veja o que há de melhor na
autobiografia: 'em nosso mundo, não há dados que me ajudem a reagir a
um problema de saúde pública ou de saúde pública'. Een groot aandeel is
haar gevecht voor vrouwenrechten geweest. Dit is grotendeels ontstaan
toen ze op de universiteit van Nairobi werkte. O professor também é um
dos melhores assistentes para o professor de zoologia e de pós-
graduação em pesquisa de discriminação do grupo de estudantes: o
professor tem dados sobre um gnu que é um dos melhores assistentes.
Ook in de jaren daarna kwam Maathai erachter dat mannen en vrouwen
niet dezelfde rechten hadden. A maioria das pessoas que se encontram
em uma cidade universitária não se preocupam com a vida e não se
preocupam em caçar pessoas que colecionam em casa. A Maathai se
orgulha de não ter sido enviada para o país em questão e de ter sido
enviada para o país de destino. A Maathai é uma empresa não
governamental, quer que os seus dados sejam consultados e que se
reúnam em torno de uma nova lei. Ze raakt betrokken bij een aantal
organisaties, waaronder de Kenya Association of University Women.

Naast haar gevecht voor vrouwenrechten era Maathai ook nog lang bij de
natuur betrokken. A partir de agora, o Centro de Ligação com o Meio
Ambiente, uma organização de meios de comunicação, foi criado para os
meios de comunicação social. Zo is er veel hongersnood en ondervoeding
in gebieden die vroeger heel vruchtbaar waren. Dit komt onder andere
doordat boeren tegenwoordig, in plaats van voedsel voor eigen gebruik,
voornamelijk alleen nog maar koffie en thee voor de internationale markt
verbouwen. Ook was er nog maar hear weinig brandhout als gevolg van
de ontbossing.
 Ook era um problema de contenção do calcanhar e o seu problema era o
que dezeel gevolgen tinha. Acima de tudo, o que se passava com o que
se passava com o que se passava com o que se passava com o que se
passava. Maathai zag in dat 'alles waar het hen in ontbrak, afhankelijk
was van het milieu'. Langzamerhand ontstond het idee om bomen te
planten. Op deze manier zouden de vrouwen niet alleen weer van
brandhout en hout voor omheiningen voorzien zijn, ook zouden de bomen
waterscheidingen beschermen, 'hielden ze de bodem bij elkaar, en gaven

ze voedsel als ze vruchtdragend waren'. Al met al kon kon kon op deze manier de vitaliteit van de aarde hersteld worden.

Voordat ze de Green Belt Movement oprichtte, heeft ze eerst nog een aantal andere dingen geprobeerd, die vaak niet zo'n groot succes waren als ze had gehoopt. Para melhor atender a todos os leigos da Envirocare Ltd. op te richten, um banco de dados de homens e o distrito de Mwangi em nome de um dos principais homens que participaram do evento. O projeto não foi bem sucedido.

Toch gaf ze niet op en ze begon een nieuwe onderneming: Save the Land Harambee, uma iniciação do Vrouwenraad. Hiermee wilde ze samen met arme en rijke Kenianen bomen planten om het land tegen woestijnvorming te beschermen. Het initiatief begon op de Kenia Wereldmilieudag in 1977 met het planten van zeven bomen, het begin van de groene gordel (green belt).

Uiteindelijk verandert Save the Land Harambee in de Green Belt Movement. Deze naam é o "gekozen omdat de bomen als een soort gordel de bodem vasthouden, de omgeving herstellen en het landschap weer aantrekkelijk maken.

Doel

De Green Belt Movement deixou o verscheidene doelen. Dez eerste sondaert het door het planten van bomen de ontbossing en de problemen die hierdoor worden veroorzaakt tegen te gaan. Para mais informações sobre a organização do projeto, consulte a página de organização do projeto, ou se você se responsabiliza por um dos problemas que se apresentam na porta de entrada. Bovendien zorgt de Green Belt Movement ervoor dat ze hun eigen inkomsten kunnen creëren door bijvoorbeeld de verkoop van zaden. Ook heeft de beweging duizenden vrouwen over bebossing onderwezen en ongeveer 3000 parttime banen gecreëerd. Verder promoot de organisatie goed bestuur en democratie.

Presenças

Op het moment heeft de Green Belt Movement meer dan veertig miljoen bomen over heel Afrika geplant. Hierdoor é gronderosie verminderd in de kritieke waterscheidingen, zijn duizenden akers bos hersteld en beschermd. Ook zijn honderdduizenden vrouwen met hun familie opgekomen voor hun rechten en die van hun gemeenschap. Hierdoor zijn ze een gezonder en productiever leven gaan leiden.

Toch zijn ze nog niet tevreden en blijven ze vechten voor het milieu en mensenrechten. Hun doel voor de toekomst is dan ook het planten van wereldwijd één miljard planten.Verder zijn er veel andere landen die veel zien in het initiatief van Maathai en soortgelijke organisaties hebben opgezet.

Vrouwenraad

Na een paar jaar actief te zijn in de Nationale Vrouwenraad van Kenia besloot Maathai in 1979 om zich hiervoor kandidaat voor het voorzitterschap te stellen. O presidente Danial arap Moi, que se encontrou com o drie stemmen, apresentou uma estratégia econômica do presidente Danial arap Moi, e invadiu a posição de Kikuyu. O presidente Moi behoort tot het Kalenjin-volk en wilde onder andere de invloed van het Kikuyu-volk inperken. A porta de entrada é uma porta de entrada para um super-soldado como vicevoorzitter gekozen, waardoor ze de naaste medewerker van de voorzitter werd.

Toen Maathai zich in 1980 opnieuw kandidaat stelde werd de strijd voor haar nog veel lastiger. Zo werden er veel zaken tegen haar gebruikt; met name haar scheiding werd weer opgerakeld. Toch lukte het haar om de verkiezingen te winnen. A partir de 1987, a empresa passou a ter o direito de fazer o seu próprio projeto.

Politiek

Em 1982, a Maathai om zich in de politiek te mengen door zich kandidaat te stellen voor een zetel in de Kenya African National Union (KANU), de toen enige heersende partij. Hiervoor moest ze haar baan bij de universiteit opzeggen. De autoriteiten bedachten een reden waarom ze niet mee zou mogen doen en daarom kon ze zichzelf geen kandidaat stellen. O país foi um dos principais responsáveis pelo movimento da Nationale Vrouwenraad van Kenia e foi um dos principais responsáveis pelo movimento da Green Belt.

De jaren daarna hield Maathai zich vooral bezig met de ontwikkeling van de Green Belt Movement, maar in de aanloop van de verkiezingen in 1997 werd ze aangemoedigd om zich niet alleen kandidaat voor het parlement te stellen, maar ook voor het presidententschap. Maathai tinha dez eerste een partij nodigd die haar zou uitvaardigen. Em 2002, a sonda Maathai optou por te dar o nome do distrito de Tetu, no condado de Nyeri. Ditmaal ganhou o bem de meeste stemmen en werd ze gekozen om als kandidaat voor NARC het district Tetu te vertegenwoordigen. Ditmaal lukte het haar om de verkiezingen te winnen.

Em januari 2003, o benoemd tot onderminister van Milieuzaken en Natuurlijke Hulpbronnen.

Nobelprijs

Em 2004, em Maathai de Nobelprijs voor Vrede toegekend voor haar bijdrage aan duurzame ontwikkeling, democratie en vrede.Volgens de Nobel Commissie is het beschermen van het milieu erg belangrijk wanneer we streven naar vrede op aarde. Maathai promoot volgens hen op een milieuvriendelijke manier sociale, economische en culturele ontwikkeling. Ook omarmt ze op deze manier onder andere democratie, mensen- en vrouwenrechten.Verder erkennen ze haar gevecht tegen het voormalige onderdrukkende regime in Kenia: *'Suas formas únicas de ação contribuíram para chamar a atenção para a opressão política - nacional e internacional'*. Bovendien was, en is, ze een inspiratie voor andere vrouwen.Ook noemen ze haar inzet voor een beter milieu bewonderenswaardig. O objetivo é que não haja mais ninguém para sondar os meios de comunicação, mas sim para sondar as bases para a energia do jogo e para verificar o conteúdo.

Maathai é o primeiro país africano a receber um Nobelprijs kreeg toegekend. Ook is ze de eerste Afrikaanse uit het gebied tussen Zuid Afrika en Egypte aan wie deze prijs is toegekend. O país tem um papel importante no desenvolvimento do Afrika e no fortalecimento da democracia e do desenvolvimento do país.

Destaques

- O trabalho de Wangari Maathai era freqüentemente considerado tanto indesejável quanto subversivo em seu próprio país, onde sua franqueza constituía um passo muito além dos papéis tradicionais de gênero.
- Em 1971 Maathai recebeu um Ph.D. na Universidade de Nairóbi, tornando-se efetivamente a primeira mulher na África Oriental ou Central a obter um doutorado.
- Enquanto trabalhava com o Conselho Nacional de Mulheres do Quênia, Wangari Maathai desenvolveu a idéia de que as mulheres da

aldeia poderiam melhorar o meio ambiente plantando árvores para fornecer uma fonte de combustível e retardar os processos de desmatamento e desertificação.

- O Green Belt Movement, uma organização Wangari Maathai fundada em 1977, tinha plantado no início do século 21 cerca de 30 milhões de árvores.
- Quando Wangari Maathai ganhou o Prêmio Nobel em 2004, o comitê elogiou sua "abordagem holística do desenvolvimento sustentável que abrange a democracia, os direitos humanos e os direitos das mulheres em particular".

10.   Shirley Chisholm (1924-2005)

A primeira mulher afro-americana eleita para o Congresso dos Estados Unidos

"Você não avança ficando de lado, chorando e reclamando. Você faz progresso implementando idéias".

Shirley Anita St. Hill Chisholm (Nova Iorque, 30 de novembro de 1924 - Ormond Beach, 1 de janeiro de 2005) esteve em de Verenigde Staten het eerste vrouwelijke federale parlementslid van Afro-Amerikaanse herkomst. Van 1969 tot 1982 vertegenwoordigde ze Brooklyn als Democrate in het Huis van Afgevaardigden.

Op 23 januari 1972 werd ze de eerste Afro-Amerikaanse kandidaat van een grote partij voor president van de Verenigde Staten. O barril 152 afgevaardigden achter zich. A nomeação do senador George McGovern. Zij kreeg steun van diverse etnische groepen en van de National Organisation of Women (NOW). Em 1972, em 1972, o presidente da Organização Nacional de Mulheres (NOW), George Wallace, foi um dos primeiros a ser nomeado.

Chisholm kwam op voor burgerrechten voor zwarten, armen en vrouwen en de Afro-Amerikaanse burgerrechtenbeweging. O sistema político-jurídico foi para o controle do consumo.

Ze era van 1949 a 1977 getrouwd conheceu Conrad Chisholm. Daarna trouwde ze met Arthur Hardwick jr., morreu em 1986 stierf.

Destaques

- Shirley Anita St. Hill era filha de imigrantes; seu pai era da Guiana Britânica (agora Guiana) e sua mãe de Barbados. Chisholm cresceu em Barbados e em seu Brooklyn natal, Nova York, e se formou no Brooklyn College (B.A., 1946).
- Consultora de educação da divisão de creche da cidade de Nova York, Shirley Chisholm também foi ativa com grupos comunitários e políticos, incluindo a Associação Nacional para o Progresso das Pessoas de Cor (NAACP) e o Clube Democrático da Unidade de seu distrito.
- Em 1968 Chisholm foi eleito para a Câmara dos Deputados dos Estados Unidos. No Congresso ela rapidamente ficou conhecida como uma forte liberal que se opunha ao desenvolvimento de armas e à guerra no Vietnã e favorecia propostas de pleno emprego.
- Chisholm, uma fundadora da National Women's Political Caucus, apoiou a Emenda sobre a Igualdade de Direitos e legalizou os abortos ao longo de sua carreira congressional, que durou de 1969 a 1983.

11.   Mary McLeod Bethune (1875-1955)

Educadora que abriu uma das primeiras escolas para meninas afro-
americanas

"Sem fé nada é possível". Com ela, nada é impossível".

Mary McLeod Bethune (10 juli 1875 - 18 mei 1955) foi uma amerikaanse onderwijzeres, schrijfster e burgerrechtenactiviste. Foi aluno de uma escola para estudantes afro-americanos em Daytona Beach (Flórida), da voorganger van de Bethune-Cookman University, e também conselheiro do presidente Franklin Delano Roosevelt.

Bethune estava na Carolina do Sul geboren als de dochter van voormalige slaven. Op jonge leeftijd geraakte ze geïnteresseerd in haar eigen opvoeding. Bethune Ging, dankzij de steun van Ekele sponsoren, naar een christelijke school voor hoger onderwijs, in de hoop een missionaris te worden in Afrika. Para não perder tempo, inicie uma escola própria para a América Afro em Daytona Beach. A escola de Groeide Sterk e Fuseerde conheceu uma gelijkaardige jongensschool tot de Bethune-Cookman School. De onderwijskwaliteit van de school oversteeg de standaarden voor andere Afro-Amerikaanse scholen en bereikte het niveau van blanke scholen. Mary McLeod Bethune deed er alles aan om aan fondsen te geraken. Met haar school als voorbeeld toonde Bethune aan waartoe geschoolde Afro-Amerikanen in staat waren. Van 1923 tot 1942 e van 1946 tot 1947 era o presidente da escola, waarmee ze een van de weinige vrouwelijke hoofden van een instituut voor hoger onderwijs was.

Mary McLeod Bethune era uma das principais atuantes nos clubes de vrouwenclubes. Bethune Bethune bekend era leiderschap em clubes de zulke. Em 1932, a werkte ze voor Franklin D. Roosevelts verkiezingscampagne en daarna era uma tampa do *gabinete negro de* Roosevelts. Als dusdanig lichtte ze de president in over de zorgen van de zwarte gemeenschap en deelde ze Roosevelts berichten met haar achterban, die traditioneel voor de Republikeinse Partij stemde.

Destaques

- Em 1904 Bethune mudou-se para a costa leste da Flórida, onde uma grande população afro-americana havia crescido na época da construção do East Coast Railway da Flórida, e em Daytona Beach, em outubro, ela abriu uma escola própria, o Daytona Normal and Industrial Institute for Negro Girls.
- Em 1923, a escola foi fundida com o Instituto Cookman para Homens, então em Jacksonville, Flórida, para formar o que ficou conhecido de 1929 como Bethune-Cookman College em Daytona Beach.
- Em 1935 fundou o Conselho Nacional da Mulher Negra, do qual permaneceu presidente até 1949, e foi vice-presidente da Associação Nacional para o Progresso das Pessoas de Cor de 1940 a 1955.
- Ela foi conselheira de Roosevelt em assuntos de minorias e ajudou o secretário de guerra na seleção das candidatas a oficiais do Corpo de Mulheres do Exército dos Estados Unidos (WAC).

12.   Toni Morrison (1931-2019)

Autor afro-americano

"Libertar-se foi uma coisa, reivindicar a propriedade desse eu libertado foi outra".

Toni Morrison (Lorain (Ohio), 18 februari 1931 - Nova Iorque, 5 de agosto de 2019) foi um "Amerikaanse schrijfster".

Em 1993, o Nobelprijs voor Literatuur voor haar oeuvre. Em 2012, a Medalha de Hoogste civiele Amerikaanse onderscheiding: de Presidential Medal of Freedom. Een aantal van haar boeken wordt gezien als klassiekers van de Amerikaanse literatuur, waaronder *The Bluest Eye*, *Beloved* (waarmee zij een Pulitzerprijs won), en *Song of Solomon*. Haar stijl is bijzonder door thema's van epische proporties, levendige dialogen en tot in detail uitgewerkte Afro-Amerikaanse personages.

Jarro de Vroege

Ze werd geboren als tweede in een gezin met vier kinderen als Chloe Anthony Wofford in Lorain, Ohio. Ele foi um verdadeiro lezer, e tem sido um líder que se preocupa com o seu futuro.

Ze studeerde letteren aan de Howard-universiteit in Washington en het was daar, dat ze haar naam veranderde naar "Toni", naar haar doopnaam "Anthony", met als reden dat mensen het lastig vonden om *Chloe* uit te spreken. O projeto BA em Engels, em 1953, foi realizado em 1953 e foi estudado para a MA e a Universidade de Cornell-universiteit.

Docentschappen

Na haar afstuderen gaf ze Engels aan de Texas Southern University in Houston en keerde daarna terug naar Howard om les te geven. Em 1958, conheceu Harold Morrison. Em 1964, o casal de estudantes da Universidade do Texas Southern University, em Houston, e o casal de estudantes da Universidade do Texas Southern University, em Houston. Na haar scheiding verhuisde ze naar Syracuse (Nova Iorque), waar ze ze als redacteur werkte. Als redacteur voor Random House speelde ze een belangrijke roll in het onder de aandacht brengen van Afro-Amerikaanse literatuur.

Ze gaf ook les aan de State University of New York. Em 1984, um Albert Schweitzer leerstoel leerstoel toegewezen aan de Universiteit van Albany em Nova York. Vanaf 1989 foi professor de Robert F. Goheen em Letteren aan de Princeton-universiteit. Em 2006, nomeou o afscheid. Em 2005, foi professor em uma universidade de Oxford.

Em abril de 2006, foi o "ze te gast op het PEN *World Voices* in New York, een festival dat jaarlijks wordt georganiseerd door de voorzitter van PEN America, Salman Rushdie. Onder de genodigden waren behalve Morrison ook auteurs David Grossman, Jeanette Winterson, Margaret Atwood, Anne Provoost e Orhan Pamuk.

Boeken

O Olho Mais Azul (1970)

De hoofdpersoon van het boek is Pecola Breedlove, een jonge zwarte vrouw die iedere avond bidt dat ze een schoonheid met blauwe ogen wil worden, net als Shirley Temple. A família deixou o problema, e o denkt dat alles in orde zou zijn, als ze maar blauwe ogen had. Het boek is controversieel, niet alleen om het onderwerp, maar ook om de structuur. Morrison gebruikt een niet-chronologische structuur en meerdere vertellers zodat een versplinterde en veelzijdige benadering ontstaat.

Sula (1973)

Sula gaat over twee zwarte vriendinnen, Sula en Nel, en hun leven in Medallion, Ohio. Een moeder steekt er haar junkie-zoon em querosina de marca met. Het boek werd genomineerd voor de National Book Award.

Música de Salomão (1977)

Haar derde boek, *Song of Solomon*, bracht haar in het spotlicht. Este barco foi uma das escolas do clube "Boek-van-de-maand" de Amerikaanse - era uma escola afro-amerikaanse que tinha sido fundada por Richard Wrights *Native Son* em 1940. O leven van Macon "Milkman" Dead III, van zijn geboorte tot zijn dood, em uma loja de ergens em Michigan. Het boek ganhou o prêmio de National Book Critics Circle Award.

Tar Baby (1981)

Tar Baby Baby speelt zich af in het grote Caraïbische huis van een blanke miljonair. Thema's in het boek zijn rassenidentiteit, seksualiteit, klasse en familierelaties.

Amado (1987)

Beloved is losweg gebaseerd op het leven en de rechtszaak van Margaret Garner. Sethe is een voormalige slaaf, die tijdens haar ontsnapping *Beloved*, haar tweejarige dochter, ombrengt zodat deze haar leven niet in slavernij hoeft door te brengen. O dochter vomitou Niettemin een rol in het verhaal. O boek volgt de traditie van de slavenverhalen, maar spreekt ookt over de pijnlijke en taboe-onderwerpen zoals seksueel en ander geweld.

Het boek kreeg de Pulitzerprijs voor fictie en werd verfilmd in 1998, conheceu Oprah Winfrey en Danny Glover. Morrison gebruikte het verhaal van Margaret Garner opnieuw voor de opera *Margaret Garner*. Em 2006, o *jornal* bekroonde de *New York Times,* o boek als de beste Amerikaanse roman van de laatste 25 jaar.

Jazz (1992)

Se você deseja fazer uma viagem de improviso, não perca tempo, pois o seu destino está no jazzmuziek, na sua botina. O mais cedo possível, o mais cedo possível, é um termo de referência para o uso da palavra. De man schiet uiteindelijk zijn maîtresse dood. Tijdens de begrafenis bewerkt zijn echtgenote het lijk met een mes.

Paraíso (1998)

Dit is het eerste boek dat ze uitbracht nadat ze de Nobelprijs ontving. O que se refere a gestos e socialidades em um estilo de roda de roda, ao momento de estar no palco, ao momento de sereksuele e à revolta social no meio da década de 20. De hoofdstukken in het boek zijn vernoemd naar de vrouwelijke hoofdpersonen. O seu boek werd omwille van het opruiende karakter verboden in Amerikaanse gevangenissenen.

Amor (2003)

Love is het verhaal van Bill Cosey, een fascinerende, doch overleden, hoteleigenaar. Het gaat eigenlijk om de mensen om hem heen, die ook lang na zijn dood nog door hem worden beïnvloed. De hoofdfiguren zijn Christine, zijn kleinkind, en Heed, zijn weduwe. De twee zijn van dezelfde leeftijd, en waren eens vrienden, maar 40 jaar na Cosey's dood zijn ze gezworen vijanden, alhoewel ze nog steeds in hetzelfde huis wonen. Morrison gebruikte opnieuw de fragmentarische vertelstijl, en het verhaal komt pas op het eind helemaal bij elkaar.

Uma Misericórdia (2008)

Em *A Mercy* verrijkt een 17de-eeuwse Amerikaanse kolonist zich in de rumhandel, waarna hij een protserig huis bouwt, dat vervolgens als decor dient voor het verhaal in deze roman van Toni Morrison, waarin de *"oerzonden"* van de Amerikaanse cultuur worden blootgelegd: de slavernij en de bijna-uitroeiing van de *American Natives* (*"indianen"*).

Destaques

- Toni Morrison, nome original Chloe Anthony Wofford, cresceu no meio-oeste americano em uma família que possuía um intenso amor e apreciação pela cultura negra. Ela recebeu o Prêmio Nobel de Literatura em 1993.

- Muitos dos ensaios e discursos de Morrison foram reunidos em What Moves at the Margin: Selected Nonfiction (2008; editado por Carolyn C. Denard) e The Source of Self-Regard: Ensaios, Discursos e Meditações Selecionadas (2019).
- Ela e seu filho, Slade Morrison, escreveram uma série de livros infantis, incluindo a série Who's Got Game?, The Book About Mean People (2002) e Please, Louise (2014).
- Toni Morrison escreveu Remember (2004), que narra as dificuldades dos estudantes negros durante a integração do sistema escolar público americano; dirigido às crianças, usa fotografias de arquivo justapostas com legendas especulando sobre os pensamentos de seus sujeitos.

13.   Ida B. Wells-Barnett (1862-1931)
Jornalista afro-americano e defensor dos direitos civis

"É extremamente difícil levar adiante meus objetivos, mas eu senti a responsabilidade de mostrar ao mundo o que os afro-americanos estão enfrentando através deste período difícil".

Ida Wells (Holly Springs, 16 juli 1862 - Chicago, 25 maart 1931) foi uma hamburguerrechten-activiste Afro-Amerikaanse, die zich vooral inzette om lynchen van zwarten - met name in de zuidelijke Verenigde Staten - tot het verleden te laten behoren.

Wells werd geboren in Mississippi. Em 1884, nós criamos um treincoupé em Memphis te verlaten. Nadat de treinmaatschappij haar met geweld uit de coupé liet verwijderen, klaagde ze het bedrijf aan. Ze won, maar in 1887 vernietigde het hooggerechtshof van de staat Tennessee het vonnis.

Vanaf 1889 foi uma redação de um anti-segregatieblad em Memphis. Haar boek over lynchen, *A Red Record*, foi em 1895 um redactriceblad em Memphis. Em 1909, a Wells aanwezig toen de National Association for the Advancement of Colored People (NAACP) werd opgericht in New York. Als een van de eerste zwarte vrouwen stelde ze zich in 1930 beschikbaar voor het parlement van Illinois.

Wells stierf em 1931 em Chicago. Em 1931, em Chicago, um pequeno país foi criado em 1931 e, em São Francisco, é uma escola de médio porte, com uma escola de drenagem de águas residuais.

Destaques

- Ida Wells nasceu escrava e foi educada na Universidade de Rust, uma escola de homens livres em sua terra natal, Holly Springs, Mississippi, e aos 14 anos de idade começou a lecionar em uma escola de campo.
- Em 1887, a Suprema Corte do Tennessee, revertendo uma decisão do Tribunal de Circuito, decidiu contra a Wells em um processo que ela havia iniciado contra a Chesapeake & Ohio Railroad por ter sido retirada à força de seu assento depois que ela se recusou a desistir por um em um carro "colorido apenas".
- Usando o nome de caneta Iola, Wells em 1891 também escreveu alguns artigos de jornal críticos sobre a educação disponível para as crianças afro-americanas.
- Em 1892, após três amigos dela terem sido linchados por uma turba, Wells iniciou uma campanha editorial contra o linchamento que rapidamente levou ao saque do escritório de seu jornal.

14. Venus Williams (nascido em 1980)

tenista afro-americano

*"Você tem que acreditar em si mesmo quando ninguém
mais faz isso é o que faz de você um vencedor"*

Venus Ebony Starr Williams (Lynwood, 17 de junho de 1980) é uma
professioneel tennisspeelster uit de Verenigde Staten. Zij é de oudere zus
van Serena Williams. Vênus heeft in het enkelspel tot nu toe vijf keer
Wimbledon en twee keer het US Open gewonnen, en is bovendien
viervoudig olympisch kampioene (in 2000 won zij er zowel het enkel- als
het dubbelspel, en zowel in 2008 als in 2012 het dubbelspel). No
dubbelspel (telkens samen met haar zus) eleeft zij alle
grandslamtoernooien meerdere malen gewonnen, te weten: vier keer het
Australian Open, twee keer Roland Garros, zes keer Wimbledon en
tweemaal het US Open. Na jóia dubbelspel ganhou zij em 1998 encontrou
haar landgenoot Justin Gimelstob het Australian Open en Roland Garros.
No período de 1999-2016 e 2018, a equipe Williams ganhou o
Amerikaanse Fed Cup-team - e se comportou daar um winst/verlies-
balans van 25-4. Em 1999, ging zij met de beker naar huis. Ondanks een
loopbaan met veel blessureleed en andere medische misère wordt zij
beschouwd als een van de beste tennisspeelsters ooit.

Loopbaan

Venus Williams debuteerde op 1 november 1994 bij het WTA-toernooi van Oakland. Zij ganhou em de eerste ronde em conjuntos twee (6-3 en 6-4) van haar 26-jarige landgenote Shaun Stafford. Williams stond em 1997 para a final: op het US Open, waarin zij verloor van de Zwitserse Martina Hingis. Em 1998, a Williams fez uma visita ao WTA-titel, no toernooi do Oklahoma, porta de entrada Joannette Kruger te verslaan.

Em 2000, Venus goud tijdens de Olympische Zomerspelen van Sydney: in de finale won zij van de Russin Jelena Dementjeva met 6-2 en 6-4. Daar em Sydney venceu a Venus samen met haar zus Serena eveneens goud bij het dubbelspel: zij wonnen in een eenzijdige finale (6-1, 6-1) van het Nederlandse duo Miriam Oremans en Kristie Boogert. Op het US Open 2007 sloeg Venus Williams een record bij de opslag van de vrouwen: zij sloeg een opslag met 207,6 kilometer per uur. Em 2008, um recorde de 2.000 toneladas de resíduos de embalagens do Olympische Zomerspelen van Peking: ganhou em uma final de 6-2, 6-0 do duo espanhol Anabel Medina Garrigues e Virginia Ruano Pascual. Bij de afsluiting van 2008 won Venus de WTA Championships in Doha, waardoor zij zich een jaar lang officieus wereldkampioene van het vrouwentennis mocht noemen.

Na najaar van 2011 werd bij haar de auto-immuunziekte Syndroom van Sjögren geconstateerd. Zij lag hierdoor maanden uit de roulatie. Ele foi zelfs onzeker of zij ooit nog op haar oude niveau zou kunnen terugkeren, maar na maanden van revalidatie lukte het haar toch weer om bij de top terug te keren.

Tijdens de Olympische Zomerspelen van 2012 in Londen wonnen Venus en Serena Williams voor de derde keer goud: in de finale versloegen zij het Tsjechische koppel Andrea Hlaváčková en Lucie Hradecká met tweemaal 6-4.

Na Inglaterra, a Venus ganhou uma olimpíada de Vênus, com 40 hotéis WTA-titels. Haar hoogste positie op de WTA-ranglijst is de eerste plaats, die zij bereikte in februari 2002 en die zij elf weken wist vast te houden, waarna zij werd onttroond door haar zuster Serena.

No dubbelspel ganhou Venus drie maal olympisch goud, veertien grandslamtoernooien, plus vijf overige WTA-titels, zonder uitzondering alle met haar zus Serena. Haar hoogste positie op de WTA-ranglijst is ook hier de eerste plaats, die zij bereikte in juni 2010 en die zij acht weken wist vast te houden, waarna zij werd onttroond door haar landgenote Liezel Huber.

Na gemengd dubbelspel ganhou a Venus twee grandslamtitels, mais um zilveren medaille op de Olympische Spelen no Rio de Janeiro.

Destaques

- Como sua irmã Serena, Vênus foi apresentada ao tênis nas quadras públicas de Los Angeles por seu pai, que desde cedo reconheceu seu talento e supervisionou seu desenvolvimento.
- Venus Williams se tornou profissional em 1994 e logo chamou a atenção por seus poderosos serviços e traços de terra.
- Em 2000 Williams ganhou tanto Wimbledon quanto o U.S. Open, e ela defendeu com sucesso seus títulos em 2001.
- Nos Jogos Olímpicos de 2000 em Sydney, ela conquistou a medalha de ouro na competição de solteiros e reclamou uma medalha de ouro com sua irmã no evento de duplas.
- Em 2008, Venus Williams derrotou Serena por um quinto título de Wimbledon de carreira, colocando-a em quinto lugar em todos os campeonatos de Wimbledon de mulheres solteiras.

15. Zora Neale Hurston (1891-1960)

Escritor, folclorista e antropólogo afro-americano

"Se você ficar em silêncio sobre sua dor, eles o matarão e dirão que você gostou".

Zora Neale Hurston (Notasulga, 7 januari 1891- Fort Pierce, Flórida, 28 januari 1960) foi uma Amerikaans schrijfster, antropologe en folkloriste. O geldt foi também um belangrijk vertegenwoordigster van de Harlem Renaissance.

Leven en werk

Neale Hurston foi geboren em uma tradição afro-americana de omgeving. O motivo pelo qual o aluno não foi aceito foi, para ser aceito, a maioria dos alunos do Barnard College de Nova York, e por volta de 1918 e 1927, a maioria dos alunos da Universidade de Howard e da Universidade de Washington DC e a maioria dos alunos do Barnard College de Nova York, não foi aceito.

Em Nova York, entre em contato com Schrijvers van de *Harlem Renaissance*, zoals Langston Hughes, e publiceerde haar eerste verhalen en een theaterstuk. O Departamento de Estudos Folclóricos da Flórida e do Alabama, na década de 1930, trabalhou na área de pesquisa e desenvolvimento de materiais (verhalen, liederen, gebeden enzovoort van de zwarte bevolking), na Flórida e no Alabama, na década de 1930, em Nova Orleans. Na verschijnen van haar antropologisch werk *Mules and Men* kreeg ze een officiële onderzoeksopdracht die haar naar Jamaica en Haïti voerde. Eind jaren dertig werkte ze voor de WPA in Florida.

Neale Hurston foi um grupo de velas, também antropoloog voor de Columbia Universiteit e foi um dos maiores nomes da Universiteit na sua primeira ação no Haïti e no leefomstandigheden van zwarte Amerikanen op het platteland. A maioria das pessoas fala como se estivesse em uma escola de literatura em Gegaan. In de jaren dertig werd ze gerekend tot de belangrijkste personen van de Afro-Amerikaanse literatuur. Em alguns países romanos, a literatura é melhorada e a literatura é publicada em vários países da América do Norte, e o início de uma obra de geminação. A partir do momento em que a maioria das pessoas se expressou sobre os estereótipos de respeitabilidade, uma digitação para os estudos do *Harlem Renaissance*. Haar werk heeft het Zuiden als setting; *Jonah's Gourd Vine* (1934) werd gevolgd door haar belangrijkste werk, *Their Eyes Were Watching God* (1937). In deze roman is het taalgebruik uitermate beeldend en lyrisch, met name door de dialogen in streektaal. Centraal staat een vrouw die erin slaagt haar eigen leven vorm te geven, zonder zich daarvoor nog te verontschuldigen.

In de jaren vijftig raakte Neale Hurston in de vergetelheid en kreeg ze nauwelijks nog werk gepubliceerd. Uiteindelijk geraakte ze zelfs in relatieve armoede terecht. Em 1959, a criação de um beroerte e moest ze sociale hulp aanvaarden. Em 1960, Zora Neale Hurston sufocou o mundo em 1960 e Hartfalen.

Em 2018 verscheen postuum *Barracoon: A História da Última 'Carga Negra'*, haar boek over de Trans-Atlantische slavenhandel met als uitgangspunt het verhaal van de overlever Cudjoe Lewis, dat ze in 1927 had opgetetekend.

Destaques

- Em 1930 Zora Neale Hurston colaborou com Hughes em uma peça intitulada Mule Bone: A Comedy of Negro Life in Three Acts (publicada postumamente em 1991).
- Durante vários anos Zora Neale Hurston fez parte do corpo docente da Faculdade de Negros da Carolina do Norte (hoje Universidade Central da Carolina do Norte) em Durham.
- Apesar da promessa inicial de Zora Neale Hurston, na época de sua morte, ela era pouco lembrada pelo público leitor em geral, mas houve um ressurgimento de interesse em seu trabalho no final do século 20.
- Além da Mule Bone, várias outras coleções também foram publicadas postumamente; estas incluem Spunk: The Selected Stories (1985), The Complete Stories (1995), e Every Tongue Got to Confess (2001), uma coleção de contos folclóricos do Sul.

16. Mahalia Jackson (1911-1972)
Cantor do evangelho afro-americano

---

*"A fé e a oração são as vitaminas da alma; o homem não
pode viver com saúde sem elas".*

Mahalia Jackson (New Orleans, 26 oktober 1911 - Chicago, 27 januari
1972) era um amerikaans zangeres en werd wel 'de koningin van de
gospel' genoemd. Haar eerste plaat em 1934, *God Gonna Separate the
Wheat from the Tares*, werd vooral populiar in het zuiden van de
Verenigde Staten. O hoogtepunt em haar zangcarrière beleefde zij
waarschijnlijk op 28 augustus 1963 tijdens een massademonstratie tegen
rassendiscriminatie bij het Lincoln Memorial in Washington. Dez pessoas
com mais de 250.000 homens foram *mortos e eu fui desprezado* por
causa de um versoek van Martin Luther King e *como eu me recuperei*. A
porta foi arrombada e a porta foi aberta e a porta foi aberta, a porta foi
arrombada e o Martin Luther King deixou um grote bijdrage bijdrage
geleverd in de strijd voor de emancipatie van de Afro-Amerikanen, hand in

hand met grootheden en voorvechters tegen de apartheid als dominee Martin Luther King, lid van dezelfde baptistenkerk, diens vrouw Coretta Scott King en Rosa Parks. De grote verdiensten van Mahalia Jackson op het gebied van de emancipatie van de Afro-Amerikanen zijn nog onvoldoende over het voetlicht gekomen; zij is vooral bekend geworden als zangeres.

Levensloop

Jackson werd geboren in New Orleans, bakermat van de jazz. Zij foi batista e também gospelzangeres in de kerk waar zij lid van was. Em 1927 verhuisde ze naar Chicago, verdiende de kost als werkster en zong in het koor van de Greater Salem Baptist Church. O canal de televisão se encontrava com Johnson Singers. Mais tarde, se encontrar com Thomas Dorsey, morrer no gospelnummer *Precious Lord, pegue minha mão* componeerde, o lievelingslied van Martin Luther King, dat ze ook zong op zijn begrafenis in april 1968. Van het gespaarde geld begon ze een bloemenzaakje en een schoonheidssalon. Em 1945, brak zij door bij het blanke publiek door de opname van *I will move on up a little higher*, waarvan er 2 miljoen exemplaren over de toonbank gingen. Pas in de loop van de jaren '50 werd zij in Europa bekend, waar zij in 1952, 1961, 1964, 1968 en 1971 optrad. Em 1971, a Beëindigde zij haar buitenlandse optou por um concerto de laatste em München. Zij havia optado pelo Witte Huis e pela porta Paus Johannes XXIII em 1961 em privé-audiëntie ontvangen. Zij overleed op 27 januari 1972 em Chicago e hartfalen en complicaties van diabetes mellitus. Over haar leven zijn diverse biografieën geschreven.

Gospelmuziek

De gospelsongs van Jackson en vele anderen vormen door het evangelie geïnspireerde religieuze muziek. O evangelho é um ritual de escravidão de África na América geïmporteerde escravizada. Jackson zong nooit blues do jazz. Em 1958, o *domingo* de *chegada* de Black Brown e Beige Suite van Duke Ellington, na lang diens lange aandringen en alleen omdat de tekst religieus era. A CBS deixou o bem cristalizado e bem cristalizado, o que não é uma guerra de guerra e é uma ligadura kitsch. De grens van blues en jazz heeft ze nooit overschreden. Em 1978, o salão de música Gospel Music Hall of Fame era um opgénomeno postuum.

Destaques
375

- Mahalia Jackson chamou a atenção do público pela primeira vez na década de 1930, quando participou de uma turnê gospel cross-country cantando canções como "He's Got the Whole World in His Hands" e "I Can Put My Trust in Jesus".
- Mahalia Jackson cantou no rádio e na televisão e, a partir de 1950, se apresentou para platéias transbordantes em concertos anuais no Carnegie Hall na cidade de Nova Iorque.
- Oito dos discos de Jackson venderam mais de um milhão de cópias cada um.
- Nos anos 50 e 60, Mahalia Jackson era ativa no movimento de direitos civis.

CPSIA information can be obtained
at www.ICGtesting.com
Printed in the USA
LVHW041540201222
735553LV00015BB/580